310.23
Le Majestic

TRAINS
LES LIGNES MYTHIQUES

Titre original : Legendäre eisenbahn strecken

Emil-Hoffmann-Straße 1, D-50996 Köln

Conception et mise en page : e.s.n Agentur für Produktion und Werbung GmbH
Réalisation : Fackelträger Verlag GmbH, Köln

Pour l'adaptation française :
Traduction : Julie Fillatre
Couverture : Pierre Finot
Mise en page : Mathilde Decorbez

6, rue du Mail - 75002 Paris
www.victoires.com

ISBN : 9782809913088
Dépôt légal : 4e trimestre 2015
Imprimé en Pologne

Rudi MEYER & Emil TURNER

TRAINS

LES LIGNES MYTHIQUES

ÉDITIONS
PLACE DES
VICTOIRES

SOMMAIRE

LES CHEMINS DE FER D'ASIE 214

LES CHEMINS DE FER D'AMÉRIQUE DU NORD ET DU SUD 282

RESTAURANT · ALP GRÜM · BUFFET
4

« On ne voyage pas pour arriver,
mais pour vivre sa route. »

Johann Wolfgang von Goethe (1749–1832)

INTRODUCTION

Des sommets enneigés qui scintillent entre les cimes des pins, des coquelicots d'un rouge vif dans le champs d'orge, une hutte forestière solitaire au bord d'un lac paisible, un paysan sur son âne, son habit traditionnel remonté jusqu'aux genoux, une petite procession sur le chemin de l'église, une ruelle encaissée bordée de maisons : voilà les innombrables instants qui font le charme d'un voyage en chemin de fer. Comme un album photo feuilleté à la hâte, les images se succèdent, de villages, d'hommes, de paysages – voyager en train revient parfois à regarder à travers un kaléidoscope où formes et couleurs s'assemblent pour laisser s'envoler l'imagination et s'ouvrir l'esprit.

C'est donc voyager dans le meilleur sens du terme. Car un voyage, ce n'est pas seulement une destination, c'est aussi le chemin qui y mène. Un chemin qui, outre le mouvement et la progression géographique, invite à la méditation à travers un bouquet d'impressions nouvelles qui éveillent autant qu'elles apaisent l'esprit. Un voyage en chemin de fer prépare à sa destination, à ce qui va suivre. Cela vaut autant pour les voyages de longue durée dans des trains ordinaires, dont l'objectif premier est effectivement d'atteindre une destination, que pour ceux à bord de trains touristiques spéciaux, pour lesquels l'objectif réside précisément dans le trajet.

Ces deux types de voyages en chemin de fer présentent toutefois une différence fondamentale : les premiers constituent une véritable aventure, surtout quand ils s'étendent sur plusieurs jours ; les trains de ligne ordinaires franchissent montagnes, plaines et vallées, traversent des fleuves, passent des tunnels et des villes. Mais si le spectacle qui défile derrière leurs fenêtres est exactement le même que pour un train touristique, celui qui se déroule à l'intérieur est tout autre. Les passagers ne sont pas forcément en voyage, ce sont peut-être des hommes d'affaires qui n'aiment pas l'avion, ou bien des locaux qui descendront probablement à la prochaine station. Lors de ce genre de voyage, on entre véritablement en contact avec le ou les pays que l'on traverse. Cela peut avoir un prix : le confort.

Les trains touristiques de légende, véritables hôtels 5 étoiles sur rails, ne laissent en revanche rien au hasard. Et s'adressent, en règle générale, aux nostalgiques qui, de voyage à travers un pays ou une région, effectuent en réalité un véritable voyage dans le temps. Bien souvent fidèles aux trains de 1re classe des années 1920, les itinéraires qu'ils empruntent constituent les dernières traces d'époques aujourd'hui révolues.

Mais quel que soit le train pour lequel on opte, le voyage en chemin de fer offre quelque chose que la plupart d'entre nous avons aujourd'hui perdu : la possibilité de prendre son temps et de savourer le voyage calmement.

Cie INT. DES WAGONS LITS
PULLMAN EXPRESS
LA VOIE LA PLUS COMMODE ET LA PLUS RAPIDE
D'ANGLETERRE EN ALLEMAGNE PAR LA BELGIQUE
LONDON
OSTENDE
BRUXELLES
COLOGNE
SOCIÉTÉ NATIONALE DES CHEMINS DE FER BELGES
DEUTSCHE REICHSBAHN GESELLSCHAFT
E. STOCKMANS & Cº ANVERS.

LES CHEMINS DE FER D'EUROPE

THE ROYAL SC

LE ROYAL SCOTSMAN

Cinq jours à travers les Highlands

Aucun des moyens de transport du Royaume-Uni n'offre une manière plus raffinée de découvrir les Highlands écossais que le majestueux train royal Royal Scotsman, *dont le premier voyage remonte à 1985. Cette escapade luxueuse et sélecte, puisque seuls 36 voyageurs peuvent y prendre part, permet de cheminer à travers l'Écosse à une allure tranquille pendant cinq jours. Elle réunit tout ce qui rend cette région aussi unique qu'inoubliable : d'une part la beauté sauvage des Highlands, avec leurs lacs et leurs châteaux empreints de mystère, leurs distilleries de whisky célèbres dans le monde entier et leurs somptueuses maisons de maître ; d'autre part les petites villes comme Keith, Dingwall ou Boat of Garten, où les voyageurs peuvent découvrir la cordialité et l'hospitalité des Écossais.*

Le Royal Scotsman *est réputé être l'un des trains les plus nobles et les plus raffinés du monde. Avec lui, la destination réside dans le voyage lui-même.*

INFORMATIONS ET DONNÉES

Itinéraire : d'Édimbourg à Kyle of Lochalsh, à travers les Highlands écossais, puis retour au point de départ *via* Inverness et Aviemore.

Longueur de la ligne : environ 950 kilomètres.

Gares principales : Édimbourg, Aberdeen, Keith, Inverness, Muir of Ord, Kyle of Lochalsh, Inverness, Carrbridge, Boat of Garten, Perth.

Durée du trajet : 5 jours.

Écartement des rails : voie normale.

Équipement : 2 wagons-restaurants, 5 wagons-lits ainsi qu'une « voiture d'observation » dotée d'un bar et d'une véranda ouverte. Le train est tracté par une locomotive Diesel-électrique Classe 47 de la British Rail.

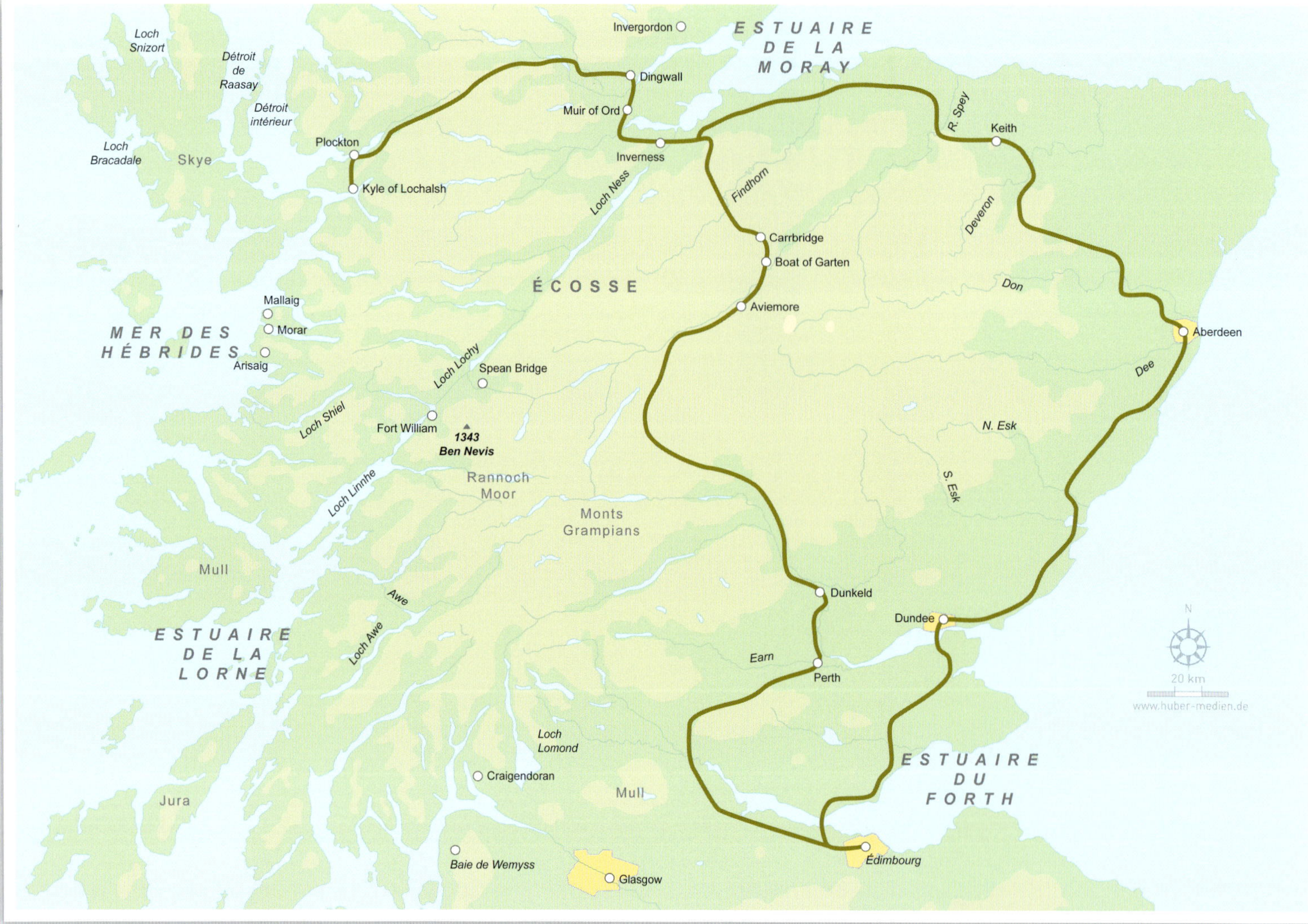

Deux trains baptisés *Scotsman* parcourent le réseau ferré du Royaume-Uni, mais leurs noms complets illustrent à eux seuls le monde qui les sépare. Tandis que le *Flying Scotsman*, considéré comme un train de voyageurs normal, couvre chaque jour le trajet entre les capitales anglaise et écossaise, le *Royal Scotsman*, qui ne sort qu'en de rares occasions et toujours en dehors des mois d'hiver, peut se vanter d'être l'un des trains les plus raffinés au monde. La gare d'Édimbourg Waverley est le seul point commun entre ces deux trains que tout oppose : c'est là que s'arrête le *Flying Scotsman*, qui arrive de Londres après quatre heures trente de voyage, et c'est là que commence pour les passagers du *Royal Scotsman* un voyage inoubliable à travers les Highlands écossais.

Le Royal Scotsman *offre un voyage inoubliable à travers les Highlands.*

PREMIER JOUR : D'ÉDIMBOURG À KEITH

Une fois l'accueil des voyageurs dans le salon Première-Classe de la gare d'Édimbourg Waverley et l'attribution des cabines effectués, le *Royal Scotsman* quitte peu après midi la capitale écossaise pour se diriger vers le nord-ouest et la ville de South Queensferry, où il franchit le bras de mer de l'estuaire du Forth sur l'un des ponts ferroviaires les plus spectaculaires au monde, le pont de Forth. Long de 2,5 kilomètres, ce pont cantilever, ou pont en porte-à-faux, date de 1890 et impressionne par ses arches d'une portée unitaire de 521 mètres et le réseau de losanges que

forment ses poutrelles, qui représentent la majeure partie des 54 000 tonnes d'acier qu'a requises la construction du pont. Pour être sûr de ne pas entraver la navigation fluviale sur ce bras de mer, la voie ferrée se situe 50 mètres au-dessus du niveau de la mer. Ainsi, même les bateaux les plus gros peuvent passer librement sous le pont, et les voyageurs peuvent profiter d'une vue fantastique sur le paysage environnant, impressionnant, et sur les deux ponts qui se dressent parallèlement à celui-là : le pont autoroutier du Forth et le tout récent pont de Queensferry.
Sur l'autre rive, le train s'engage dans la région du Fife, parsemée de magnifiques villes côtières comme Kirkcaldy, Leven, Anstruther et surtout Saint Andrews, qui jouit d'une grande notoriété car elle est le berceau du golf. Passé Cupar, le *Royal Scotsman* atteint l'estuaire du Tay. C'est à cet endroit qu'eut lieu en décembre 1879 l'un des accidents les plus dramatiques de l'histoire du chemin de fer : lors du passage d'un train, le pont, qui essuyait une violente tempête, s'effondra, emportant avec lui les 75 passagers. Trois ans et demi après cette catastrophe commença la construction d'un pont à deux voies, qui s'élance aujourd'hui aux côtés des vestiges visibles de l'ancien pont. Sa longueur totale de 3 264 mètres lui confère une allure impressionnante.

Tandis que les passagers savourent leur premier *tea time*, le *Royal Scotsman* continue sa course vers le nord, longeant la côte et ses localités charmantes, telles Arbroath ou Stonehaven, et franchissant du même coup une frontière géologique particulièrement intéressante : la ligne de faille des Highlands. Cette faille tectonique, qui, de Stonehaven, part vers le sud-ouest pour atteindre l'estuaire de la Clyde, constitue la ligne de démarcation géologique entre les Lowlands et les Highlands, eux-mêmes coupées en deux par la faille de Great Glen, qui sépare les monts Grampians (à l'est) des Highlands du Nord-Ouest. Après Stonehaven, on n'observe toutefois pas de changement notable dans le paysage ; le train continue sa course le long de la côte puis atteint Aberdeen. Cette ville de 215 000 habitants fut autrefois connue pour son activité dans divers secteurs économiques, comme la pêche, l'extraction du granit, l'industrie du textile et du papier ou encore la construction navale, mais tous ces secteurs ont périclité. Aujourd'hui, l'économie de la ville repose principalement sur l'industrie du pétrole, qui puise dans les gisements de la mer du Nord, et sur le tourisme.

Un pont ferroviaire spectaculaire surplombe l'estuaire du Forth. Il constitue la principale liaison entre Édimbourg et la péninsule de Fife et conduit les passagers vers le nord et les Highlands.

THE ROYAL SCOTSMAN

Un véritable art de voyager : seul le majestueux Royal Scotsman *offre la possibilité de découvrir les Highlands d'une manière aussi sélecte et aussi éblouissante.*

Pendant cinq jours, le Royal Scotsman *chemine à travers des paysages on ne peut plus pittoresques, des Lowlands aux Highlands, jusqu'à la côte ouest de l'Écosse.*

De plus en plus de gens visitent la « Silver City », cette ville d'argent, qui, grâce à ses bâtiments de granit, se met parfois à scintiller selon l'incidence de la lumière. Mais ce n'est pas le seul atout de cette ville côtière, qui offre également des terrains de golf fabuleux.

Après Aberdeen, le *Royal Scotsman* quitte les rivages de la mer du Nord en direction d'Inverness pour atteindre, après un peu plus de 90 kilomètres, la petite ville de Keith, qui compte 4 500 habitants. Le train royal s'y arrête jusqu'au matin suivant, laissant ses 36 passagers savourer leur première nuit dans leur cabine cossue, après une journée bien remplie et un dîner raffiné.

DEUXIÈME JOUR : DE KEITH À KYLE OF LOCHALSH

La ville de Keith se trouve à 10 kilomètres à l'est de la Spey, un fleuve que le *Royal Scotsman* traverse au matin du deuxième jour de voyage. Ce fleuve donne son nom à la région Speyside, qui comprend quelque 50 distilleries de whisky, dont les produits sont des références dans le monde entier. C'est ici que naît le Glenfiddich, un des singles malts les plus célèbres, tout comme les malts de la distillerie The Glenlivet, qui fut la première du pays à obtenir une licence de distillation du gouvernement britannique et ainsi à pouvoir commercialiser ses boissons fortement alcoolisées en toute légalité. Les passagers du *Royal Scotsman* peuvent ainsi déguster les produits les plus célèbres d'Écosse, car le train fait une halte, juste après Inverness (à nouveau traversée sur le chemin du retour), à Muir of Ord, où l'on peut visiter la distillerie de single malt Glen Ord. Avec une production annuelle de 5 millions de litres, mais qui devrait atteindre les 11 millions dans les prochaines années, en réponse à la demande croissante, cette distillerie née en 1838 compte parmi les plus grandes du pays.

Le trajet d'environ 110 kilomètres qui suit l'excursion à la distillerie est à n'en pas douter l'un des plus beaux tronçons de ce voyage de cinq jours, voire de l'ensemble du réseau ferroviaire de Grande-Bretagne. Le train évolue à présent à travers les Highlands du Nord-Ouest. Le paysage devient plus rude et plus sauvage. Bien que cette région bénéficie de la chaleur du Gulf Stream, les précipitations élevées, les vagues de froid régulières et les tempêtes font de cette partie de l'Écosse une terre quasi dépourvue de culture. Les landes désertiques et les paysages montagneux austères, qui caractérisent les Highlands et font naître tant d'enthousiasme chez ceux qui visitent l'Écosse, ne sont cependant pas uniquement le fruit de conditions de vie rendues difficiles par les vicissitudes du climat. C'est vers la fin du XVIIIe siècle qu'ont débuté ce que l'on nommera plus tard les « Highland Clearances », ou évacuation des Highlands, l'un des chapitres les plus sombres de l'histoire du pays. Le système des clans fut interdit par décision parlementaire en 1745, et les terres des Highlands, confiées à des administrateurs anglais ou à des chefs de clan fidèles au roi, qui ne tardèrent pas à découvrir de nouvelles manières d'exploiter ce paysage qui s'étendait à perte de vue. Avec l'essor de l'industrie textile, la demande de laine augmenta rapidement et les propriétaires terriens découvrirent que l'élevage des moutons pouvait se révéler beaucoup plus lucratif que le fermage, traditionnellement pratiqué. Les fermiers de la région furent ainsi contraints de quitter leur région natale. Ils partirent vers l'Angleterre ou vers la côte est écossaise pour chercher du travail comme ouvriers dans le secteur industriel, ou émigrèrent vers l'Amérique. Au cours de ce « processus de restructuration », qui, dans les faits, revint à un exode forcé, le système écossais des clans fut définitivement démantelé et les Highlands en grande partie dépeuplés. Aujourd'hui, en de nombreux endroits, des ruines témoignent de la présence centenaire de ces anciens clans et de leur expulsion.

Le *Royal Scotsman* longe ensuite successivement les lacs de Garve, Luichart, a'Chuilinn et Achanalt. Les passagers peuvent ainsi découvrir quatre des quelque 30 000 *lochs* (« lacs », en écossais), le plus souvent de forme allongée, engendrés par la fonte des glaciers. Le tracé de la voie continue le long de la rivière Braan, à une altitude de 150 mètres, tandis que, sur la droite, s'élève la chaîne de montagnes des Fannichs, dont le sommet le plus haut, Sgùrr Mòr, culmine à 1 100 mètres. Le Sgùrr Mòr, enneigé une bonne partie de l'année, est l'un des 282 « munros » d'Écosse, ces montagnes dont la hauteur dépasse 3 000 pieds (soit 914,4 mètres) et qui possèdent un sommet « indépendant » (bien que cette définition reste vague). Sir Hugh Munro en définit le concept, devenant ainsi le fondateur d'un sport très populaire et pratiqué en Écosse : le « *Munro-bagging* », qui consiste à faire l'ascension de tous les munros du pays.

Bien encadré entre le mont du Creag Dhubh Mhor (612 mètres) à sa gauche et celui de Sgurr a'Gharaidh (732 mètres) à sa droite, le train atteint alors le loch Carron, où le fleuve du même nom se jette dans l'Atlantique nord. S'offre alors au regard le littoral éloquent des Highlands du Nord-Ouest, qui se distingue par ses fjords pénétrant loin dans les terres et ses hautes falaises parfois verticales. Le train fait une halte dans le petit village de pêcheurs de Plockton : la possibilité s'offre ici de faire un tour en bateau, pour aller jusqu'à de petites îles sur lesquelles vivent des phoques.

Le château d'Eilean Donan, au bord du Loch Duich, est l'un des monuments les plus photographiés d'Écosse.

Mais le *Royal Scotsman* n'a pas encore atteint sa destination : il lui reste à parcourir 10 kilomètres le long de cette côte si impressionnante, jusqu'à Kyle of Lochalsh. Depuis 1995, le terminus de cette voie de chemin de fer est relié à l'île de Skye, de l'archipel des Hébrides, par le pont de Skye, long de 500 mètres. C'est par conséquent avec une superbe vue sur cette île célèbre que s'achève le deuxième jour de voyage.

TROISIÈME JOUR : DE KYLE OF LOCHALSH À BOAT OF GARTEN

Après le petit déjeuner à bord du *Royal Scotsman*, rares sont les voyageurs qui délaissent l'exceptionnelle excursion qui suit : le bus qui accompagne le train pendant les cinq jours de son voyage emporte les passagers en direction de l'est, vers la toute petite bourgade de Dornie. Là se dresse le château d'Eilean Donan, l'un des monuments les plus photographiés d'Écosse. Au premier regard, les visiteurs comprennent pourquoi : situé sur un ilôt relié à la terre ferme par un pont en arc fait de pierres, le château fort d'Eilean Donan s'élève des eaux du Loch Duich comme un décor de film, encadré par les collines environnantes. Il n'est pas étonnant que ce complexe fortifié, dont les origines remontent au XIIIe siècle, ait servi pour de nombreux films, dont la célèbre série *Highlander*, avec Christophe Lambert, ou le James Bond *Le monde ne suffit pas*.

Une fois retrouvé le confort du *Royal Scotsman*, le voyage reprend en direction d'Inverness. Cette ville de 55 000 habitants, considérée comme l'une des portes des Highlands, est, par sa situation géologique, remarquable puisqu'elle se situe précisément sur la faille de Great Glen, qui sépare les Highlands du Nord-Ouest des monts Grampians. Le paysage écossais a été durablement modelé au cours de la dernière période glaciaire, qui a pris fin il y a environ 10 000 ans. De gigantesques glaciers, qui déplaçaient des masses considérables d'éboulis devant et sous eux, ont amassé des matériaux meubles pour former de longues collines allongées, que l'on appelle drumlins et dont la forme rappelle le dos d'une baleine ; des cirques glaciaires en forme de cuvette sont apparus à leur sommet et l'érosion a creusé des vallées qui se sont ensuite emplies d'eau. La faille de Great Glen est une de ces vallées engendrées par une période glaciaire, et abrite le lac le plus célèbre d'Écosse : le loch Ness. Long de 37 kilomètres et d'une profondeur pouvant atteindre les 230 mètres, le loch Ness est le premier lac du pays par son volume, et le deuxième en termes de surface, juste après le loch Lomond. Mais ces proportions ont beau être impressionnantes, elles ne suffisent pas à expliquer l'incroyable popularité du lac, qui repose en fait sur la légende du monstre marin censé habiter

Double page suivante : le viaduc de Glenfinnan, à proximité de Fort William, mesure 380 mètres de long. Le Royal Scotsman *l'emprunte sur sa route entre Édimbourg et Arisaig.*

ses profondeurs. On trouve des mentions de cette étrange créature dès le VIe siècle, et même les techniques modernes ne sont pas parvenues à mettre fin au mythe. Bien au contraire, sur les images satellites, les adeptes du monstre du loch Ness ont observé une longue bande blanche qui, selon eux, correspond sans l'ombre d'un doute à Nessie.

Près d'Inverness, le *Royal Scotsman* franchit la Ness, puis oblique vers le sud après Culloden, pour se diriger d'abord vers Carrbridge, où il marque un arrêt afin de permettre la visite du château de Ballindalloch et de ses beaux jardins, puis vers Aviemore, avant d'atteindre Boat of Garten. C'est dans ce petit village de 700 habitants que prend fin la troisième étape du voyage. Le terrain de golf situé à proximité permet aux passagers de clore la journée sur une note sportive.

QUATRIÈME JOUR : DE BOAT OF GARTEN À PERTH

Le quatrième jour du voyage commence par une excursion dans la forêt de Rothiemurchus, située au cœur du Parc national de Cairngorms. C'est une région marquée par les versants couverts de bruyère des monts Grampians, des forêts denses et des marais. Ce parc national, le plus grand du pays, abrite entre autres près de 25 000 cerfs, qui déambulent sur la lande, tandis que tournoient dans le ciel des aigles royaux et des balbuzards pêcheurs : le parc offre aux promeneurs d'innombrables occasions de découvrir ce refuge naturel.

De retour à bord du *Royal Scotsman*, le voyage se poursuit de villages en villages, comme Blair Atholl et Pitlochry, pour finalement atteindre la bourgade de Dunkeld, située à proximité immédiate du fleuve Tay. Un trajet en bus d'environ 45 minutes est proposé aux passagers désireux de visiter le château de Glamis, cet imposant château dans lequel la reine mère Elizabeth a passé son enfance et qui figure sur les billets de 10 livres de la Royal Bank of Scotland. Les premiers bâtiments de cette propriété particulièrement belle datent du XIVe siècle, mais de nombreux autres leur ont été adjoints par la suite. À l'heure actuelle, le château de Glamis est habité par le comte et la comtesse de Strathmore, qui ouvrent les portes de la propriété au public de début avril à fin octobre.

Les passagers du *Royal Scotsman* passent leur dernière nuit dans leur confortable cabine en gare de Dundee, sur la rive nord de l'estuaire de la Tay. C'est depuis un volcan éteint haut de 174 mètres que l'on a la plus belle vue sur cette ville universitaire, qui jouit du statut de bourg royal depuis 1191 et s'impose aujourd'hui comme une grande ville moderne, avec sa belle promenade au bord du fleuve, qui invite à la flânerie.

CINQUIÈME JOUR : DE DUNDEE À ÉDIMBOURG

Terminus Édimbourg : deuxième ville d'Écosse par sa taille, capitale depuis le XVe siècle, elle invite à conclure dignement ce voyage hors du commun en alliant visites touristiques et shopping.

Seule une centaine de kilomètres sépare Dundee d'Édimbourg, terminus du voyage. Dans la matinée les passagers du train peuvent une dernière fois savourer la traversée des deux imposants ponts empruntés à l'aller, celui de l'estuaire de la Tay et celui, un peu plus au sud, de l'estuaire du Forth ; après quoi, le *Royal Scotsman* atteint la gare d'Édimbourg Waverley, achevant ainsi son voyage qui, depuis les Lowlands, a traversé les Highlands du Nord-Ouest pour atteindre la côte ouest de l'Écosse, avant de revenir à la capitale écossaise en traversant les monts Grampians. Un décor naturel digne des plus beaux tableaux, rythmé par des montagnes, des vallées et des littoraux très découpés, des monuments imposants qui permettent de revivre la longue histoire de l'Écosse et d'une myriade de petites bourgades pleines de charme. Voici ce que permet de découvrir en cinq jours le *Royal Scotsman*, un train de luxe exceptionnel qui, depuis plus de trente ans, donne au mot voyage un nouveau sens.

LA LIGNE DE SEMMERING

Un voyage à bord du train de montagne le plus élevé du monde

Jusqu'au milieu du XIXe siècle, la voiture à cheval était le seul moyen de transport qui permettait de franchir le col du Semmering, situé dans les Préalpes orientales et culminant à 984 mètres. Partie intégrante des voies commerciales reliant Vienne aux villes portuaires italiennes de l'Adriatique, principalement Trieste et Venise, ce col montagneux a depuis toujours été un passage clé des Préalpes orientales, en même temps que l'un des plus difficiles. Une liaison ferroviaire devint par conséquent indispensable, et Carlo Ghega – anobli Carl von Ghega suite à son exploit – fut le premier ingénieur à avoir le courage de relever le défi de franchir par les rails cette région alpine. C'est ainsi que naquit la ligne de Semmering, première ligne de haute montagne au monde avec un écartement normal, qui devait être inscrite en 1998 au Patrimoine mondial de l'Unesco.

Depuis son ouverture en 1854, cette ligne de 41 kilomètres qui relie Gloggnitz, en Basse-Autriche, et Mürzzuschlag, en Styrie, est considérée comme un chef-d'œuvre d'ingénierie.

INFORMATIONS ET DONNÉES

Itinéraire : de Gloggnitz, en Basse-Autriche, à Mürzzuschlag, en Styrie (Autriche).

Inauguration : en 1854.

Longueur de la ligne : 41 kilomètres.

Gares principales : Gloggnitz, Payerbach-Reichenau, Breitenstein, Semmering, Mürzzuschlag.

Écartement des rails : voie normale.

Particularité : la ligne de Semmering est la première au monde à avoir été inscrite au Patrimoine mondial de l'Unesco.

ENVERS ET CONTRE TOUT : LA CONSTRUCTION DE LA LIGNE DE SEMMERING

Jusqu'au Moyen Âge, seul un sentier pénible et peu sûr permettait de franchir le col du Semmering, situé entre le mont de Pinkenkogel (1292 mètres) et celui de Hirschenkogel (1340 mètres) et qui constitue aujourd'hui la frontière naturelle entre le Land de la Basse-Autriche et celui de la Styrie. Ottokar III, margrave de Styrie, fit construire en 1160, sur le versant ouest du col montagneux, un refuge pour les commerçants et les pèlerins, tenu par des moines, stimulant ainsi cette voie commerciale dont le rayonnement allait pourtant se faire attendre longtemps. Ce n'est qu'au milieu du XVIIIe siècle qu'apparut la première véritable voie à travers le Semmering. Bien que la construction d'un viaduc au-dessus de la vallée de Myrthengraben ait considérablement facilité les choses, les transports *via* ce col montagneux demeuraient un défi : pour en vaincre la forte déclivité, il fallait parfois utiliser jusqu'à 12 bêtes de trait pour tirer les véhicules. Schottwien et d'autres petites localités situées au pied du col se transformèrent pour cette raison en d'importantes gares de transport et de ravitaillement. Au milieu du XIXe siècle, l'isolement de la région de Semmering devint évident : en 1842, la ligne de chemin de fer reliant Vienne à Gloggnitz était terminée, et deux ans plus tard, il en était de même pour la ligne entre Mürzzuschlag et Graz. Seul le col du Semmering empêchait de relier par les rails les deux localités de Gloggnitz et Mürzzuschlag, éloignées pourtant seulement de 21 kilomètres à vol d'oiseau, et ainsi de réaliser le rêve d'une liaison ferrée entre Vienne et l'Adriatique. Les voyageurs devaient descendre du train à Mürzzuschlag ou à Gloggnitz et franchir le col du Semmering dans des voitures à traction animale. La plupart des ingénieurs considéraient cet état de fait comme irrémédiable, tant ils étaient convaincus que la pente, pouvant atteindre 30 ‰ , et les courbures de tout tracé éventuel rendaient impossible le franchissement du Semmering par un chemin de fer, Tandis que les sceptiques s'entêtaient à ne croire aucune voie ferrée alpine réalisable, Carlo Ghega, nommé inspecteur des chemins de fer autrichiens, embarquait, en 1842, pour un voyage d'étude aux États-Unis. Il s'y familiarisa avec près de 40 voies de chemin de fer et acquit, outre un large éventail de connaissances pratiques, une confiance indéfectible dans le progrès et la conviction inébranlable que les obstacles ne sont que temporaires et finissent toujours par être surmontés. Fort de cette confiance en la technique (et en lui-même), Ghega rentra en Autriche et s'attaqua aux plans de la ligne de Semmering, qui reçurent en juin 1848 l'approbation du ministère des Travaux publics.

Ghega était bien conscient que l'acceptation du tracé n'était qu'une première étape. La mise en œuvre de ses plans allait à présent le confronter à une multitude de nouveaux obstacles. Comme les travaux furent menés en parallèle sur plusieurs tronçons de la voie, il fallut un nombre considérable d'ouvriers qui, au début, étaient quotidiennement acheminés de Vienne à Gloggnitz mais furent bientôt logés dans des baraquements absolument misérables, ravagés par les épidémies de choléra et de typhus. « On atteint rarement un objectif ambitieux sans faire de victime », déclara alors Carlo Ghega, justifiant le bilan humain de la construction de la ligne de Semmering. Un tiers des 1 718 personnes qui y trouvèrent la mort succombèrent à cause des épidémies, plus de 60 %, à cause de diverses autres maladies, et « seulement » 5 % périrent à cause d'accidents du travail.

Les conditions de travail se révélèrent particulièrement dangereuses une fois atteint le Weinzettelwand, une paroi longue de 1,2 kilomètre et haute de 300 mètres qui s'élève presque

Les ouvrages d'art classique de la ligne de Semmering se fondent magnifiquement dans le paysage. Ce mariage parfait de l'art et de la technique suscitait déjà l'admiration à l'époque de sa construction.

à la verticale de la vallée de l'Adlitzgraben et se compose de roche poreuse. La voie devait initialement longer l'à-pic de l'extérieur mais, suite à l'éboulement de falaise qui coûta la vie à 14 ouvriers le 27 octobre 1850, ce projet fut rejeté et remplacé par un système de trois tunnels et deux galeries pour les relier.

La configuration du tunnel principal était elle aussi un point critique du chantier, et devait d'ailleurs se révéler le point faible du parcours des dizaines d'années après l'inauguration de la ligne. Situé à 894 mètres au-dessus du niveau de la mer, il constitue le point culminant de la ligne de Semmering. Jusqu'à 3 000 ouvriers et ouvrières s'y relayèrent, travaillant chacun 12 heures par jour. Tandis que les hommes creusaient avec des moyens rudimentaires, faute de foreuse électrique ou de dynamite, les femmes recouvraient les parois de mortier. Des infiltrations d'eau, qui devaient être pompées en permanence, achevaient de compliquer ces travaux déjà exténuants. Deux ans et demi s'écoulèrent avant que ce tunnel long de 1 430 mètres ne soit terminé. En 1854, lorsque l'empereur François-Joseph Ier entreprit le premier voyage avec la ligne des Alpes, on posa une plaque qui déclarait triomphalement en latin : « François-Joseph Ier d'Autriche a relié la mer Adriatique et la mer Allemande pour le transport des biens et des personnes. »

La ligne de Semmering peut sans hésitation être considérée comme l'une des parties les plus spectaculaires de ce réseau de transport long de plusieurs centaines de kilomètres. Seize viaducs, 15 tunnels, 118 ponts en arc faits de pierre ou encore 11 ponts de fer sont répartis sur les 41 kilomètres de la voie, qui vit le jour à l'issue de cinq années de travaux. Un véritable coup de maître du point de vue logistique et technique.

EN ROUTE AVEC LA LIGNE DE SEMMERING

Cela fait 160 ans que la ligne de Semmering a été ouverte au transport de voyageurs. Des trains de voyageurs répertoriés dans l'indicateur chaix autrichien l'empruntent tous les jours. Le tracé demeure inchangé jusqu'à aujourd'hui, à une exception près : des infiltrations d'eau perpétuelles et des problèmes de stabilité dans le tunnel principal ont rendu inéluctable la construction d'un nouveau tunnel, qui a été inauguré en 1952.

Joindre Gloggnitz à Mürzzuschlag ne prend désormais qu'une heure avec la ligne de Semmering. Mais c'est une heure au cours de laquelle les voyageurs peuvent, kilomètre après kilomètre, prendre toute la mesure des performances incroyables qui accompagnent la construction de toute voie de haute montagne. Viaducs, tunnels et ponts se succèdent, lovés dans un paysage montagneux d'une beauté à couper le souffle, et qui, de surcroît, ne manque pas d'attrait culturel. On peut le constater dès la sortie de la gare de Gloggnitz, où se dresse, sur la gauche, le château éponyme, qui servit pendant des siècles de monastère bénédictin et séduit par son allure si particulière, à mi-chemin entre le château et le château fort. Peu après, on atteint déjà la gare de Schlöglmühl, qui doit son nom au moulin (*Mühle* en allemand) qui s'y trouvait autrefois et que l'on utilisa pour produire du verre bleu teinté au cobalt, puis pour fabriquer du papier et de la cellulose.

Le tunnel de Weinzettelwand, long de 688 mètres, et la galerie du même nom ont souvent été utilisés comme motifs dans des publicités.

La voie de Semmering chemine ici parallèlement à la Schwarza, un affluent de la Leitha qui, au moment de la fonte des neiges et par fortes pluies, peut gonfler pour devenir une rivière de montagne déchaînée. C'est justement ce cours d'eau que la ligne doit franchir peu après avoir quitté la gare suivante de Payerbach-Reichenau, ce qu'elle accomplit en empruntant un impressionnant viaduc à 13 arcs qui, fort de ses 227 mètres, est le plus long de la voie de Semmering.

Par la suite, et contre toute attente, la ligne, au lieu de longer Peyerbach, contourne l'endroit, formant une sorte de boucle qui repart en direction de Schlöglmühl une fois sur l'autre berge. Après environ un kilomètre, la voie s'éloigne de la rivière et quitte du même coup ses 480 mètres d'altitude pour commencer à gravir la montagne, affrontant une déclivité pouvant atteindre les 25 ‰. En clair, cela signifie que le train doit s'élever d'un mètre pour chaque tronçon de 40 mètres qu'il parcourt ; une remarquable performance, que les ingénieurs européens contemporains de Carlo Ghega pensaient irréalisable avec un train de voyageurs normal tiré par une locomotive à vapeur.

Après une ascension d'environ 65 mètres, la gare de Küb surgit, puis celle d'Eichberg, située seulement 3,5 kilomètres plus loin. Bien que ce tronçon puisse sembler court en comparaison des autres, il n'en est pas moins « haut en couleur », car il comprend 3 viaducs et 2 tunnels, dont celui de Pettenbach, long de 185 mètres. Les passagers du train savourent surtout la vue splendide qu'ils ont depuis le viaduc de la vallée de Kübgraben sur la montagne de Schneeberg, située à 2 kilomètres. Mais pour les marcheurs qui passent sur le chemin de randonnée longeant la ligne, c'est une vision

UN CONCOURS DE LOCOMOTIVES POUR ARRIVER À DESTINATION

Outre la coordination exténuante des travaux et la recherche permanente de nouvelles solutions au fur et à mesure qu'apparaissaient les difficultés, l'ingénieur Carlo Ghega dut s'atteler à un autre problème. Il ne savait si, une fois la ligne de Semmering terminée, il y aurait des locomotives suffisamment performantes pour affronter une voie d'une telle exigence, sa déclivité étant considérable et ses courbes affichant un rayon parfois inférieur à 200 mètres. Il mit alors à profit l'idée du *Journal des chemins de fer* de Stuttgart et lança un concours de locomotives pendant l'été 1851. Si aucun des modèles présentés ne fut retenu, on en réunit toutefois tous les points forts jusqu'à mettre au point et commander des locomotives hautement performantes. C'est ainsi que naquit dans un premier temps la locomotive articulée à vapeur dite « locomotive d'Engerth », du constructeur Wilhelm Freiherr von Engerth. Elle fut suivie, à partir de 1898, par les locomotives de l'ingénieur Karl Gölsdorf, notamment la légendaire Classe 170 et, parfois, la Classe 310. Cette dernière était considérée, au début du XXe siècle, non seulement comme le moyen de locomotion le plus rapide de l'Empire, mais également comme la plus belle locomotive du monde ; elle est ainsi encore utilisée aujourd'hui pour les trajets courts du *Majestic Imperator*. (Voir p. 110)

La dernière heure des locomotives à vapeur sur la ligne de Semmering a sonné dans les années 1950 : après l'installation de locomotives Diesel sur une courte période, l'ensemble de la ligne a été électrifié à l'été 1959.

Monument à la mémoire du chevalier Carl von Ghega, en gare de Semmering.

idyllique qui s'offre à eux lorsqu'un train sort soudain du tunnel de Pettenbach et passe devant la maison du garde-barrière en pierre naturelle, juste avant de s'engager sur le viaduc qui franchit la vallée de Höllgraben. À plus forte raison si le train est tiré, lors de ses sorties spéciales, par une locomotive à vapeur historique, comme cela arrive de temps en temps, pour la plus grande joie des nostalgiques des chemins de fer.

Si la gare d'Eichberg n'a jamais joué un rôle décisif pour le transport de voyageurs, elle est en revanche très importante pour le transport de marchandises, car de 1890 à 1930, on extrayait ici de la magnésite et du talc dans les mines. Cette gare mérite toutefois que l'on s'y arrête, car elle offre un panorama fantastique sur le pittoresque Gloggnitz, blotti dans la vallée. Le tracé décrit ensuite une nouvelle courbe, contournant ainsi la commune de Maria-Taferl et sa splendide église de pèlerinage, située à 140 mètres au-dessus de la voie et à laquelle mène un chemin de croix escarpé. La gare suivante en direction de Semmering est Klamm-Schottwien, à 699 mètres d'altitude. Les deux localités auxquelles elle doit son nom s'inscrivent dans la droite ligne du romantisme alpin rencontré jusque-là. Klamm, aujourd'hui rattaché à Breitenstein, est surmonté par les ruines du château de Klamm, dont les fondations remontent probablement au XIIe siècle mais qui s'est rapidement délabré à la fin du XVIIIe siècle pour finir en ruine sous l'effet conjugué de la foudre, des troupes napoléoniennes et de personnes sans scrupules qui s'en servirent comme d'une carrière de pierre.

Seules les locomotives les plus puissantes de l'époque étaient utilisées sur la ligne de Semmering. Même Robert Stephenson, fils du célèbre constructeur de locomotives à vapeur Georg Stephenson, n'aurait pas imaginé pouvoir franchir les pentes abruptes du Semmering grâce à la puissance de la vapeur.

Cette construction historique, qui n'a rien perdu de son panache, est perchée sur un rocher qui s'élève en direction du sud, avant de plonger dans la vallée de l'Adlitzgraben, formant une falaise de 130 mètres de haut.

La bourgade de Schottwien, quant à elle, qui abrite 700 âmes et se trouve juste au sud de Klamm, est entourée à l'est par la montagne de Grasberg, à l'ouest, par le mont Eselsberg, haut de 1000 mètres et qui offre un panorama splendide sur la vallée de l'Adlitzgraben et

la ligne de Semmering, et au sud, par le mont de Sonnwendstein, qui culmine à 1 523 mètres. Autrefois, un télésiège permettait d'accéder presque jusqu'au sommet de l'imposant Sonnwendstein, mais il a été supprimé en 2005, ce qui a fait perdre beaucoup de son attrait à cette montagne située dans la zone de sports d'hiver de Semmering. En revanche, le lieu de pèlerinage Maria-Schutz, sur le versant nord du Sonnwendstein, demeure et comprend, outre une église de pèlerinage, un monastère de la congrégation de la Passion-du-Christ. Le décor naturel, la ligne de Semmering et les monuments historiques mêlant culture et traditions, tout contribue à faire de la contrée de Klamm-Schottwien une destination touristique de premier ordre.

Seule ombre à ce tableau idyllique, mais dont il est difficile de faire abstraction : la voie rapide S6 de Semmering, construite à la fin des années 1980 entre Gloggnitz et Geis, qui se dresse juste au-dessus de Schottwien, sous la forme d'un pont en béton armé de 631 mètres de long et 130 mètres de haut. De toute la ligne de Semmering, c'est la zone où le contraste entre les moyens de circulation du XIXe et du XXe siècle apparaît le plus clairement : tandis que les viaducs de pierre de la ligne de Semmering se fondent harmonieusement dans le paysage, le pont à poutre en béton le domine intégralement de ses puissants piliers. Il va sans dire que les dimensions du pont ne sont pas le fruit de la mégalomanie des ingénieurs qui l'ont conçu, mais bien la conséquence directe du flux de circulation de plus en plus dense et parfois pénible dans cette région. Il faut néanmoins noter que l'inscription de la ligne de Semmering au Patrimoine mondial de l'Unesco concerne également le paysage qui l'entoure. Les constructions de ce type troublent considérablement l'harmonie générale dans laquelle s'inscrit la ligne de Semmering. Et elle pourrait bientôt être menacée par un péril nettement plus gros. Le projet du tunnel de base du Semmering, qui est en construction depuis 2012 et vise à créer une voie pour les trains express moyennant un coût estimé à 3,1 milliards d'euros, aura lui aussi, d'après ses détracteurs, des effets durables sur la ligne de Semmering (voir encadré p. 40).

Peu de temps après avoir quitté la gare de Klamm-Schottwien, la ligne de Semmering s'engouffre dans le tunnel de Klamm, pour ensuite franchir la vallée de Wagnergraben sur un viaduc à deux étages, qui est l'une des plus belles constructions du parcours. Haut de 39 mètres, ce viaduc comporte cinq arches de 9,5 mètres de portée au niveau de l'étage inférieur,

Vue sur le Polleroswand, avec le viaduc de Krauselklause (à droite), la Kalte Rinne (à gauche) et, en arrière-plan, le Rax.

DÉBAT AUTOUR DU TUNNEL DE BASE DU SEMMERING

Le tunnel de base du Semmering, dont l'inauguration est prévue pour 2025, doit s'étendre sur 27,3 kilomètres et relier Gloggnitz et Mürzzuschlag, c'est-à-dire précisément les gares de départ et d'arrivée de la ligne de Semmering. Outre les aspects écologiques et le tracé (le tunnel décrit une boucle assez inexplicable de 8,3 kilomètres de long), ou encore la question de la nécessité de cette voie, nombre de détracteurs mettent en avant les effets négatifs que cette construction aura, tant sur l'utilisation de la ligne de Semmering que sur son statut de Patrimoine mondial de l'Unesco. Les partisans du tunnel expliquent au contraire que c'est uniquement la ligne, et non son environnement, qui a été inscrite au Patrimoine mondial, et que son statut n'est donc nullement mis en danger. En effet, c'est, d'après l'Unesco, la ligne de chemin de fer elle-même qui fait la « valeur universelle » de l'ensemble ; il est néanmoins précisé que le paysage environnant contribue à l'importance de cette ligne.

Il ne reste donc plus qu'à attendre les effets à long terme de la construction du tunnel de base du Semmering, qui croise tout de même le tracé de la ligne de Semmering en quatre points ! La grande inondation survenue en 1996 dans une galerie au cours des sondages de reconnaissance obligea à pomper 6 milliards de litres d'eau et engendra une baisse de 100 mètres du niveau de la nappe phréatique. Cela donne un aperçu des difficultés et des imprévus qui peuvent surgir au cours de la construction d'un tunnel si ambitieux, présenté par les chemins de fer autrichiens comme un moyen de transport de voyageurs « attractif », puisqu'il permettrait de réduire de 30 minutes le temps de trajet entre Vienne et Graz.

et neuf de 12 mètres d'envergure à l'étage supérieur ; comme tous les viaducs, c'est depuis la vallée que l'on peut le mieux l'admirer. Les passagers du train peuvent quant à eux apercevoir le légendaire Südbahnhotel, à Semmering, qui fut construit en 1880-1881, exactement 1 000 mètres au-dessus du niveau de la mer et qui accueillit, avant d'être réquisitionné par les nazis, des artistes aussi éminents qu'Arthur Schnitzler, Gustav Mahler, Franz Werfel ou encore Stefan Zweig. L'Anschluss, annexion de l'Autriche par l'Allemagne nazie, a précipité le déclin de cet hôtel autrefois prestigieux, aujourd'hui majoritairement inoccupé et à l'avenir incertain.

Les détracteurs du tunnel de base du Semmering non seulement doutent de son utilité, mais ils craignent surtout qu'il fasse perdre à la ligne de Semmering son inscription au Patrimoine mondial de l'Unesco.

Jusqu'à la gare de Breitenstein, le train emprunte le viaduc à deux étages de la vallée de Gamperlgraben, puis le tunnel du même nom, et enfin le viaduc de Rumplergraben. Vient ensuite le tunnel de Weinzettelwand, ce tronçon de la ligne de Semmering où, d'après les plans initiaux de Carlo Ghega, la voie devait longer l'à-pic de Weinzettel, qui se dresse au-dessus de la vallée de l'Adlitzgraben.

De nombreux voyageurs s'accordent à dire que c'est après Breitenstein que commence la plus belle section de toute la ligne de chemin de fer de Semmering. Au bout de quelques instants, on atteint la formation rocheuse de Spiesswand, reliée à celle de Polleroswand par le viaduc de Krauselklause, long de 87 mètres. Ce dernier présente une structure à deux étages, dotée de trois arches en bas et six en haut. Mais c'est en arrivant au tunnel de Polleros, long de 337 mètres, que la tension est à son comble chez la plupart des voyageurs, car la ligne de Semmering s'apprête à aborder sa partie la plus imposante : la zone de la Kalte Rinne. Juste après le tunnel de Polleros vient le viaduc de la Kalte Rinne, qui décrit un arc de cercle de 193 mètres de rayon et présente dix arches en haut pour cinq en bas. Ce n'est pas sans raison que ce viaduc qui, avec ses 46 mètres, est le plus haut de Semmering, orne les cartes postales, les timbres et même les anciens billets autrichiens de 20 schillings. Tout est vraiment en harmonie : d'un côté, la paroi abrupte du Polleroswand, de l'autre, un contrefort boisé, et entre les deux, le viaduc à deux étages derrière lequel se dresse, majestueux, le Rax, une montagne culminant à 2 007 mètres.

Après le viaduc de l'Adlitzgraben, le train emprunte le tunnel de Weberkogel, long de 406 mètres, puis celui de Wolfsberg, de 440 mètres, qui mène directement à la gare du même nom.

La villa Silbererschlössl, sur le Semmering.

Son aspect actuel laisse à peine deviner qu'il s'agit, dans la première moitié du xxe siècle, de l'une des haltes les plus importantes du trajet, où d'innombrables passagers, dont des nobles et des intellectuels célèbres, s'arrêtaient pour séjourner dans des institutions de renom comme le Grand Hôtel Panhans ou des maisons de repos. Parmi celles-ci figuraient le centre de cure de Semmering, qui aujourd'hui n'abrite plus que des manifestations culturelles, et la « maison de repos de Breitenstein », fondée par Henriette Weiss, première maison de santé adressée aux classes populaires, qui jouissait alors d'une renommée internationale. Sérieusement endommagée sous le régime nazi, puis laissée à l'abandon après-guerre, elle fut malheureusement rasée à l'hiver 2006-2007.

Sur la distance d'à peine 1,5 kilomètre qui sépare Wolfsbergkogel et Semmering, la ligne passe encore par le viaduc de Kartnerkogel puis par le tunnel du même nom, avant d'atteindre la gare de Semmering, à laquelle elle doit son nom. Forte de ses 14 kilomètres de pistes, dont sa piste de luge longue de 3 kilomètres riche en sensations, cette localité est, en hiver, un domaine skiable très prisé, tandis qu'en été, les hôtels et les pensions regorgent de randonneurs et d'adeptes de VTT. C'est de cet endroit que partent l'ancien tunnel de Semmering et le nouveau. Des travaux de réparation substantiels au niveau du vieux tunnel ont en effet contraint à construire un tunnel d'évitement à une voie qui le longe parallèlement par le sud. Les deux tunnels atteignent, après quelques centaines de mètres, leur altitude maximale de 894 mètres, franchissant du même coup la frontière entre le Land de Basse-Autriche et celui de Styrie. Ensuite, la ligne de Semmering redescend petit à petit de la montagne sans plus décrire de boucle ni de courbe prononcée puis franchit le viaduc de Steinhaus, à cinq arches, puis celui de Holzergraben, à sept arches et contigu à la gare de Steinhaus.

La dernière gare avant la destination finale de Mürzzuschlag est Spital am Semmering. Au cœur d'un paysage de collines en pente douce qui invitent à la randonnée, des pistes de ski conduisant au mont Stuhleck, haut de 1 782 mètres, contribuent au rayonnement du plus grand domaine skiable de l'est de l'Autriche. On rencontre un dernier viaduc, celui de Förschnitzbach, sur les 6 kilomètres de trajet restant entre les deux gares. Et c'est à Mürzzuschlag que prend fin le trajet de 41 kilomètres de la ligne de chemin de fer Semmering à travers les Alpes autrichiennes, une ligne dont personne, après l'avoir parcourue, ne remettra jamais en doute l'inscription au Patrimoine mondial.

LA LIGNE DE MALMBANAN

Au-delà du cercle polaire

Le froid glacial et l'épaisse couche de neige qui recouvre le paysage de la ligne de Malmbanan donnent le sentiment d'un monde presque magique.

Les locomotives électriques IORE, dont la puissance peut aller jusqu'à 14 700 chevaux, tirent environ 65 chariots de minerai plein à ras bord depuis les mines de Kiruna et de Malmberget jusqu'au golfe de Botnie ou au port de la ville norvégienne de Narvik. Ce sont à l'heure actuelle les locomotives les plus puissantes au monde. Si l'on excepte les gares, la célèbre ligne de Malmbanan, longue de 473 kilomètres, est à voie unique, et les trains de marchandise ont toujours priorité sur les trains de voyageurs. Aujourd'hui, le tronçon le plus important (et, pour les voyageurs, le plus beau) est celui qui s'étend de Kiruna à Narvik.

INFORMATIONS ET DONNÉES

Itinéraire : La ligne de Malmbanan relie la ville portuaire norvégienne de Narvik à la ville suédoise de Luleå, dans le golfe de Botnie ; aujourd'hui toutefois, le tronçon principal est celui qui s'étend de Kiruna, située à l'intérieur des terres, à Narvik.

Achevée : en 1903.

Longueur totale : 473 kilomètres.

Gares principales : Malmberget, Kiruna, Abisko, Riksgränsen.

Fréquence (entre Kiruna et Narvik) : 3 trains de voyageurs par jour (aller-retour) et 13 trains de minerai.

Écartement des rails : voie normale.

C'est en 1741 que débuta l'extraction du minerai de fer à Malmberget, littéralement « la montagne de minerai ». Le travail était pénible et il était difficile de transporter ce lourd minerai hors de cette région inhospitalière. Malmberget, qui appartient à la commune de Gällivare, se trouve en effet à 90 kilomètres au nord du cercle polaire, dans une contrée peu habitée, encore aujourd'hui, et autrefois uniquement occupée par les Saamis (ou Lapons) et leurs troupeaux de rennes. Mais on avait déjà trouvé du minerai de fer dès le XVIe siècle, à Kiruna, 80 kilomètres plus au nord encore. À ces deux endroits, les mineurs (majoritairement des Saamis travaillant sous la contrainte) extrayaient le minerai les mois d'été et, les mois d'hiver, le transportaient vers les hauts fourneaux les plus proches à l'aide de traîneaux tirés par des rennes. Une loi suédoise interdisant l'exportation de minerai de fer et de fonte brute rendait l'extraction des richesses du sous-sol peu lucrative, jusqu'à ce qu'elle soit abrogée en 1857 et que la première ligne de Malmbanan, ou « ligne du minerai de fer », soit ouverte, en 1888. Elle relia Gällivare au port de Luleå, dans le golfe de Botnie, d'où le minerai était expédié par bateau. Du moins quand les eaux n'étaient pas gelées, ce qui, encore aujourd'hui,

Avant la ruée vers le minerai, les Saamis et leurs troupeaux de rennes étaient presque les seuls habitants de la région de Malmberget, toujours faiblement peuplée à l'heure actuelle.

est chose courante car, à 100 kilomètres au sud du cercle polaire, cette partie située tout au nord de la mer Baltique est, six mois sur douze, prise par les glaces.

Malgré ces contraintes, l'ouverture de la ligne de chemin de fer déclencha une véritable ruée vers le minerai : tout autour des mines de Malmberget, puis de celles de Kiruna après son rattachement à la ligne en 1899, les ouvriers construisirent leurs cabanes, donnant naissance à de petites villes. Aujourd'hui, l'extension des galeries due à l'exploitation permanente de nouvelles couches oblige les habitants à se déplacer face aux risques d'affaissement minier. Cela s'est déjà produit dans le centre-ville de Malmberget, et le problème touche à présent la ville de Kiruna, qui compte 18 000 habitants : petit à petit, des fissures apparaissent dans les rues et dans les bâtiments, car les galeries souterraines se rapprochent progressivement du centre-ville. Ses habitants, qui extraient chaque année 27 millions de tonnes de minerai de la plus grande mine de fond du monde, doivent plier bagages pour s'installer 3 kilomètres plus loin, vers l'est. L'église, dont le clocher présente d'impressionnants bardeaux de bois, et quelques maisons historiques vont donc être démontées minutieusement et reconstruites sur le nouvel emplacement ; le reste des bâtiments sera laissé à l'abandon pour tomber petit à petit en ruine.

KIRUNA-NARVIK

Malgré la construction de la voie de chemin de fer reliant Gällivare à Luleå, un problème demeurait : ce port de la Baltique pris dans les glaces d'octobre à mi-mai arrivait à peine à maîtriser le flot de minerai de fer acheminé. Mais la solution n'était pas loin : le fjord d'Ofot, situé en Norvège à seulement 179 kilomètres de Kiruna, n'est jamais paralysé par la glace. Bien qu'il se trouve également au nord du cercle polaire, ce fjord bénéficie de la chaleur du Gulf Stream, qui influe sur son climat. Les températures descendent rarement en dessous de -5 °C ; elles sont donc trop élevées pour que l'eau du fjord gèle. En 1903, le premier train de minerai quitta ainsi Kiruna en direction du fjord d'Ofot, au bord duquel la petite ville portuaire de Narvik se développa. C'est là que la majeure partie du minerai de fer, transformé en granulés à Kiruna, est aujourd'hui chargée puis expédiée dans le monde entier, une grande partie de l'Europe dépendant du minerai de fer du nord de la Suède.

DE KIRUNA JUSQU'AUX FRONTIÈRES DU ROYAUME

Depuis la gare de Kiruna, on aperçoit le lac de Luossajärvi, dans lequel les autochtones se plaisent à aller pêcher pendant leur temps libre, bien qu'il soit fortement pollué par des sulfates et des nitrites. C'est de là que part le train de voyageurs en direction de Narvik, qui passe devant les mines et les terrils puis contourne les deux montagnes dont le minerai est extrait : Kiirunavaara, haute de 733 mètres, et Luossavaara, haute de 724 mètres. Le voyage se poursuit à travers la magnifique toundra lapone. À l'horizon, on aperçoit déjà les contreforts des Scandes, les Alpes scandinaves, qui traversent toute la péninsule et marquent ici au nord la frontière entre la Norvège et la Suède.

La solitude se fait sentir tout au long de la ligne : la végétation, pauvre, se compose principalement de plantes herbacées et de bosquets clairsemés de bouleaux et de pins entre lesquels, ça et là, des lacs scintillent, le long de la voie ferrée et de l'autre côté de la grande route E10, dont le trajet est la plupart du temps parallèle à celui de la voie. Vivre ici, à l'instar des Saamis accompagnés de leurs troupeaux de rennes, revient à mener une vie de dures privations, surtout en hiver, lorsque la neige a recouvert la végétation déjà rare et que les bêtes doivent péniblement chercher leur nourriture. Les rennes se rappellent régulièrement au bon souvenir de la ligne de Malmbanan, car il arrive très souvent que des animaux seuls ou parfois même des troupeaux entiers se fassent écraser quand ils traversent les voies, le train nécessitant une distance de freinage de près d'un kilomètre. Naturellement, la société qui exploite la ligne

L'église en bois de Kiruna fut érigée par Gustaf Wickman en 1912. Ce bâtiment classé monument historique va être démonté lors du déplacement de la ville, et reconstruit à son nouvel emplacement.

verse alors des indemnités en fonction du nombre d'animaux tués, mais sans tenir compte, par exemple, des femelles jeunes voire en gestation et donc de la descendance escomptée. Pour les Saamis et leur mode de vie spartiate, il s'agit là d'une perte considérable.

On ne trouve que rarement des traces de vie humaine le long du chemin vers Narvik ; de temps à autre, quelques maisons regroupées, autour d'une gare, grâce à laquelle ces gens isolés peuvent recevoir le strict nécessaire

Malgré le paysage de prime abord austère et uniforme, ce voyage est, dès le premier kilomètre, une véritable aventure, en toute saison. Les voies traversent une contrée certes inhospitalière, mais d'où se dégagent un calme et une harmonie extraordinaires. Le paysage est verdoyant en été, tandis qu'au printemps et en automne, il se pare de toutes les nuances de jaune, de vert et de brun. Le ciel est souvent couvert, et la pluie, fréquente. Mais lors des longs mois d'hiver, l'abondante neige recouvre tout d'un épais manteau blanc et offre, dans les montagnes, d'excellentes conditions pour les sports d'hiver.

Petit à petit, le paysage devient plus vallonné, le regard s'attarde sur de petites hauteurs couvertes de lichens et de buissons herbacés, et des blocs erratiques couverts de mousse apparaissent à l'ombre des bouquets de bouleaux. Après une bonne heure de route, on aperçoit le Torneträsk, un immense lac de 330 kilomètres carrés situé le long de la frontière avec la Norvège. Ici encore, la nature met en scène un spectacle magnifique au fil des saisons : en été, on peut y voir de tous côtés une végétation luxuriante, y compris sur les berges du lac couvertes de galets ou de graviers, tandis qu'en hiver et jusqu'à mi-juin, le lac se couvre d'une épaisse couche de glace qui semble créée expressément pour la pêche blanche ; on ne peut alors presque plus le différencier des montagnes enneigées et du ciel, tous deux teintés de gris. La ligne de Malmbanan et ses trains de voyageurs passent tantôt près du bord du lac, tantôt plus loin, sans jeter un œil sur ses eaux, et atteignent bientôt Abisko, qui, avec ses 650 habitants, représente la plus grosse bourgade entre Kiruna et Narvik. L'itinéraire offre régulièrement une vue spectaculaire sur Lapporten, « la Porte de la Laponie ». Cette impressionnante vallée en auge, qui forme un large U entre deux montagnes, le Tjuonatjåkka (1 554 mètres) et le Nissuntjårro (1 738 mètres), est un véritable emblème de la Laponie.

Lapporten marque l'entrée dans le Parc national d'Abisko, qui représente une aventure à part entière, que ce soit à la lumière estivale du soleil de minuit ou à celle des aurores boréales. Ces dernières sont ici très fréquentes, à 195 kilomètres au nord du cercle polaire et en l'absence de toute pollution lumineuse.

Abisko est également le point de départ du Kungsleden (« Voie royale »), un chemin de trekking long de 440 kilomètres qui permet de parcourir l'insolite *fjäll* suédois d'un refuge (*fjällstation*) à l'autre.

Il est rare que la ligne de Malmbanan traverse une gare, et plus rare encore qu'elle s'y arrête. Cette ligne est à voie unique sur la majeure partie de son parcours, et les trains de marchandises ont la priorité sur les trains de voyageurs.

EN ROUTE VERS LA NORVÈGE

Après Abisko, le train marque tout d'abord une halte dans le hameau de Björkliden, où le conducteur suédois attend le train en provenance de Narvik, cédant sa place au conducteur norvégien, qui prend les commandes jusqu'au terminus. La ligne de Malmbanan franchit alors enfin les Alpes scandinaves. Celles-ci sont apparues il y a environ 400 millions d'années, suite à la collision du continent Laurentia, formé de l'Amérique du Nord et du Groenland actuels, avec le continent Baltica, formé d'une

grande partie des actuelles Europe du Nord et de l'Est. Sur la voie en courbes, le train serpente entre les montagnes érodées par les glaciers. En certains endroits, le trajet semble particulièrement dangereux : d'un côté, les rails frôlent la roche, tandis que de l'autre, la montagne descend à pic.
Le trajet est de fait très impressionnant : d'une part pour la beauté et le caractère extraordinaire des paysages, d'autre part à cause des abîmes qui s'ouvrent de part et d'autre des rails. Les horaires des trains de voyageurs et de marchandises doivent être réglés comme du papier à musique, car les possibilités de croisement et de manœuvre sont limitées et la distance de freinage importante : toute rencontre de trains sur cette ligne à voie unique aurait des conséquences dramatiques. Sur les quelques voies d'évitement, les trains de voyageurs sont souvent contraints de s'arrêter pour laisser passer un ou parfois même plusieurs convois de minerai. Pour les touristes, ces pauses sont presque toujours les bienvenues, car elles leur permettent de savourer encore davantage le paysage et de prendre des photos. Pendant l'hiver, qui dans cette région est particulièrement long, la nature apparaît presque irréelle. Sous la neige, les rochers, moins abrupts en apparence, évoquent plutôt les édredons moelleux et fraîchement secoués de nos grands-mères. Les arbres semblent tout droit sortis d'un conte, avec leurs branches gainées d'une fine couche de glace qui réverbère et diffracte la lumière du soleil, si rare en cette saison, faisant scintiller le paysage. Les gens du pays, qui parcourent cette ligne régulièrement et sont d'ailleurs peut-être dans le train depuis Luleå, s'installent alors confortablement dans le wagon-restaurant ou dans le wagon-cinéma parfois adjoint au train, tandis que les touristes regardent, étonnés et émerveillés, par les fenêtres. Après avoir passé des stations pittoresques comme Vassijaure, proche du lac du même nom, ou Katterjokk, la ligne de Malmbanan atteint Riksgränsen, qui représente non seulement la ville-frontière entre la Suède et la Norvège, mais également une des stations de ski les plus appréciées de la région. Ici, la saison des sports d'hiver est plus longue que dans la plupart des autres régions du monde : dès la mi-octobre, il n'est pas rare de voir une épaisse couche de neige, celle-ci se maintenant jusqu'en mai, parfois même jusqu'en juin.
À ce stade, le train a atteint la dernière localité avant la frontière norvégienne, et les 50 kilomètres qui le séparent encore de Narvik représentent la partie la plus montagneuse du trajet. Depuis Abisko déjà, à cause des montagnes et de leur énorme masse de neige, la ligne traverse de nombreux tunnels, mais ceux-ci se multiplient après la frontière. La ligne de Malmbanan perd du même coup son nom pour devenir la ligne d'Ofot, ainsi nommée à cause de sa destination : le fjord d'Ofot. Le train dépasse alors la localité dispersée de Bjørnfjell et la montagne du même nom.

Double page précédente : au-delà du cercle polaire, les hivers sont longs et la lumière une denrée rare. Mais c'est là aussi que réside le charme du voyage à bord des trains de la ligne de Malmbanan, qui ne désemplissent pas pendant cette période.

La célèbre porte de la Laponie est l'un des emblèmes de la région.

Les aurores boréales, dans le Parc national d'Abisko, offrent un spectacle naturel tout particulier.

Depuis les années 1980, ce tronçon de la ligne a été complètement rénové : jusque-là, les trains passaient le Norddalbrücke, un pont à piles haut de 40 mètres qui fut conçu en 1902 de telle manière que l'on puisse le faire sauter en cas de guerre, pour interrompre la liaison ferroviaire. Néanmoins, pendant la Seconde Guerre mondiale, au cours de l'invasion

allemande en Norvège et de la bataille de Narvik – considérée comme la première victoire des alliés et ainsi comme un moment décisif dans le déroulement de la guerre –, lorsque l'on voulut faire effectivement sauter le pont, la tentative échoua : le froid glacial des Scandes avait gelé les explosifs, qui occasionnèrent tellement peu de dégâts que le pont fut à nouveau praticable peu de temps après. Au cours de ces mêmes années un nouveau tracé fut dessiné, et le pont vieillot devint inutile. Pour sa valeur historique, on se donna cependant le mal de le maintenir en bon état, dans cette zone si peu accessible. Il a toutefois récemment été envisagé de faire de ce tronçon de la ligne d'Ofot une ligne à deux voies, et c'est donc également dans ce but que le Norddalbrücke est, aujourd'hui encore, maintenu en état.

Lorsque cette partie de la ligne est passée, le Rombaksfjord, bras de l'Ofot, apparaît alors. Comme tous les fjords, il s'est formé pendant une période glaciaire, sous l'effet de glaciers qui s'écoulaient en direction de la mer et creusaient ainsi de plus en plus profondément le lit des fleuves. Le Rombaksfjord mesure 20 kilomètres de long et jusqu'à 344 mètres de profondeur. Lors de la bataille de Narvik, en 1940, quatre navires de guerre allemands y furent coulés par leur propre équipage, après qu'ils eurent tiré toutes leurs munitions. Aujourd'hui encore, on peut apercevoir, au sud du fjord, à l'endroit où il a touché le fond, le *Georg-Thiele* dépasser de l'eau, tel un mémorial.

Le train, qui longe ce fjord pour atteindre celui d'Ofot et le terminus de la ligne, connaît là le dernier moment fort de son voyage. Trois heures lui auront été nécessaires pour relier Narvik à Luleå, du moins s'il ne fut pas trop souvent retardé par le passage des convois de minerai, prioritaires. Un voyage qui prend fin dans la gare la plus septentrionale de Scandinavie.

À TRAVERS LA VALLÉE DU HAUT-RHIN MOYEN

Le Rhin romantique à l'état pur

Le château de Marksburg trône majestueusement au-dessus de la ville de Braubach, au bord du Rhin moyen. Cette forteresse du XIIe siècle est le seul château médiéval à n'avoir pas été détruit sur cette section du Rhin.

Si vous avez déjà voyagé dans la vallée du Haut-Rhin moyen, vous pouvez affirmer sans l'ombre d'un doute qu'il s'agit là de l'une des plus belles régions d'Allemagne, tant sur le plan naturel que culturel. Aucune autre partie du Rhin n'a autant inspiré les écrivains, les peintres et les compositeurs que celle-ci, avec ses forteresses et ses châteaux forts. Au XIXe siècle, la région fut transformée par les romantiques anglais et allemands en un haut lieu de la mélancolie. D'innombrables chants, poèmes et tableaux témoignent du charme que ce fleuve majestueux, qui coule entre Coblence et Bingen, exerça sur eux. Aujourd'hui encore, les voyageurs peuvent se laisser envoûter par la magie qui se dégage de cette région aussi belle que légendaire.

INFORMATIONS ET DONNÉES

Itinéraire : de Bingen à Coblence.

Inauguration : en 1859.

Longueur de la ligne : 65 kilomètres.

Gares principales : rive gauche du Rhin : Coblence, Boppard, Sankt Goar, Oberwesel, Bacharach, Bingen. Rive droite du Rhin : Coblence, Sankt Goarshausen, Lorelei, Rüdesheim.

Écartement des rails : voie normale.

Particularité : depuis 2002, la vallée du Haut-Rhin moyen appartient au Patrimoine mondial de l'Unesco.

L'ÈRE DU CHEMIN DE FER CONQUIERT LE HAUT-RHIN MOYEN

En 1850, le comité de la société de chemin de fer Cöln-Coblenz-Bingener sollicita le soutien de l'*Oberpräsident* de Rhénanie prussienne pour la construction d'une ligne de chemin de fer sur la rive gauche du Rhin, marquant ainsi un pas décisif vers cette voie dans la romantique vallée du Rhin. Cependant, avant que les travaux ne commencent effectivement, en 1856, il fallut convaincre le gouvernement prussien, dont la première réaction fut de rejeter le projet pour des raisons de stratégie militaire, et mettre d'accord les responsables politiques des régions qui entouraient la vallée, chacun voulant un tracé qui servirait avant tout ses propres intérêts. Finalement, la ligne put être mise en service en 1859, et le premier train qui emprunta ces rails fut accueilli en grande pompe à Coblence par la princesse Augusta et sa fille.

De nombreux trains s'y succédèrent lors des cent cinquante années qui suivirent. Mais, pour les nostalgiques, le *Rheingold* est celui qui incarne le mieux le romantisme de la vallée du Rhin et des chemins de fer. Dès son voyage inaugural, en 1928, ce train de luxe circula entre Hoek van Holland, aux Pays-Bas, et Bâle, en Suisse. Son aménagement somptueux le destina à une clientèle choisie. Au début des années 1960, le train fut modernisé et doté d'une attraction de premier ordre : la voiture-dôme, qui offrait une vue panoramique grâce à son dôme vitré. En 1976, on la remplaça par une voiture-restaurant, puis, la fréquentation du train étant devenue trop faible, celui-ci fut retiré de la circulation en 1987. La concurrence des trains Intercity, plus rapides, avait été la plus forte.

Aujourd'hui, les amoureux des chemins de fer ont de nouveau la possibilité de faire un véritable voyage dans le passé à bord du *Rheingold* tiré par sa locomotive express à vapeur 03 1010, car ce train, restauré avec soin, part régulièrement de Coblence lors de rendez-vous choisis pour décrire une boucle sur les deux rives du Rhin romantique. Si vous entreprenez un tel voyage,

il est vivement recommandé de prendre place sous la coupole vitrée de la voiture-dôme. Et si vous vous intéressez particulièrement aux vieilles locomotives à vapeur et à leur aspect technique, une visite au musée de la Deutsche Bahn de Coblence s'impose : vous pourrez voir la vieille locomotive à vapeur y être alimentée en eau et en charbon : une occasion idéale pour prendre des photos ou éventuellement bavarder avec le personnel des chemins de fer.

DES CHÂTEAUX FORTS RELIÉS PAR LES RAILS

Paysage culturel imprégné par la manière dont l'être humain a modelé la nature au fil du temps, la vallée du Rhin entre Coblence et Bingen est la symbiose entre un décor naturel d'une beauté extraordinaire et une richesse culturelle indéniable : les vignobles, tout comme les forteresses et châteaux forts qui surplombent le Rhin, s'intègrent parfaitement dans ce splendide paysage situé entre la Rhénanie-Palatinat et la Hesse. L'ensemble forme un décor d'une beauté à couper le souffle qui, parallèlement, permet d'appréhender la longue histoire de la région. C'est précisément ce qui a conduit en 2002 l'Unesco à l'inscrire au Patrimoine mondial. Depuis lors, la région revendique son nom de « Patrimoine mondial de la vallée du Haut-Rhin moyen ».

Longue de 65 kilomètres, elle est le reflet d'une tradition deux fois millénaire et l'une des voies de circulation les plus importantes d'Europe. Située à mi-chemin entre les pays méditerranéens et ceux du nord de l'Europe, la vallée du Haut-Rhin moyen représente depuis toujours un axe incontournable pour le commerce et les échanges culturels au sein de l'Europe occidentale. Aujourd'hui encore, la voie ferrée mise en service en 1859 constitue une liaison nord-sud centrale au sein du réseau européen des chemins de fer et compte parmi les lignes les plus fréquentées d'Allemagne. Elle en est aussi l'une des plus belles, par cette vallée qu'elle traverse.

Cliché d'époque d'un train express tiré par une locomotive à vapeur, près d'Oberwesel (1931).

Au Moyen Âge, des dizaines de châteaux forts furent construits le long de cette voie importante pour le commerce, principalement afin de défendre le territoire. On en trouve, sur la seule rive gauche du Rhin, entre Coblence et Bingen, pas moins de seize, construits sur le massif schisteux, et quatorze autres sur la rive droite, entre Rüdesheim et Lahnstein. Mais les progrès de l'armement les rendirent superflus, leur faisant perdre peu à peu leur importance stratégique. Certains servirent toutefois pendant un temps de postes de douane, mais la majeure partie de ces châteaux forts, ne valant pas grand-chose comme lieu d'habitation, tomba en ruines au fil des siècles ; leurs pierres furent parfois, à la place, utilisées pour d'autres constructions. Enfin, en 1689, la plupart de ceux qui étaient encore debout furent victimes de la guerre de la succession palatine menée par Louis XIV.

Le vent tourna néanmoins au XIXe siècle, car à l'époque romantique, les vieilles murailles revinrent à la mode ; certains châteaux furent même reconstruits. Pour les romantiques avec leur soif insatiable de mythes et leur fascination pour les cadres lugubres, conjugués au paysage grandiose, ils offraient une surface de projection « fantastique », au sens premier du terme.

L'ANGLETERRE ET LE RHIN ROMANTIQUE

C'est surtout aux Anglais que l'on doit la naissance du Rhin romantique, ainsi que, dans une certaine mesure, celle du tourisme en chemin de fer dans la vallée du Haut-Rhin moyen. Dès le XVIIIe siècle, Laurence Sterne avec son *Sentimental Journey* suscita la curiosité de nombreux

Anglais pour le voyage. Parmi eux, citons le peintre William Turner ou encore le poète Lord Byron, précurseur du « sentiment de la Nature » dans la poésie, donnant ainsi la première impulsion à un tourisme qui ne fit ensuite que s'intensifier dans cette région.

Le chemin de fer du Haut-Rhin moyen offrit bientôt aux citoyens cultivés un moyen de transport permettant de visiter des contrées que tout honnête homme devait avoir vues. Les tableaux de paysages de William Turner contribuèrent eux aussi à cet engouement pour les voyages le long du Rhin. Le peintre accordant avant tout de l'importance à l'effet produit par ses tableaux, il lui arriva donc parfois de prendre des libertés avec la réalité, « déplaçant », ici ou là, une tour ou un château. Aujourd'hui, il y a même le long du Rhin un sentier de randonnée consacré à l'héritage de Turner.

De nombreux peintres de cette époque exaltant le passé donnèrent naissance à un style de tableaux qui laissait tout simplement de côté les innovations techniques comme le chemin de fer, la construction de routes ou la rénovation de châteaux. Au lieu de cela, leurs tableaux montraient un monde indemne, un paysage idéal, atemporel et sauvage, et ce précisément à l'époque des débuts de l'industrialisation.

LE ROMANTISME DES CHÂTEAUX, ENTRE BINGEN ET COBLENCE

Sur le chemin de Bingen à Coblence commence la longue succession des forteresses et châteaux forts, pour la plupart construits entre le XIIe et le XIVe siècle. Notamment, sur la rive droite, le château d'Ehrenfels, en ruines, qui surplombe fièrement le gouffre du Binger Loch ainsi que l'île abritant la tour de guet Mäuseturm, ou « tour aux Souris ». Suivent ensuite le château de Rheinstein, à gauche, construit sur un promontoire rocheux de 90 mètres de haut, le château de Reichenstein de la petite ville de Trechtingshausen, puis les châteaux Sooneck et Hoheneck. Un peu plus loin, on atteint Bacharach, haut lieu de la viticulture rhénane au Moyen Âge, et ses jolies maisons à colombages. Juste après, deux châteaux forts annoncent l'arrivée dans la petite commune médiévale de Kaub : le château Gutenfels, qui semble jaillir de la roche à 110 mètres de haut, et le château de Pfalzgrafenstein, construit au XIVe siècle et qui assuma longtemps la fonction de poste de péage.

Environ 7 kilomètres en aval, on atteint le rocher de la Lorelei, toujours considéré comme le clou du spectacle par les touristes venus d'Allemagne ou d'ailleurs. Si ce cours d'eau chargé de mythes et de légendes a inspiré nombre de récits, aucun n'est aussi célèbre que celui de la mystérieuse

Une vision romantique et lumineuse de la vallée du Haut-Rhin alors en pleine industrialisation.
En haut : William Turner, Le Palatinat près de Kaub, *1817 (coll. privée).*
En bas : Anton Ditzler, Vue de Nonnenwerth, *1831 (coll. Siebengebirge).*

Le château du Katz a été construit entre 1360 et 1371 juste à côté du château de Maus.

nymphe Lorelei. Il ne s'agit pourtant pas d'un « conte des temps anciens », mais bel et bien d'une invention du XIXe siècle, apparue dans une ballade de Clemens Brentano. Auparavant, la Lorelei était un simple rocher d'ardoise qui culminait à 120 mètres de hauteur à proximité de Sankt Goarshausen. Mais Heinrich Heine plaça la nymphe sur ce rocher, la transformant en un véritable mythe. Encore aujourd'hui, sa mise en musique par Friedrich Silcher en fait l'une des chansons populaires allemandes les plus célèbres dans le monde, évoquant une jeune fille qui peigne ses cheveux blonds en attendant son aimé et en chantant d'une manière si envoûtante que les bateliers qui passent, regardant vers les hauteurs sans prendre garde aux récifs, sont engloutis par les flots. Aujourd'hui encore, la Lorelei attire les touristes comme un aimant. Sur la rive gauche, la voie de chemin de fer suit le Rhin dans la courbe qu'il décrit à cet endroit, obligeant le train à ralentir; cela permet aux voyageurs de contempler le rocher à leur aise depuis la berge d'en face. Quand on l'admire bien confortablement installé à bord du train, on ne peut toutefois se faire une idée du danger que représentaient autrefois pour les bateaux les rapides et les récifs de ce fleuve puissant. Ce n'est que dans les années 1930 que l'on dynamita ces récifs qui, sous la surface de l'eau, endommageaient si souvent les bateaux qu'ils les mettaient hors d'usage lorsqu'ils ne les coulaient pas. Le passage de ce rocher reste malgré tout le tronçon le plus risqué de cette zone. Et peut-être, au fond, est-ce dû à la mystérieuse Lorelei? Début 2011, le cargo *Waldhof* sombra précisément devant son rocher. Pour des raisons de sécurité, la ligne de train fut à plusieurs reprises interrompue sur cette section pendant les opérations de sauvetage.

Juste après la Lorelei, le train arrive à la hauteur des châteaux de Katz et de Maus (« chat » et « souris », en allemand). Deux seigneurs de la région, le comte de Katzenelnbogen et l'éminent archevêque de Trèves, se disputaient au Moyen Âge la suprématie sur cette zone et allèrent jusqu'à construire chacun un château sous le nez de l'autre. La sagesse populaire estima qu'ils jouaient « au chat et à la souris », et ces deux surnoms, inspirés du nom du comte, ont subsisté. Sur la rive droite du Rhin, les ruines des châteaux de Sterrenberg et de Liebenstein viennent ensuite, aussi connus sous le nom de « frères ennemis ». La légende veut que les deux frères, Heinrich et Konrad, aient autrefois été tous deux amoureux de leur sœur adoptive, Hildegard, et se soient pour cette raison provoqués en duel, un duel que Hildegard réussit à empêcher à la toute dernière minute. Elle se retira ensuite au couvent Marienberg de Boppard, et les deux frères se réconcilièrent.

Après tant de châteaux médiévaux chargés d'histoire, à partir de la courbe que décrit le Rhin au niveau de Boppard (la plus serrée que connaisse le fleuve sur les 1 200 kilomètres qu'il parcourt), la nature reprend ses droits et offre au voyageur une faune et une flore extrêmement diversifiées. Cette petite ville, vieille de deux mille ans, est particulièrement animée le week-end, lorsque les promeneurs s'installent dans les nombreux cafés qui bordent la promenade pour savourer un café ou un verre du vin de la région en admirant la vue. Juste après, de petites bourgades idylliques présentant de charmantes maisons à colombages et de jolies ruelles jalonnent la suite du parcours du Rhin romantique. L'œil remarque tout de suite le château de Marksburg, construit en 1117 sur un rocher de 150 mètres de haut, seul château médiéval de la région à n'avoir jamais été détruit. Sachant cela, il est d'autant plus surprenant de se dire qu'il y a une trentaine d'années, des émissaires japonais vinrent de l'île de Miyako dans le but d'acheter le château, de

Double page suivante : le château Rheinstein a été bâti au début du XIVe siècle sur un promontoire rocheux de 90 mètres de haut qui surplombait le Rhin. Dans un état de délabrement important aux XVIe et XVIIe siècles, il a été ensuite l'un des premiers châteaux forts à être reconstruit dans l'esprit romantique, sous l'impulsion de l'architecte prussien Karl Friedrich Schinkel, jusqu'en 1829.

« UN RHIN PLUS SILENCIEUX »

Il y a tout de même une ombre au tableau de la ligne de chemin de fer du Rhin romantique, et ce sont sans doute les voyageurs qui s'en rendent le moins compte : qu'il s'agisse de locomotives d'autrefois, de trains express ou de transport de marchandise, les nuisances sonores engendrées par les trains de la vallée du Rhin sont telles qu'en comparaison, le bruit de la circulation automobile semble n'être qu'un doux murmure. Minute après minute, les trains s'engagent à grand bruit dans l'étroite vallée et les multiples courbes de la voie entraînent de nombreux freinages, occasionnant un bruit supplémentaire. Pour les habitants de la vallée du Rhin entre Coblence et Bingen, ces nuisances, en particulier la nuit, influent énormément sur la qualité de vie. L'Unesco elle-même a déploré cette considérable pollution sonore au moment d'inscrire ce paysage au Patrimoine mondial, sans pour autant exiger que soient prises de quelconques mesures. Sa topographie encaissée entre les montagnes donne à la vallée du Rhin une acoustique phénoménale. Le niveau sonore y dépasse souvent les 100 décibels (pour comparaison, le droit du travail prescrit une protection auditive à partir de 85 décibels). Si l'on compte les deux rives du Rhin, près de 500 trains de voyageurs et de marchandise empruntent ce tronçon chaque jour. Mais c'est surtout du bruit des trains de marchandises que les habitants se plaignent. Les Länder de Rhénanie-Palatinat et de la Hesse se sont battus au cours des dernières années pour le projet « Leiser Rhein » (« un Rhin plus silencieux »). En 2009, l'Union européenne a dégagé des fonds afin de permettre à 5 000 wagons de marchandise d'être équipés en « freins silencieux », des semelles composites réductrices de bruit. Néanmoins, cette transition ne pouvant se faire en quelques jours, les habitants devront s'armer de patience et attendre jusqu'en 2020.

Il n'y a pas beaucoup de place dans la vallée du Rhin,
tant et si bien que la voie traverse souvent le centre des villages.

le démanteler et de le reconstruire sur leur île du Pacifique. Ils repartirent bredouilles. En lieu et place de l'original, une copie fidèle du château se dresse aujourd'hui sur l'île.

Le château de Lahneck et, lui faisant face sur l'autre rive du Rhin, le château de Stolzenfels, qui brille d'un jaune lumineux, marquent la fin de ce voyage en train le long de la vallée du Rhin romantique, qui se termine en gare de Coblence.

LA LIGNE DU RHIN, RIVE DROITE ET RIVE GAUCHE

De part et d'autre de la vallée du Rhin, on trouve une ligne électrifiée à deux voies. En raison des courbes très serrées, le tronçon qui relie Sankt Goar à Oberwesel compte trois tunnels l'un derrière l'autre : celui de Bankeck, celui de Betteck et celui de Kammereck. Sur la rive gauche du Rhin circulent principalement les trains de voyageurs grandes lignes, qui doivent réduire leur vitesse à l'approche des virages. Cela laisse ainsi plus de temps aux voyageurs pour savourer le magnifique paysage qui s'étend entre Coblence et Bingen. Ces trains grandes lignes continuent ensuite vers le nord en passant par Cologne, ou vers le sud en passant par Mayence.

Sur la rive droite du Rhin, la voie relie Rüdesheim et Coblence ; elle est empruntée principalement par des trains de marchandises et des trains régionaux. De ce côté-là, on traverse, entre Lahnstein et Rüdesheim, deux tunnels, celui du rocher de la Lorelei et celui de Roßstein. Les trois tunnels qui relient Sankt Goar à Oberwesel ont actuellement grand besoin d'être rénovés. Le statut de monument historique impose cependant des règles très strictes en matière de restauration. Dans le cadre d'une modernisation, il faudrait, pour répondre aux standards actuels, aménager des issues de secours et augmenter la distance entre les voies. Mais les entrées des tunnels étant classées monuments historiques, ces mesures ne peuvent être mises en œuvre. En conséquence de quoi, l'on envisage la construction d'un nouveau tunnel, qui irait de pair avec un nouveau tracé dans cette zone. Le trafic automobile doit lui aussi s'accommoder de certaines restrictions dans cette région. Dans la mesure où la vallée du Haut-Rhin moyen manque cruellement d'infrastructures pour relier les berges du fleuve, nombreux sont ceux qui réclament un pont entre Sankt Goar et Sankt Goarshausen. Ce débat a donné naissance à une grande controverse : pour certains, ce serait un coup fatal porté au Rhin romantique (qui pourrait même perdre son inscription au Patrimoine mondial), pour d'autres, c'est une construction indispensable pour améliorer les infrastructures de la région. À l'heure actuelle, on ne sait pas encore s'il sera donné suite à ce projet.

La petite ville de Kaub, que surplombe le château Gutenfels, qui date du XIIIe siècle.

LE GLACIER EXPRESS

Une voiture panoramique à travers les montagnes suisses

C'est au milieu du XIXe siècle *qu'Alexander Seiler, originaire du canton du Valais, fonda à Zermatt l'hôtel Monte Rosa, inaugurant ainsi un tourisme qui allait bientôt devenir florissant au pied du mont Cervin. Au même moment, à 170 kilomètres à vol d'oiseau, Johannes Badrutt ouvrait l'hôtel pension Engadiner Kulm à Saint-Moritz, avec des effets similaires, donnant naissance au « tourisme hivernal », inconnu jusqu'alors. Les deux cantons alpins du Valais et de l'Engadine se développèrent pour devenir bientôt des destinations prisées par les voyageurs venus de toute l'Europe. De là à vouloir relier ces deux endroits par une voie de chemin de fer, il n'y avait qu'un pas ! Ce rêve devint réalité en 1930 :* le Glacier Express *entreprit son premier trajet sur la voie étroite traversant les cantons des Grisons, d'Uri et du Valais. Il est devenu depuis un des emblèmes les plus célèbres du tourisme dans les Alpes.*

Le Glacier-Express *n'est peut-être pas des plus rapide, mais il a le mérite de laisser ses passagers savourer à leur aise les panoramas magnifiques qui s'étendent de part et d'autre de la voie reliant Saint-Moritz à Zermatt.*

Si l'esprit pionnier préside à la construction de la plupart des lignes de chemin de fer, ce principe s'applique particulièrement au développement de la région des Alpes. D'une part, la topographie exigeante demandait des solutions au cas par cas, un grand savoir-faire technique et une audace certaine, et d'autre part, on ne pouvait en aucun cas être sûr, au moment où germa l'idée d'une liaison entre Zermatt et Saint-Moritz, que le tourisme allait effectivement se développer d'une manière durable et satisfaisante. Cette région aujourd'hui prestigieuse et glamour était encore plongée dans une profonde misère, il y a cent cinquante ans. L'isolement était le quotidien des villageois, et anéantissait du même coup toute tentative de développer le tourisme pour en faire une source de revenus. Les quelques lits mis à la disposition des visiteurs n'intéressaient que les rares aventuriers, majoritairement des Anglais, prêts à entreprendre un voyage pénible et malcommode. Lors de la première ascension du mont Cervin, en juillet 1865, Zermatt fit néanmoins la une des journaux, mais ce fut principalement à cause de la fin tragique de l'expédition, lors de laquelle quatre des sept alpinistes trouvèrent la mort.

Quinze ans plus tôt avait eu lieu la première ascension, dans les Alpes engadinoises, du piz Bernina, haut de 4 049 mètres. À ce moment-là, les visionnaires comme Johannes Badrutt et Alexander Seiler étaient convaincus que le désenclavement de leur commune respective et leur développement touristique ne pouvaient apporter que des retombées

INFORMATIONS ET DONNÉES

Itinéraire : de Zermatt à Saint-Moritz.

Achevé : en 1930

Longueur du parcours : 291 kilomètres.

Gares principales : Zermatt, Brigue, Andermatt, Disentis, Filisur, Saint-Moritz.

Durée du trajet : un peu moins de 8 heures.

Écartement des rails : voie métrique (1 000 millimètres).

Équipement : 2 wagons 1re classe, une voiture-restaurant et 3 wagons 2de classe, tous panoramiques. Les trains sont réservés aux voyageurs qui veulent parcourir l'intégralité de la ligne. Pour les trajets plus courts, les usagers sont aiguillés vers d'autres trains régionaux.

Particularités : le *Glacier Express* est exploité conjointement par la Matterhorn-Gotthard Bahn (MGB) et les Chemins de fer rhétiques (RhB) ; la jonction se situe à Disentis/Mustér. Les fenêtres panoramiques du train sont particulièrement commodes pour les voyageurs, car elles vont jusqu'à la voûte du plafond, offrant ainsi une vue dégagée.

positives : pour les autochtones, qui pourraient espérer ainsi quelques rentrées d'argent, mais également pour les visiteurs, qui pourraient enfin découvrir la beauté remarquable de la Haute-Engadine et du Haut-Valais. La suite allait leur donner raison : ce tourisme alpin à petite échelle céda petit à petit la place à un secteur touristique florissant et lucratif, qui aujourd'hui représente de loin la première source de revenus des Alpes. Saint-Moritz accueille à l'heure actuelle environ 250 000 visiteurs par an, ce qui représente plus d'un million de nuitées, et Zermatt enregistre même 1,8 million de nuitées chaque année. Le développement touristique de cette région revient en grande partie au *Glacier Express*,

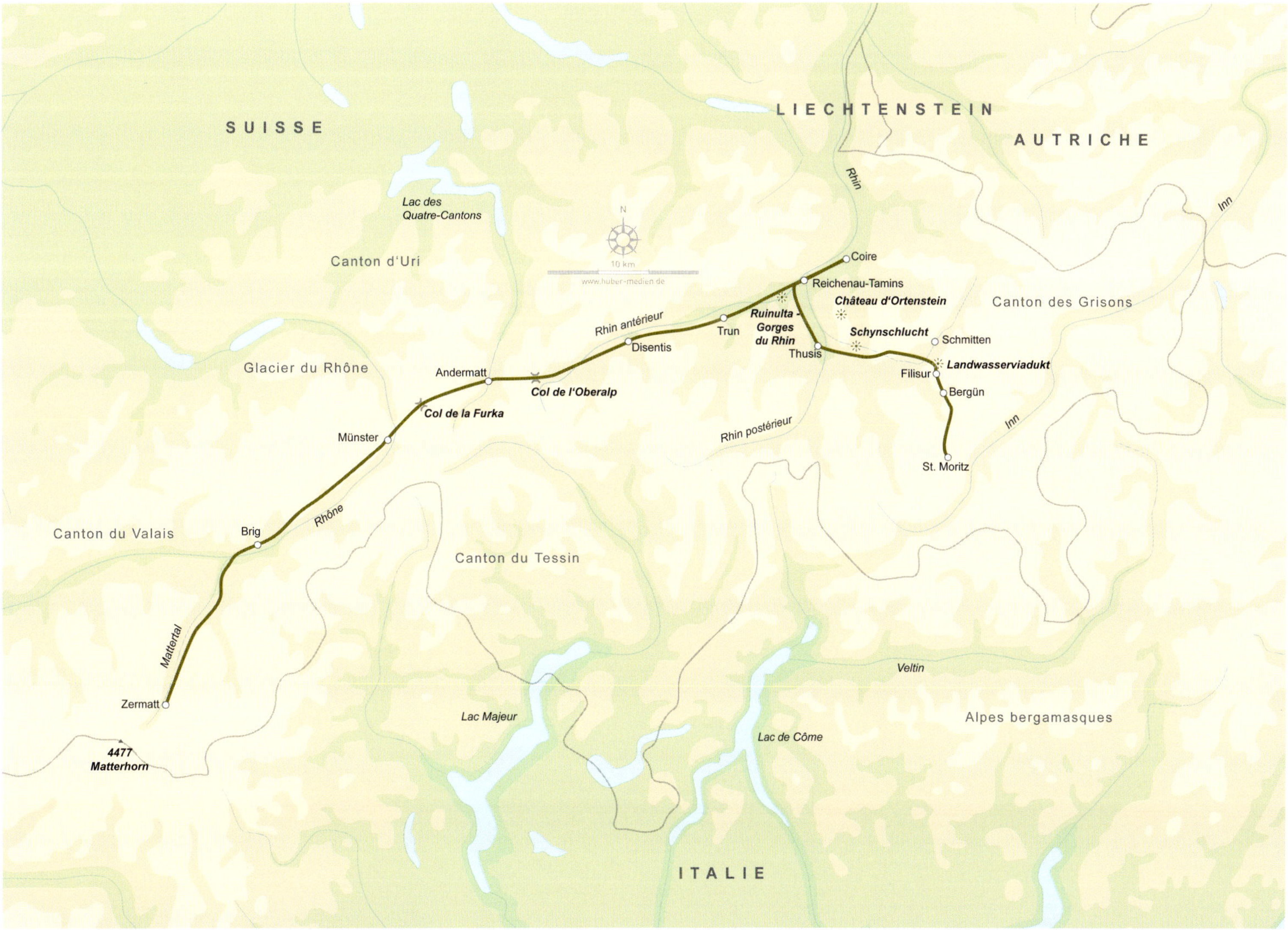

qui relie aujourd'hui Zermatt à Saint-Moritz en 8 heures et dont la popularité n'est plus à prouver, vu le nombre de voyageurs qui l'emprunte : environ 250 000 chaque année.

ÉTAPE APRÈS ÉTAPE : LA CONSTRUCTION DE LA VOIE

L'inauguration d'une voie métrique en juillet 1891 entre Viège et Zermatt fut un premier pas. Mais durant les années suivantes, seule la ténacité de quelques autochtones et d'alpinistes passionnés originaires de Suisse, voire du monde entier, permit que les travaux de construction de la ligne se poursuivent en dépit de multiples obstacles. Beaucoup de propriétaires refusaient de céder une partie de leur terrain, il fallut donc entreprendre nombre de procédures d'expropriation fastidieuses. Ensuite seulement, on put s'attaquer aux travaux proprement dits, qui exigèrent des ouvriers des efforts considérables : il fallait dynamiter la roche et évacuer les tonnes de gravats, construire des murs, des ponts et des tunnels, et de surcroît les protéger des infiltrations d'eau, de la formation de glace, des chutes de pierres et des avalanches. Il fallut plus de deux ans et demi pour achever ce tronçon de 36 kilomètres sur lequel les ouvrages d'art se succèdent sans relâche.

Le Glacier Express a joué un rôle déterminant dans le développement touristique de la région des Alpes. Il relie aujourd'hui en 8 heures Zermatt à Saint-Moritz.

Le mont Cervin, près de Zermatt, permet de commencer en beauté ce voyage à travers les Alpes.

La deuxième étape était la ligne Brigue-Furka-Disentis, dont le tronçon Brigue-Oberwald put être ouvert en juin 1914. Mais la Première Guerre mondiale mit la société ferroviaire dans une situation financière critique et l'obligea à déposer le bilan, peu après le perçage du tunnel de faîte de la Furka en 1915, un tunnel de 1 874 mètres de long qui reliait Muttbach à Furka. Elle fut reprise, et l'on fonda la société de la ligne Furka-Oberalp, ce qui permit de terminer la construction du tracé, et ainsi de mettre en service en 1926 une liaison directe entre Brigue et Disentis, du moins pendant les mois d'été. Pendant la pause hivernale, qui pouvait durer jusqu'à sept mois, la société de chemin de fer se voyait contrainte d'assurer uniquement deux liaisons : Brigue-Oberwald d'une part,

et Sedrun-Disentis d'autre part. Au fil des décennies, et au fur et à mesure que le tourisme hivernal s'intensifiait, il devint évident que cette situation était intenable. La seule solution permanente et durable que l'on put trouver fut la construction, à partir de 1973, du tunnel de base de la Furka, long de 15,35 kilomètres, qui ne fut ouvert qu'en 1982. Il remplaça dès lors la ligne sommitale de Gletsch-tunnel de faîte de la Furka-Realp, réduisant ainsi considérablement le temps de trajet. Au moment où il fut inauguré, le *Glacier Express* était déjà en service depuis cinquante-deux ans. L'exploitation du *Glacier Express* entre Zermatt et Saint-Moritz fut lancée le 22 juin 1930, une fois que le tronçon manquant entre Viège et Brigue fut achevé. Au départ, on utilisait les « Crocodiles » rhétiques, ces locomotives électriques à forte puissance, mais également des locomotives à vapeur, qui furent néanmoins complètement retirées de la circulation en 1942 (voir encadré p. 84), ce qui réduisit le temps de trajet total de près de 11 heures par rapport à la durée initiale.

Ironie du sort, le *Glacier Express* doit son nom au glacier du Rhône, c'est-à-dire précisément à l'attraction naturelle que l'on ne peut plus contempler des fenêtres du train depuis que ce dernier passe par le tunnel de base de la Furka (et que l'on ne pouvait de toute façon voir que pendant les mois d'été, auparavant). Cela n'altère néanmoins en rien le charme d'un voyage à bord de ce train alpin : au cours de ses 8 heures de trajet entre les Alpes du Valais et la Haute-Engadine, le *Glacier Express* traverse 291 ponts et viaducs et 91 tunnels, et passe devant nombre

Les montagnes engadinoises à proximité de Saint-Moritz, dans le canton des Grisons, en Suisse.

de monuments historiques, de bourgs dignes de livres d'images, de vallées, de montagnes et de ravins impressionnants. Les passagers du *Glacier Express* peuvent s'abandonner sans retenue à ce spectacle, grâce aux fenêtres panoramiques, et savourer du même coup le confort du train et son excellent service à bord.

DE ZERMATT À SAINT-MORITZ

La gare de Zermatt est nichée contre les flancs abrupts du Platthorn et du Mettelhorn. Ces deux montagnes se dressent majestueusement vers le ciel, aux altitudes respectives de 3 345 et 3 406 mètres, et offrent aux alpinistes bien entraînés la possibilité d'escalader généralement sans crampons et sans manœuvres trop complexes deux des plus beaux points de vue de la région. Depuis ces deux sommets, on peut contempler un panorama incroyable à 360° sur la vallée de Zermatt et les montagnes qui l'entourent. Il y a au total 41 montagnes de plus de 4 000 mètres dans les Alpes du Valais, et pourtant l'une d'entre elle leur fait de l'ombre à toutes : le Cervin, qui constitue la frontière entre le canton suisse du Valais et la province italienne d'Aoste. Avec ses 4 478 mètres, c'est le sommet le plus élevé de la région, et sa silhouette inoubliable et reconnaissable entre mille en fait sans le moindre doute l'une des montagnes les plus connues au monde.

C'est avec, derrière lui, ce magnifique décor de carte postale que le *Glacier Express* quitte la gare de Zermatt. Ce célèbre village de montagne est depuis toujours interdit aux voitures, ce qui est un véritable délice pour les dizaines de milliers de touristes qui le visitent hiver comme été. Longeant et enjambant ici et là le lit de la Viège, le *Glacier Express* met le cap vers le nord et passe les villages de Täsch et de Randa. Juste après Randa, trois éboulements ont eu lieu en l'espace de trois semaines en 1991, et ce sont au total 33 millions de mètres cubes de rochers qui sont tombés dans la vallée, dont des blocs de roche qui pouvaient atteindre la taille d'une maison. Le dernier de ces éboulements enterra la voie ferrée et la route sous une montagne de gravats, de même que le lit de la Viège, formant ainsi une retenue d'eau qui grossit dangereusement. Tandis que d'en haut, des quantités astronomiques de poussière se déposaient sur le village de Randa, le niveau de l'eau montait en contrebas, transformant la rivière en lac. Zermatt, Täsch et Randa étaient complètement coupés du monde, jusqu'à ce que l'on réussisse à déplacer les premiers amas d'éboulis et que l'on mette en place un pont flottant pour rétablir la circulation. La voie dut elle aussi être reconstruite sur près de 3 kilomètres afin que le trafic ferroviaire puisse reprendre.

À l'aide d'une crémaillère, le *Glacier Express* gravit un dénivelé de plus de 250 mètres pour atteindre la commune de Saint-Nicolas, derrière laquelle commencent les gorges de Kipfen. Frôlant la Viège, qui semble disputer à la voie les quelques mètres disponibles entre les parois rocheuses, le train redescend ensuite, passe par Stalden et se dirige vers Viège, empruntant en chemin plusieurs tunnels et ponts, comme le pont en béton armé qui enjambe le Mühlebach ou celui en pierre vieux de cinq siècles, près de Neubrück, et à l'extrémité duquel se tient une toute petite chapelle baroque. Les parois rocheuses s'effacent ensuite pour laisser place aux premiers coteaux viticoles.

À Viège, où se rencontrent la vallée de Zermatt et de celle de Saas, le *Glacier Express* atteint la vallée suisse du Rhône et, obliquant vers l'est, ne la quittera plus jusqu'au tunnel de base de la Furka. Encadré des contreforts boisés des montagnes environnantes, Viège, ou du moins son centre, se présente encore comme un village de montagne suisse typique, mais le long du Rhône s'étend une longue zone d'activités industrielles et commerciales, qui fait de cette commune de 7 500 habitants le centre industriel du Haut-Valais. La commune de Brigue, située quelques kilomètres plus à l'est, a elle aussi pris beaucoup d'importance sur le plan économique, principalement dans le secteur des services. Cela s'explique par sa position géographique : le tunnel du Simplon, situé un peu plus au sud, a été ouvert à la circulation en 1906, faisant de

À gauche : le château de Stockalper, à Brigue.
À droite : l'hospice du col du Simplon, lui aussi construit par Gaspard Jodoc Stockalper.

Brigue un nœud ferroviaire important pour le fret à la frontière entre la France, la Suisse et l'Italie. On comprend donc mieux pourquoi la gare comprend au total 12 voies à écartement normal affectées aux trains de marchandises, plus 9 autres pour le transport de voyageurs. C'est bel et bien nécessaire, car en été comme en hiver, Brigue est une destination extrêmement prisée. Le glacier d'Aletsch, au nord, et le col du Simplon, au sud, promettent de belles excursions, et la ville elle-même vaut indéniablement le voyage, grâce à son centre historique splendide et au château de Stockalper, l'un des palais baroques les plus importants du pays. Le fait que le cœur de la ville présente aujourd'hui encore une image harmonieuse est entre autres dû à une catastrophe : en 1993, des précipitations fortes et prolongées ont entraîné des inondations, et certaines parties de la ville ont été détruites par des coulées de boue chargées de pierres, de plusieurs mètres de haut. Dans les années qui ont suivi la catastrophe, outre le fait de renforcer les mesures destinées à lutter contre les inondations, le centre-ville a totalement été refait, au profit des habitants et des touristes.

Avec son écartement métrique, le *Glacier Express* ne peut pas pénétrer dans la gare à voies normales de Brigue et s'arrête donc sur son parvis, puis poursuit son chemin le long du Rhône en direction du nord-est. Comme la déclivité, tout d'abord modeste, augmente considérablement au niveau de Grengiols, l'adhérence ne suffit plus et il doit de nouveau avoir recours à une crémaillère. Le train évolue ensuite dans le district de Conches, cette région qui s'étend jusqu'à

PASSER LE COL DE LA FURKA AVEC UNE LOCOMOTIVE À VAPEUR

Le 11 octobre 1981 marqua la fin d'une époque lorsque le dernier train prévu sur la ligne sommitale gravit le col de la Furka et passa la gare de Gletsch, au pied du glacier du Rhône. À partir de là, le trajet entre Oberwald et Realp s'effectua par le tunnel de base de la Furka, inauguré en juin 1982. Aussi importante et précieuse qu'ait été la construction du tunnel, offrant la possibilité d'une liaison tout au long de l'année, elle sonna également le glas de l'une des lignes les plus fascinantes des Alpes. Dans la région, beaucoup refusèrent de se résigner et fondèrent ainsi en décembre 1983 une association visant à obtenir le maintien de la ligne sommitale de la Furka. Au fil des ans, ses membres récoltèrent des fonds et fournirent des dizaines de milliers d'heures de travail bénévole pour ramener la ligne à la vie. L'une des étapes les plus sensationnelles dans la réalisation de ce projet ambitieux fut le rapatriement des locomotives à vapeur depuis le Viêt Nam. Après l'électrification de la ligne Furka-Oberalp, en 1942, les locomotives à vapeur de la Société suisse de construction de locomotives et de machines de Winterthour ne trouvaient plus d'usage, et certaines furent donc vendues au Viêt Nam (qui à cette époque faisait encore partie de l'Indochine française). Là-bas, elles furent utilisées pour assurer la liaison entre Tháp Chàm, situé à 26 mètres au-dessus du niveau de la mer, et Đà Lat, une ville des hauts plateaux du centre du Viêt Nam qui culmine à 1 488 mètres. Cette ligne de 84 kilomètres présentait des pentes pouvant aller jusqu'à 120 ‰, et combinait pour cette raison chemin de fer par adhérence et chemin de fer à crémaillère, utilisant dans ce dernier cas des crémaillères de type Abt, c'est-à-dire précisément celles qui se trouvaient sur la ligne de la Furka. Lors de l'action sans précédent « Back to Switzerland », l'association, devenue la Dampfbahn Furka-Bergstrecke AG, fit l'acquisition de trois de ces locomotives puis, après révision, les remit en service sur la ligne des Alpes. C'est ainsi que depuis le début des années 1990, des locomotives à vapeur franchissent de nouveau le col de la Furka, après plusieurs décennies de bons et loyaux services dans le lointain Viêt Nam.

L'exploitation a repris par étapes et, depuis août 2010, l'on peut de nouveau parcourir l'intégralité de la ligne entre Oberwald et Realp à bord de ces magnifiques trains historiques. En partant d'Oberwald, le train se dirige d'abord vers Gletsch, situé 400 mètres plus haut. Il y a encore 150 ans, le glacier du Rhône atteignait presque

Depuis le début des années 1990, trois des anciennes locomotives à vapeur d'origine parcourent de nouveau le col de la Furka.

l'emplacement de la gare actuelle de Gletsch, mais comme dans beaucoup d'endroits, la couche de glace s'amenuise ici continuellement. Bien que ce recul soit dramatique si on le considère sur plusieurs décennies, le charme du glacier du Rhône n'en a nullement pâti. La possibilité de contempler ce spectacle naturel depuis les fenêtres d'un train historique contribue à faire de ce trajet un voyage parfait. Puis le train continue à grimper pour atteindre la gare Muttbach-Belvédère, à 2 120 mètres d'altitude, et s'engage ensuite dans le tunnel sommital de la Furka, dont le point le plus haut est à 2 160 mètres d'altitude, ce qui en fait le tunnel alpin le plus élevé de Suisse. À la sortir du tunnel, on arrive à la gare de la Furka, puis on redescend petit à petit jusqu'à Realp, à 1 546 mètres. C'est ici que se rejoignent les tracés de la ligne sommitale de la Furka et de la voie « régulière », qui passe par le tunnel de base de la Furka.

la source du Rhône et regorge de bourgs qui semblent tout droit sortis d'un livre d'images. Le train franchit le fleuve grâce à un viaduc de 48 mètres de haut pour 173 de long, puis enchaîne directement sur un tunnel long de près de 600 mètres, qui décrit une boucle de 270°.

Après Lax, le *Glacier Express* fait un petit détour par Fieschertal avant d'atteindre, après un autre tronçon de voie à crémaillère, les localités de Fürgangen et de Niederwald. La vallée du Rhône s'élargit à cet endroit, ce qui fait que les petits bourgs qui s'y trouvent, avec leurs charmantes maisons de bois typiques du Valais, reçoivent les rayons du soleil même en hiver. La commune d'Obergoms, née de la fusion de celles d'Ulrichen, Obergesteln et Oberwald (où se trouve d'ailleurs la gare), marque la fin de cette vallée généreuse et ensoleillée.

La voiture panoramique du Glacier Express *offre aux passagers une vue à couper le souffle sur les Alpes. Des casques audio leur livrent, en 6 langues, une foule d'informations et de détails sur la région traversée.*

C'est ici que sont chargées les voitures pour traverser le tunnel de base de la Furka jusqu'à Realp. Le *Glacier Express* utilise lui aussi ce tunnel de 15,35 kilomètres de long, qui certes permet l'exploitation de la ligne tout au long de l'année, mais laisse de fait l'un des plus beaux tronçons ferroviaires des Alpes de côté. Aujourd'hui toutefois, l'on peut de nouveau parcourir cette voie de montagne, grâce à l'initiative de très nombreux bénévoles (voir encadré p. 84).
Après Realp, le *Glacier Express* traverse la vallée de l'Urseren et rencontre très vite une autre image de carte postale : le pont de Richleren, un viaduc de pierre qui enjambe la Furkareuss avec en arrière-plan les contreforts abrupts du mont Rienzenstock. Ensuite, il ne lui reste plus que 4 kilomètres avant d'atteindre la gare d'Andermatt, qui constitue depuis toujours un point important dans la route nord-sud à travers les Alpes. Ce lieu de cure de 1 400 habitants situé au pied du col du Saint-Gothart et de celui l'Oberalp se trouve à l'aube d'un grand basculement structurel. L'investisseur égyptien Samih Sawiris veut y faire construire dans les années qui viennent le plus grand complexe de luxe des Alpes. Environ 500 appartements de vacances et 850 chambres d'hôtel de luxe doivent faire revenir Andermatt sur le devant de la scène des destinations mondaines, et l'on prévoit également un terrain de golf 18 trous ainsi que de nouveaux téléphériques pour répondre pleinement aux critères du tourisme de luxe.
En quittant la gare d'Andermatt, le *Glacier Express* a de nouveau recours à une crémaillère. Il lui faut en effet affronter des pentes pouvant aller jusqu'à 110 ‰, pour atteindre le point culminant de son voyage de 8 heures : le col de l'Oberalp et ses 2 046 mètres d'altitude. Le chemin qui y mène regorge de boucles et de tunnels, et longe des versants de montagne très escarpés, spécialement équipés contre les avalanches, pour pouvoir garantir l'exploitation du *Glacier Express* tout au long de l'année. Peu avant d'arriver à la gare du col de l'Oberalp, le train passe le lac du même nom, traverse sur ses berges une courte galerie et quitte, juste après, le canton d'Uri pour pénétrer dans celui des Grisons.
Ce point culminant franchi, le train redescend en altitude en s'aidant de nombreuses crémaillères et rencontre en chemin un ruisseau de montagne vif et limpide qui sera son compagnon de route fidèle jusqu'à Reichenau-Tamins. Difficile de croire qu'il s'agit là de l'un des ruisseaux donnant naissance au Rhin, ce fleuve puissant qui se jette dans la mer du Nord à Hoek van Holland, près de 1 230 kilomètres après le col de l'Oberalp. Peu de fleuves d'Europe voient leur cours naturel aussi dévié, rectifié, corseté et truffé de barrages de régulation que le Rhin. Sachant cela, il est particulièrement touchant de faire la connaissance de l'une des rivières à partir de laquelle se forme le Rhin dans ce cadre naturel et idyllique. De conserve avec le

Double page suivante : c'est à ses formations rocheuses étranges et à ses versants abrupts que la vallée du Rhin, à travers laquelle chemine le train, doit son nom de « Grand Canyon suisse ».

Glacier Express, il chemine à travers le district de Surselva, cette région des Grisons qui s'étend jusqu'à la vallée de la Ruinaulta, près de Flims, et qui offre plus d'une particularité, dont le dialecte rhéto-roman que l'on y parle, le sursilvan.

En traversant la vallée du Rhin antérieur, on passe par la commune de Tujetsch pour aller jusqu'à Disentis (ou Mustér en sursilvan), l'un des endroits les plus importants de l'Oberland des Grisons. Depuis le train, on a une vue parfaite sur l'abbaye de Disentis, construite il y a près de 1 300 ans pour être une abbaye bénédictine. Cet endroit ravissant marque également la fin du tronçon de la ligne Matterhorn Gotthard Bahn (MGB), et le début des 384 kilomètres gérés par la ligne des Chemins de fer rhétiques (RhB).

Aux endroits où la vallée s'élargit succèdent ceux où elle se resserre pour n'avoir plus qu'une largeur de moins de 200 mètres, ce qui fait que le Rhin antérieur, la route de l'Oberalp et la voie ferrée sont tout près les uns des autres. Intégrés dans un paysage splendide composé de flancs de montagnes boisés et d'alpages d'un vert vif, les villages offrent aux voyageurs des impressions et des panoramas magnifiques sur des endroits dont l'histoire remonte parfois à plus de mille ans, comme c'est le cas à Ilanz. Quelques kilomètres après ces villages riches en traditions, le décor change un peu et le *Glacier Express* amorce la partie de son parcours que beaucoup de voyageurs considèrent sans hésitation comme la plus spectaculaire. Subitement, la vallée devient plus étroite et les contreforts boisés laissent progressivement la place à des parois à pic, blanches ; la rivière et la voie décrivent ensemble des courbes très serrées. C'est la Ruinaulta, une partie de la vallée du Rhin, qui offre ce paysage d'une beauté époustouflante. Cela fait bien 13 000 ans que s'est déroulé ici le plus grand éboulement de tous les temps, aux environs de Flims. Près de 15 milliards de mètres cubes de pierre se détachèrent entre Flimserstein et le piz Grisch et tombèrent dans la vallée, pour former une surface d'environ 40 kilomètres carrés pouvant atteindre 750 mètres de haut.

La pierre a été tellement tassée par la pression considérable qu'elle subissait qu'elle a retenu l'eau du Rhin jusqu'à ce qu'il forme un lac de 25 kilomètres, qui perdura environ 10 000 ans. L'eau se fraya ensuite petit à petit un chemin à travers le calcaire et creusa au cours des siècles la vallée du Rhin, sur 14 kilomètres de long.

Depuis les fenêtres panoramiques du *Glacier Express*, les voyageurs peuvent observer de très près les effets que cet éboulement d'autrefois a eus sur le paysage. Les parois rocheuses, qui s'élèvent jusqu'à 350 mètres, sont si proches que l'on pourrait les toucher, et cette distance réduite permet de constater qu'il s'agit d'un mélange de débris de pierre et de poudre de calcaire. Après avoir traversé le Rhin pour passer sur son autre berge, le train quitte la vallée et entre juste après en gare de Reichenau-Tamins. C'est ici que le Rhin antérieur rejoint le Rhin postérieur, arrivant de l'est, pour former le Rhin alpin, qui, après Coire, bifurque vers le nord et se jette dans le lac de Constance. Le *Glacier Express* oblique quant à lui vers le sud et suit ainsi le cours du Rhin postérieur, passe Bonaduz, et atteint après environ 14 kilomètres la petite commune de Thusis. Il n'est alors plus qu'à 62 kilomètres de la gare de Saint-Moritz, son terminus, et suit sur ce tronçon le parcours de la ligne de l'Albula (voir p. 93), dont la splendeur a été récompensée comme il se doit en 2008 par son inscription au Patrimoine mondial de l'Unesco.

La vallée du Rhin est un des paysages les plus impressionnants des Alpes. Sur un peu plus de 18 kilomètres, les voyageurs peuvent admirer des formations calcaires vallonnées et d'étranges promontoires rocheux.

LES LIGNES DE L'ALBULA ET DE LA BERNINA

Sur des voies escarpées

Pendant des siècles, l'Engadine fut coupée du monde. Il y avait certes de petites routes qui franchissaient les cols des Alpes, empruntées par nombre de commerçants, contrebandiers ou mercenaires de toute nationalité, mais pour les populations des vallées alpines, qui vivaient souvent dans le plus grand dénuement, les échanges avec l'extérieur s'arrêtaient là. Ils survivaient tant bien que mal grâce à l'agriculture et à l'exploitation minière, et ceux qui étaient jeunes et bien portants quittaient la vallée pour tenter leur chance dans le vaste monde. Citons pour exemple les pâtissiers engadinois, qui se forgèrent une réputation de véritables maîtres artisans dans toute l'Europe. Mais le XIX*e siècle marqua l'arrivée des touristes, qui découvrirent les lieux de cure et les sanatoriums comme Davos et Saint-Moritz et accélérèrent ainsi le développement de la Haute-Engadine et de la Basse-Engadine. Les routes furent aménagées et améliorées, et, surtout, le chemin de fer veilla à l'essor de la haute-vallée, grâce à la ligne de l'Albula, venant du nord, et à celle de la Bernina, arrivant du sud.*

On a recours à de spectaculaires chasse-neige à vapeur pour nettoyer les rails au niveau du col de la Bernina, car ils sont toujours couverts d'une épaisse couche de neige en hiver. Ces engins projettent la neige de part et d'autre de la voie, de manière à ce qu'elle retombe au-delà des rails.

INFORMATIONS ET DONNÉES

LIGNE HISTORIQUE DE L'ALBULA

Itinéraire : de Thusis à Saint-Moritz, en Suisse.

Achevée : en 1903.

Longueur du parcours : environ 62 kilomètres.

Gares principales : Thusis, Tiefencastel, Bergün, Preda, Saint-Moritz.

Fréquence : un train par heure, plus des trains touristiques équipés d'une voiture panoramique en été

Écartement des rails : voie étroite.

Particularité : autrefois, cette ligne était parcourue par les légendaires Crocodiles, ces locomotives électriques conçues pour tirer des trains lourds de marchandises sur des pentes raides et qui ne sortent plus aujourd'hui que très occasionnellement.

LIGNE DE LA BERNINA

Itinéraire : de Saint-Moritz, en Suisse, à Tirano, en Italie.

Achevée : en 910.

Longueur du parcours : environ 61 kilomètres.

Gares principales : Pontresina, Ospizio Bernina, Poschiavo, Brusio.

Fréquence : trains ordinaires toutes les heures ; selon les saisons, un à quatre départs par jour à bord du *Bernina Express* (avec voiture panoramique).

Écartement des rails : voie étroite.

Particularité : la ligne de la Bernina est la plus élevée des Alpes et l'un des chemins de fer par adhérence les plus pentus du monde.

LA LIGNE DE L'ALBULA

C'est là où le Rhin postérieur sort de la gorge de Viamala et où cette gorge s'élargit pour former une vallée que se trouve la petite commune de Thusis, le point de départ de la ligne historique de l'Albula. La gare a été construite à proximité du Rhin, qui à cet endroit n'est encore qu'un torrent de montagne, et la voie doit donc commencer par le traverser. Ce pont sur le Rhin postérieur est le premier des 144 ponts que la ligne devra franchir sur les 62 kilomètres de son parcours. Thusis est également le point de départ de randonnées estivales à travers la célèbre et redoutée

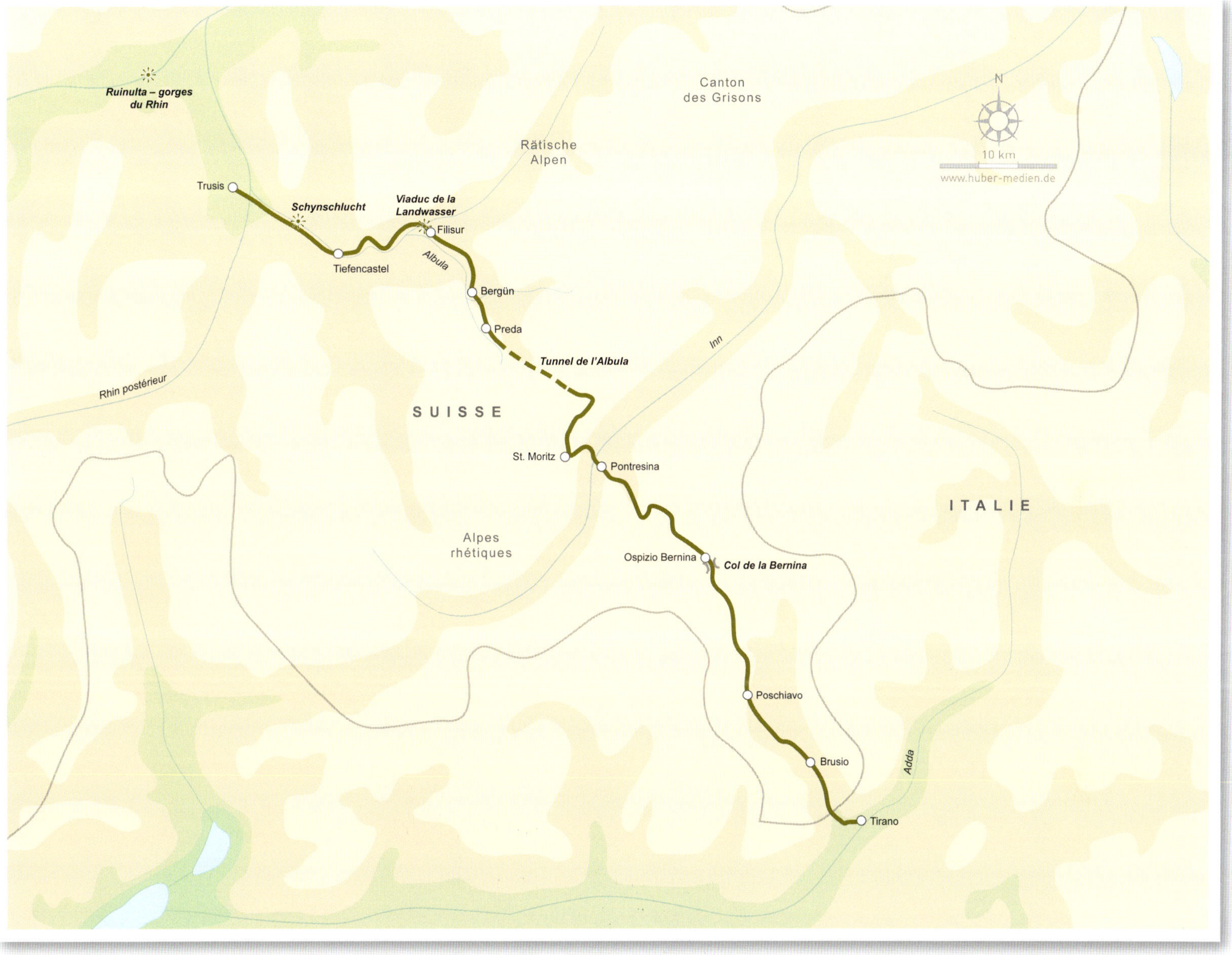

Viamala, ou encore, pendant l'hiver, d'excursions vers le domaine skiable de Heinzenberg, ce qui en fait un haut lieu touristique de la vallée du Rhin postérieur. Son joli centre, qui fait penser à un village, est entouré de zones d'urbanisation modernes, et la gare regorge de trains de marchandise. Mais dès que le train a quitté Thusis et traversé le Rhin, la montagne majestueuse fait oublier la civilisation. Ou presque, car la ligne de l'Albula traverse tout d'abord le Domleschg, souvent qualifié de verger du canton des Grisons. Cet endroit se prête particulièrement bien à la culture des pommes. À gauche, les premiers rochers font leur apparition, tandis qu'à droite, on voit bientôt Sils im Domleschg, autrefois le premier arrêt de la ligne ; on peut également admirer la vue sur la vallée verdoyante et sur l'Albula, un affluent de la rive droite du Rhin postérieur, qui a donné son nom à la vallée, à la ligne de chemin de fer et aussi au col de l'Albula, qui culmine à 2 315 mètres d'altitude. Le train, loin d'y monter en ligne droite, attaque son ascension en décrivant de multiples courbes jusqu'à le traverser *via* un tunnel de faîte.

Après avoir longé les rochers, tantôt par la droite, tantôt par la gauche, il passe de nouveau des prés-vergers, puis devant les ruines du château de Campell, affectueusement surnommé Campì par les Suisses. « Camp bel », qui signifie « beau champ », annonce effectivement des prairies et des prés-vergers d'un vert éclatant, situés au-dessus des parois rocheuses abruptes des gorges de la Schyn, qui prennent fin ici, au niveau des ruines, avant que la voie ne s'engage dans son premier tunnel, juste en dessous de la tour du château. Ce tunnel-là est court, mais il sera suivi de toute une série de tunnels et de galeries en maçonnerie du même style, qui peuvent atteindre des longueurs considérables allant jusqu'à plusieurs centaines de mètres. Le train peut parfois passer plusieurs minutes dans l'obscurité, avant de retrouver les versants alpins recouverts de pins et de sapins. Cette opposition entre l'ombre et la lumière est particulièrement saisissante pendant les journées d'hiver ensoleillées : après l'obscurité des tunnels, la lumière du soleil qui se reflète sur la neige est vraiment aveuglante et laisse les passagers éblouis pour plusieurs secondes.

Jusqu'au tunnel de Passmal, long de 420 mètres, le paysage change peu. Les montagnes semblent ensuite s'éloigner pour laisser place aux alpages, qui s'étendent le long de la voie. Après avoir passé la gare de Solis, où la ligne de l'Albula ne marque plus l'arrêt, le viaduc de Solis, dont l'arche centrale enjambe l'Albula à 85 mètres de hauteur, offre un panorama grandiose sur la rivière, ses gorges et les Alpes des Grisons. Peu après, apparaissent furtivement, au loin, un sommet enneigé et, en contrebas, le lac de Solis, un lac de retenue sur l'Albula d'un bleu opalin. Le train continue sa route vers Tiefencastel, la première halte de la ligne.

Le parc Ela s'étend autour de cette petite ville, à quelques minutes de l'église Saint-Pierre de Mistail, qui date de l'époque carolingienne et présente des peintures murales inoubliables. C'est le plus grand des parcs naturels de Suisse. Haut de 3 158 mètres, le piz Mitgel est une de ces principales curiosités, car on y a retrouvé des traces de dinosaures datant du Trias, c'est-à-dire d'une époque où ce sommet alpin se trouvait encore au niveau de la mer.

Parcourant toujours la vallée de l'Albula, après une courte halte dans les petits bourgs de Surava et Alvaneu, la ligne atteint un de ses moments forts : le viaduc de la Landwasser. Ce pont ferroviaire haut de 64 mètres et long de 130 mètres

Le viaduc de l'Albulaviadukt II, au-dessus de Bergün.
Pour construire ce tracé ambitieux, avec ses viaducs vertigineux et ses tunnels hélicoïdaux presque déroutants, à travers un paysage alpin d'une beauté fascinante, des pionniers du rail ont œuvré avec courage durant cinq ans, entre 1898 et 1903.

est sans l'ombre d'un doute l'un des plus photographiés d'Europe. Réalisé en pierre calcaire, doté de six arches, il enjambe la rivière du même nom tandis qu'à son extrémité sud, la voie s'engouffre, *via* un tunnel, dans la falaise, qui lui sert de culée. Au niveau du viaduc et du tunnel, la voie décrit une boucle de près de 180° pour un rayon de courbure de 100 mètres. Les lignes de l'Albula et de la Bernina regorgent de tunnels en lacet, cercle ou même en spirale, et le viaduc et le tunnel de la Landwasser suffisent à démontrer au profane combien la construction de ces deux voies a pu demander d'efforts. Ce seul tunnel a nécessité quatre années de travaux ; les ouvriers devaient être conduits sur le chantier par des alpinistes, pour des raisons de sécurité, et acheminer les matériaux de construction était une véritable gageure. Parallèlement, sur ces voies, des grues ont été utilisées pour la première fois pour construire les ponts, au lieu des seuls échafaudages.

Avec le viaduc et le tunnel de la Landwasser, le train gagne nettement en altitude et par la suite se rapproche peu à peu du ciel grâce à toute une série de tunnels qui l'emmèneront jusqu'à 1 815 mètres : le tunnel hélicoïdal qui se trouve juste après la gare de Filisur, et qui offre du même coup deux panoramas sur ce petit village ; les deux tunnels en épingle à cheveux situés peu après Bergün, qui permettent de contempler depuis trois hauteurs différentes cette localité engadinoise typique dans laquelle les premiers films de Heidi ont été tournés ; deux tunnels hélicoïdaux situés

Photo de groupe des géomètres et des équipes de forage au niveau de l'entrée sud du tunnel de l'Albula, à l'issue des travaux en 1903. La construction de ce tunnel long de 5 865 mètres est une véritable première à l'époque. Il relie la haute-vallée de Preda et le val Bever.

L'horaire d'été des Chemins de fer rhétiques, en 1899.

peu avant Preda. Ces tunnels sont percés par endroits, offrant ainsi des vues magnifiques sur ce pays de montagnes. Des galeries protègent des chutes de pierres. Et enfin, le tunnel de faîte de l'Albula. Situé à Preda à 1 789 mètres d'altitude, il est le tunnel le plus élevé du parcours et permet à la ligne de traverser la plateforme pouvant atteindre 2 777 mètres de haut, qui sépare les sommets de Crasta Mora et de piz Bial. Ce tunnel mesure 5 865 mètres de long, et c'est le seul de ce tracé qui soit presque parfaitement droit. Parmi les tunnels des Chemins de fer rhétiques, il est le deuxième en taille, après celui de la Vereina, inauguré en 1999 et d'une longueur totale de 19 kilomètres. Mais les travaux du tunnel de l'Albula ont débuté exactement cent ans plus tôt : à cette époque, les tunneliers, c'est-à-dire les machines qui ont servi à creuser le tunnel de la Vereina, n'avaient pas encore été inventés. On avait certes recours à des foreuses à entraînement mécanique, mais pas moins de 1 316 personnes prirent part à la construction du tunnel, et 16 ouvriers trouvèrent la mort sur le chantier. Les travaux étaient éreintants. D'une part, l'air pauvre en oxygène des hautes altitudes alpines ajoutait à la difficulté. D'autre part, le tuf volcanique des couches superficielles, facile à extraire, se transformait, au fur et à mesure que l'on s'enfonçait dans la montagne, en une roche calcaire très dure ; de surcroît, on tombait sans cesse sur des sources. Cela entraînait des infiltrations d'eau et l'arrivée en masse de sable dolomitique, qui envahissait complètement les voies sur lesquelles les matériaux étaient transportés. Pourtant, malgré tous ces obstacles, le tunnel put être ouvert à la circulation au bout d'à peine quatre ans. Depuis, ce tunnel, qui n'est plus tout jeune, a dû faire face à de nouveaux défis, en particulier

une hausse très importante du trafic, amenant les Chemins de fer rhétiques à construire un nouveau tunnel de l'Albula. Il doit remplacer l'actuel, sans pour autant le rendre caduque : celui-ci continuera à servir de galerie de sécurité lorsque le nouveau tunnel sera mis en service, en 2022.

Lorsqu'elle ressort du massif à l'autre bout du tunnel, la ligne atteint son point culminant dans le hameau de Spinas, situé à 1 815 mètres d'altitude. Ici, le train débouche sur un paysage alpin très rude. La végétation se fait rare sur la roche, les graminées et les pins poussent au bord de la voie, et les sommets majestueux sont couverts de neige même en été. Mais cette contrée à la végétation clairsemée a beau sembler austère, elle dégage un charme très particulier : en hiver, c'est un royaume d'une blancheur immaculée, qui semble appartenir à un autre monde, tandis qu'en été, on peut y respirer à pleins poumons l'air des alpages, dont le parfum est incomparable. À partir d'ici, ce n'est plus la rivière de l'Albula qui accompagne la ligne, mais le Beverin, un affluent de l'Inn, qui prend sa source en Haute-Engadine, au lac de Lunghin. Ce petit torrent de montagne turbulent reste visible depuis le train la majeure partie du temps, le val qui l'abrite, le val Bever, s'élargit et l'environnement redevient urbain. Bever, Samedan et Celerina sont une succession de trois petits villages engadinois typiques, aujourd'hui très marqués par le tourisme en raison de leur proximité avec l'élégant lieu de cure et de sports d'hiver de Saint-Moritz, terminus de la ligne de l'Albula que le train atteint d'ailleurs bientôt. Après Bever, il suit plus ou moins l'Inn, qui se jette dans le lac de Saint-Moritz, c'est-à-dire dans le dernier des quatre lacs de la Haute-Engadine. Les voyageurs ont la chance de pouvoir descendre directement sur les berges de ce lac de montagne aux eaux limpides, qui s'étend au milieu d'un décor montagneux somptueux. Une manière rêvée de clore un voyage en train fantastique

Depuis 2008, les lignes de l'Albula et de la Bernina sont inscrites au Patrimoine mondial de l'Unesco.

Double page suivante : le viaduc et l'entrée du tunnel de la Landwasser. Ce pont ferroviaire de 65 mètres de haut et 136 mètres de long est un des emblèmes des Chemins de fer rhétiques.

et d'en entamer un second, tout aussi grandiose : celui de la ligne de la Bernina, qui démarre précisément en gare de Saint-Moritz et franchit le col de la Bernina en direction du soleil de l'Italie.

LA LIGNE DE LA BERNINA

Le musée de l'Engadine est, à l'heure actuelle, probablement le seul endroit à Saint-Moritz où l'on puisse se faire une idée de ce qu'est cette région. D'une part, il se trouve dans une maison engadinoise classique, une maison de paysans typique de la région avec un décor sgraffite, des fenêtres profondément encastrées dans la façade, des encorbellements et des sortes de loggias. D'autre part, on peut y admirer du mobilier typique de l'Engadine et des Grisons, des ustensiles du quotidien, des costumes traditionnels, des objets datant du XIIIe au XIXe siècle, époque où la Haute-Engadine vivait presque exclusivement de l'agriculture.

Le reste de la ville est avant tout touristique : depuis l'ouverture, en 1856, du premier hôtel, le majestueux Kulm Hotel (aujourd'hui un palace « cinq étoiles »), à l'intérieur duquel brilla la toute première lumière électrique de Suisse, la jet-set s'y donne rendez-vous. Aussi imposants que soient beaucoup de ces hôtels de luxe, les fautes de goût architecturales ne manquent pas à Saint-Moritz, et le voyageur qui ne peut pas se permettre une chambre dans un de ces palaces ne rate donc finalement pas grand-chose en remontant dans le *Bernina Express* pour s'abandonner de nouveau aux magnifiques paysages alpins des Grisons.

Contrairement à la ligne de l'Albula, qui s'étend sur la rive gauche de l'Inn, la ligne de la Bernina traverse la rivière peu après la gare de Saint-Moritz pour gagner sa rive droite. Après un dernier regard sur le lac et les sommets culminant à quelque 3000 mètres qui entourent la région de la Haute-Engadine, le train poursuit sa route, traverse son premier tunnel puis suit sur quelques kilomètres l'Inn, qui coule avec impétuosité dans la vallée. D'épaisses forêts protègent la voie du versant, sujet aux avalanches et soumis à l'érosion, qui se dresse sur la droite ; la vallée de l'Inn est ainsi cachée derrière les pins des Alpes la majeure partie du trajet. Le premier arrêt de la ligne s'appelle Celerina Staz ; pour l'atteindre, le train a dû perdre en altitude, mais à partir de maintenant, il va progressivement gravir la montagne jusqu'au col de la Bernina, tout d'abord en direction du nord, puis, après un virage à droite très prononcé, vers le sud-est, un cap qu'il maintiendra ensuite jusqu'à son terminus.

Le *Bernina Express* remonte à ce moment-là la Flaz, un véritable torrent de montagne. Commence alors le plus beau tronçon du parcours : de part et d'autre de la rivière de la Bernina, un affluent de la Flaz que le train suit à partir de Pontresina, les montagnes sont de plus en plus hautes. Le sommet particulièrement pointu du piz Languard, haut de 3262 mètres, apparaît sur la gauche, tandis qu'à droite se dresse le piz Chalchagn, légèrement moins élevé. Aujourd'hui, Pontresina aussi vit principalement du tourisme mais, contrairement à Saint-Moritz, ce village a su garder un visage un peu plus authentique. On y trouve des auberges chics, comme le Grand Hotel Kronenhof, mais le promeneur remarque surtout la petite église Sainte-Marie, qui date du XIIe siècle et

Maisons paysannes engadinoises typiques, aux fenêtres encastrées dans la façade, avec leurs encorbellements, leurs sortes de loggias et leurs splendides décors sgraffites.

Le Bernina Express *devant la chaîne de la Bernina, la plus haute chaîne de montagnes des Alpes orientales, qui a donné son nom à la ligne.*

présente des fresques splendides et bien conservées, ou encore le Punt Ota, littéralement « Pont-Haut », qui enjambe de son arc de pierre la petite gorge au fond de laquelle coulent les eaux vives de la Bernina. Ces deux monuments ont une histoire commune puisqu'au cours de la Réforme, on a « éliminé » des statuettes de saints venues de l'église en les jetant dans le torrent depuis le pont. Décrivant un chemin en lacets, la ligne de la Bernina suit de plus ou moins près la rivière à laquelle elle doit son nom, en remontant vers sa source. La végétation est de plus en plus clairsemée. Les pins des Alpes alternent encore avec les mélèzes, les aulnes verts et les pins couchés, mais les rochers abrupts et de plus en plus arides qui bordent la voie marquent très nettement la limite subalpine de la vallée de la Bernina. Après l'arrêt de Morteratsch, le train traverse la rivière et se dirige droit vers la courbe de Montebello. Juste avant d'atteindre le point culminant, les voyageurs doivent absolument jeter un coup d'œil en arrière sur le massif de la Bernina, au centre duquel se dresse le glacier Morteratsch et à gauche, le piz Bernina, haut de près de 4 049 mètres. Désormais, le *Bernina Express* roule en direction du sud-est, et la route du col longe pendant quelque temps la voie, de même que la rivière de la Bernina, du lit de laquelle le train s'était éloigné un instant. Laissant les domaines skiables de Diavolezza et Lagalb sur sa droite, le train atteint bientôt 2 253 mètres et le col de la Bernina, situé juste à côté du lac de retenue de Lago Bianco. Quelques mètres seulement en aval, un autre lac, le Lej Nair, est alimenté entre autres par l'affluent principal de la Bernina, dont les voyageurs doivent à présent prendre congé.

C'est aussi entre ces deux lacs que passe la ligne de séparation des eaux du Danube et du Pô : la rivière de la Bernina se jette dans l'Inn, et ainsi dans le Danube, tandis que les eaux du Lago Bianco partent dans le Poschiavino, puis dans l'Adda, pour finir dans le Pô.

Peu de paysages peuvent se vanter de présenter des visages aussi différents selon les saisons que le col de la Bernina : en été, les prairies d'un vert tendre parsemées de fleurs jaunes, bleues et blanches s'étendent au bord des lacs d'un bleu limpide, avec en arrière-plan les sommets blancs et gris des Alpes, tandis qu'en hiver, on peut admirer toutes les nuances de blanc, de bleu et de gris, lorsque les lacs, la neige et la roche semblent se fondre pour ne faire qu'un. De véritables murs de neige pouvant atteindre plusieurs mètres de haut se dressent alors de part et d'autre de la voie ; seuls les rails et la gare d'Ospizio Bernina sont dégagés. C'est la fraiseuse à neige de la gare qui s'en charge ; elle est même équipée de sa propre plateforme tournante couverte pour les

Le Lago Bianco, à côté du col de la Bernina, à 2 253 mètres d'altitude.

manœuvres de demi-tour. La ligne de la Bernina a atteint ici son point culminant et va à présent quitter l'Engadine pour redescendre la montagne et pénétrer dans le val Poschiavo, où l'on parle d'ores et déjà italien. Mais les surprises que réserve le voyage sont encore loin d'être terminées. Bien qu'elle ait presque la même longueur que la ligne de l'Albula, celle de la Bernina franchit nettement moins de ponts ou viaducs et de tunnels : respectivement 52 et 25, pour être précis. Et comme le train n'a pas passé beaucoup de tunnels jusque-là, il se rattrape après le col de la Bernina. Il atteint la gare d'Alp Grüm, située à 2 091 mètres, où deux virages en épingle à cheveux offrent des vues extraordinaires sur le lac Lago Palü et, en arrière-plan, sur le glacier de Palü. Des tunnels hélicoïdaux permettent de franchir les massifs montagneux et de vaincre la forte déclivité. Sur les 17 kilomètres qui séparent Alp Grüm de Poschiavo, la principale commune du val Poschiavo, le dénivelé est de 1 077 mètres, comme en témoigne d'ailleurs le paysage, qui redevient vert. La frontière subalpine, au-delà de laquelle les arbres se faisaient rares, est à nouveau franchie : les forêts s'étirent soudain le long de la voie et les parois rocheuses qui bordent les rails se couvrent progressivement de mousse et de plantes herbacées. Bien que les tunnels soient de plus en plus nombreux, ce trajet se fait beaucoup plus à l'air libre que celui de l'Albula, et un panorama spectaculaire en chasse un autre. Depuis Cavaglia, d'où l'on peut partir en excursion pour visiter une série de « moulins », des puits taillés dans les glaciers par les eaux de fonte, la ligne poursuit sa route en zigzag jusqu'à Poschiavo, village lové dans les prairies et les pâturages fertiles de sa vallée verdoyante, et à la sortie duquel s'étend le lac du même nom. Outre ses nombreuses églises et chapelles ainsi que son bel hôtel de ville doté d'une tour, ce bourg impressionne par les *palazzi* de son quartier espagnol. En effet, de nombreux habitants du val Poschiavo durent eux aussi, au début du XIXe siècle, émigrer pour des raisons économiques, et beaucoup devinrent, à l'image des Engadinois, pâtissiers à l'étranger. Ils rentrèrent ensuite à Poschiavo, leurs richesses fraîchement acquises, et se firent construire des maisons de maître majestueuses, contribuant ainsi à l'essor du lieu.

La voie rejoint ensuite le Poschiavino, une rivière qui remplit le Lago di Poschiavo puis se jette dans l'Adda. Le train poursuit sa descente. Entre Miralago, à la sortie du lac, et Brusio, 3 kilomètres plus loin, la voie perd 185 mètres d'altitude, entre autres grâce à un virage en S très serré ; puis vient le célèbre viaduc hélicoïdal de Brusio, qui mène, 2,3 kilomètres plus loin, à Campascio, 143 mètres plus bas. Sur ce viaduc de pierre, dont les 9 arches forment un quart de cercle et qui, au total, décrit une spirale dont le rayon de courbure descend à 50 mètres pour passer sous la sixième arche, la pente atteint 70 ‰, comme sur de nombreuses sections de la ligne, depuis qu'elle a quitté Ospizio Bernina. Une performance remarquable pour un chemin de fer par adhérence.

La gare d'Alp Grüm, à 2 091 mètres d'altitude. On a ici une vue saisissante sur le glacier de Palü.

Trois kilomètres seulement séparent les voyageurs de la frontière helvético-italienne. Deux kilomètres plus loin, la ligne de la Bernina atteint la gare de Tirano, dans la Valteline, c'est-à-dire son terminus. Au printemps, on peut souvent y voir, à 441 mètres au-dessus du niveau de la mer, juste après avoir contemplé une couche de neige de plusieurs mètres d'épaisseur au niveau du col de la Bernina, les premières fleurs d'été. Pour clore ce voyage haut en couleur et en contrastes, on pourra déguster dans cette jolie ville italienne un verre de veltliner, ce vin typique de la région de la Valteline.

310.23
Le Majestic

LE MAJESTIC IMPERATOR

Un voyage dans le temps entre Vienne et l'Adriatique

Le voyage de Vienne à Opatija, au bord de l'Adriatique, dure à peine 10 heures. Et, à bord de l'un des trains les plus raffinés au monde, on souhaiterait presque qu'il dure plus longtemps.

« Même avec la meilleure volonté du monde, je ne peux considérer un trajet en chemin de fer comme un voyage. On est tout bonnement acheminé d'un lieu à l'autre, et l'on ne se différentie en cela que très peu d'un paquet. » C'est en ces termes que le Britannique John Ruskin (1819-1900) opposa à l'euphorie qui planait autour du chemin de fer au XIXe siècle un jugement bien désobligeant. C'était peut-être dû au manque de confort, un confort dont l'impératrice d'Autriche et reine de Hongrie Élisabeth devait certainement bénéficier dans une bien plus large mesure. Elle écrivit dans son journal, au cours d'un voyage en train : « Tout l'attrait de la destination réside dans le voyage qui y mène. » Son enthousiasme pour les voyages en train était certainement dû au luxueux train royal k.u.k.-Hofsalonzug, conçu autrefois pour la maison royale autrichienne et dont une copie est aujourd'hui de nouveau sur les rails grâce à une initiative privée sous le nom de Majestic Imperator Train de Luxe.

INFORMATIONS ET DONNÉES

Itinéraire : de Vienne, en Autriche, à Opatija (Abbazia), en Croatie.

Longueur de la ligne : environ 600 kilomètres.

Gares principales : Vienne, Wiener Neustadt, Graz, Maribor, Ljubljana, Opatija.

Durée du trajet : 10 heures.

Écartement des rails : voie normale.

Équipement : cette ligne est équipée de 5 voitures à compartiments, une voiture-coupé et une voiture-salon, toutes aménagées luxueusement.

Particularité : le *Majestic Imperator* suit le chemin vers le sud du tracé de la ligne de Semmering ; il emprunte l'une des plus belles voies ferrées alpines qui ait jamais existé et qui jouit d'ailleurs de l'inscription au Patrimoine mondial de l'Unesco.

Deux fois par an, le *Majestic Imperator* quitte la gare de Vienne aux aurores pour entreprendre un voyage de plus ou moins 600 kilomètres vers le sud, jusqu'à la ville côtière croate d'Opatija, en empruntant l'itinéraire de la ligne de Semmering, puis en passant par Graz, Maribor et Ljubljana. Ce voyage dans un des trains les plus raffinés du monde dure à peine 10 heures. Dix heures néanmoins inoubliables au cours desquelles les voyageurs du XXIe siècle peuvent se projeter à l'époque de l'Empire austro-hongrois, lorsque l'impératrice Élisabeth, plus connue sous le nom de Sissi, et son époux, François-Joseph Ier, voyageaient à bord de ce célèbre train royal accompagnés de quelque cent personnes de leur entourage.

Élisabeth d'Autriche-Hongrie (au centre) et son époux l'empereur François-Joseph Ier (à droite) appréciaient beaucoup les trains d'apparat, qui ont connu un véritable âge d'or sous leur règne.

Accueil de l'empereur François-Joseph Ier à bord du train d'apparat impérial et royal.

LE K.U.K.-HOFSALONZUG, UN TRAIN ROYAL HISTORIQUE

Dès 1873, deux voitures-salons furent mises à la disposition de l'impératrice Élisabeth : un wagon chauffé qui servait de chambre, avec cabinet de toilette et boudoir, et un wagon qui servait de salon. Différents autres wagons leur furent adjoints au fil des ans, jusqu'à constituer en 1891 le premier « train impérial et royal » complet et intégralement assorti, dont le coût total s'élevait à 40 millions d'euros actuels. Tant la précision technique que l'aménagement luxueux de ce véritable palais roulant étaient sous la responsabilité du célèbre atelier des wagons et locomotives dirigé par Franz Ringhoffer. Dans la seconde moitié du XIXe siècle, ce dernier développa son activité, conjointement avec son fils, pour devenir le grand fabricant de wagon de la monarchie des Habsbourg : il construisit des wagons-restaurants pour la Société des chemins de fer belge, des tramways pour le réseau de transports de Prague, et enfin des wagons d'une beauté inégalable pour le train de la famille royale autrichienne.

Ces wagons à trois ou quatre axes alliaient le confort technique des freins à air comprimé ou à vide, du chauffage à vapeur et de l'éclairage électrique aux exigences esthétiques les plus raffinées. Parquet de chêne agrémenté de tapis somptueux, plafonds peints, tentures de soie aux murs, marqueterie, vaisselle fine et verres en cristal étaient réunis pour offrir au couple royal tout le luxe dû à leur rang, ce qui ne détournait néanmoins pas François-Joseph de son emploi du temps rigoureux, le monarque se faisant quotidiennement réveiller à cinq heures et demie. Le conducteur réduisait alors la vitesse du train pour qu'il ne risque pas de se blesser en se rasant. La fin de la Première Guerre mondiale et la renonciation au trône du dernier empereur d'Autriche, Charles Ier sonnent la fin de ce train royal de légende. Son dernier voyage conduisit Charles Ier et sa famille en exil en Suisse. Seuls le premier salon de l'impératrice Élisabeth et le wagon-restaurant du train de 1891 furent conservés ; ils servirent de modèle au *Majestic Imperator,* qui comptabilise aujourd'hui jusqu'à 300 trajets par an, le voyage d'une journée entre Vienne et Opatija constituant naturellement le moment fort de ces balades nostalgiques.

LE MAJESTIC IMPERATOR, LA RÉALISATION D'UN RÊVE

L'Autrichien Gottfried Rieck a appris le métier de cheminot en commençant au bas de l'échelle, tout d'abord comme chauffeur dans une locomotive à vapeur, puis de nombreuses années comme conducteur de locomotive, avant de finalement travailler auprès de la direction des chemins de fer autrichiens. Dès le début de sa carrière, les histoires relatives au train impérial et royal le fascinaient, et c'est ainsi qu'il conçut le rêve de le ramener à la vie. Au départ, tout est parti d'un wagon à 4 essieux, affecté au transport de voyageurs et datant de 1905, fabriqué dans les célèbres ateliers Ringhoffer. Grâce aux plans transmis de génération en génération, ce wagon est devenu l'élément constitutif du *Majestic Imperator Train de Luxe,* composé aujourd'hui d'une voiture-salon, d'une voiture-coupé et de 5 voitures à compartiments aux noms évocateurs : Excelsior, Fourgon, Équipage, Ambassador et Élisabeth. Chacun de ces wagons, dont le prix est compris entre 500 000 et 700 000 euros, remplit jusque dans les moindres détails les attentes que l'on peut avoir d'un train royal et impérial : lambris ornés de marqueterie en acajou et sièges en bois sculpté dans les wagons-restaurants, plafonds peints, étoffes somptueuses, tapis de première qualité ou encore vaisselle raffinée. Et, en souvenir de l'ancienne impératrice, le wagon Élisabeth a été laissé en bleu, sa couleur préférée. Ce que Gottfried Rieck n'aurait pas même osé rêver à une époque est aujourd'hui réalité : grâce à un intérêt et une nostalgie croissants pour les anciens trains d'apparat, il peut aujourd'hui se

DES TRAINS TRÈS SÉLECTS, RÉSERVÉS AUX FAMILLES ROYALES ET AUX CHEFS DE GOUVERNEMENT

La maison royale autrichienne ne fut pas la seule à s'octroyer le privilège d'un train réservé à la cour. C'est en 1842, soit quelques années après la construction en Angleterre du chemin de fer Stockton and Darlington (qui, en plus d'être la première ligne au monde affectée au transport de voyageurs, servit également de modèle, avec ses rails écartés de 1 435 millimètres, à la « voie normale » aujourd'hui si largement répandue), que le premier train royal du Royaume-Uni fut mis en place. Ce train très luxueux, que seuls les membres de la maison royale ont le droit d'utiliser, parcourait à cette époque le trajet entre Londres et Windsor.

Pour les monarques, ces trains royaux présentaient de nombreux avantages : ils offraient le meilleur confort de voyage possible, pouvaient couvrir de longues distances en train de nuit tout en permettant à leurs nobles passagers de se reposer dans des conditions confortables, et servaient enfin à exposer à travers tout le pays une image majestueuse de pouvoir et de splendeur. La reine Victoria appréciait tellement les déplacements en train qu'il y eut bientôt, aux quatre coins du pays, des voitures-salons prêtes à servir dès que nécessaire. Ce n'est qu'en 1977 que ces nombreux wagons furent regroupés en un train unique, le *Royal Train*.

Il ne faut pas croire que le développement des avions de ligne à partir des années 1930 ait marqué la fin des trains royaux. Les dirigeants et les chefs de gouvernement du monde entier ne voulurent pas renoncer au confort et au symbole de puissance qu'ils représentaient : sous le Troisième Reich, près de 80 voitures-salons étaient à la disposition d'Adolf Hitler, d'Hermann Göring et des autres dignitaires nazis. Après la guerre, l'un de ces wagons, qui portait le numéro 10 205, devint un moyen de transport privilégié des chanceliers allemands. Des pays comme le Danemark, la France, les Pays-Bas, l'ex-Yougoslavie, la Turquie, les États-Unis, Israël, le Japon, la Thaïlande et tant d'autres ont été ou sont encore en possession de voitures-salons.

Les deux anecdotes les plus surprenantes à propos de l'histoire de ces trains d'apparat concernent d'une part l'Italie et la Libye, d'autre part la Russie et la Corée du Nord. Lorsque la Libye fit savoir, au début du XXIe siècle, qu'elle avait pour ambition de se doter d'un réseau de voies ferrées long de 3 170 kilomètres en voie normale, des entreprises européennes, russes et chinoises firent des pieds et des mains pour remporter ce marché chiffré en milliards, dont l'Italie. Silvio Berlusconi, alors président du Conseil italien, se rendit spécialement en Libye pour remettre à Mouammar Kadhafi, en guise de cadeau diplomatique, un train du modèle IC4

Bien que son écartement de 1 435 mm ait inspiré la voie normale, la « Locomotive N°. 1 » de George Stephenson, premier train de voyageurs au monde, offrait un confort plutôt limité.

aménagé en voitures-salons, à l'occasion du 40e anniversaire du putsch de 1969. Composé de quatre voitures automotrices (dont deux salons et une salle de conférence), ce train d'apparat fut testé par l'unique conducteur de locomotive du pays, sur une ligne à voie normale longue de 5 kilomètres, à proximité de Tripoli. Mais il ne fut jamais mis en circulation : la guerre civile de 2011 envoya aux oubliettes le projet de construire un réseau ferré dans le pays et, à l'heure actuelle, le train italien attend toujours son heure de gloire.

À l'inverse, le train d'État de Corée du Nord pourrait bien être le train d'apparat qui affiche le plus de kilomètres au compteur. La peur de l'avion de l'ancien dirigeant Kim Jong-il était proverbiale, bien qu'elle n'ait jamais été reconnue officiellement. Qu'il se rende en Chine ou en Russie, le chef d'État nord-coréen voyageait toujours en train et était prêt à accepter des trajets longs de plusieurs semaines. Tout sauf réticent au luxe, Kim Jong-il n'utilisait évidemment pas un véhicule ordinaire, mais un train spécial qui alliait les caractéristiques d'un train de luxe à celles d'un convoi blindé. Ce train d'origine russe était vraisemblablement un cadeau personnel de Joseph Staline au père de Kim Jong-il. Adapté aux besoins (et aux angoisses) personnels du dirigeant, il a été équipé de vitres blindées et d'un revêtement de protection censé le rendre quasi invisible aux satellites et aux capteurs infrarouges. De surcroît, le train d'État était toujours précédé de 7 minutes par un convoi de reconnaissance destiné à prévenir à temps de tout problème potentiel, et éventuellement à « déceler » les mines, puis suivi par un autre convoi, pour contrer toute attaque surprise. À l'intérieur, le train d'État offrait tout le confort imaginable, y compris un spa et deux limousines Mercedes blindées pour d'éventuelles excursions, et proposait bien sûr une cuisine raffinée pour traiter comme il se doit ce dictateur qui, de l'extérieur, semblait pourtant si modeste.

MAJESTIC IMPERATOR

Ambiance feutrée et princière : les voitures-salons du Majestic Imperator Train de Luxe *n'ont rien à envier à leur modèle.*

De nombreuses de personnalités, comme le président américain Jimmy Carter ou encore le prince Abdallah de Jordanie, ont voyagé à bord du Majestic Imperator.

vanter d'être l'heureux propriétaire de l'un des plus beaux trains du monde, qui a déjà reçu la visite de personnalités comme l'ancien président des États-Unis Jimmy Carter ou encore le prince Abdallah, aujourd'hui roi de Jordanie. Mais si la privatisation du train pour des festivités comme les mariages ou les anniversaires reste inabordable pour la plupart des gens, le trajet d'une journée entre Vienne et Opatija laisse à une part beaucoup plus large de la population la possibilité de s'offrir le rêve d'un voyage en train inoubliable.

DE LA VIENNE « IMPÉRIALE » AU BORD DE MER D'OPATIJA

Sous les regards curieux des badauds, le *Majestic Imperator* quitte la gare de Vienne à l'aube, traverse les banlieues de la « ville impériale », qui n'ont pas conservé grand-chose de l'époque de l'Empire, et met le cap vers le sud en direction de Wiener Neustadt, où il oblique vers le sud-ouest en direction de Gloggnitz, qui est le point de départ de la ligne de Semmering (voir p. 28).

Un paysage alpin ponctué de monuments historiques magnifiques a alors depuis longtemps remplacé les alentours urbains de Vienne, et le train majestueux s'engage sur les 41 kilomètres du tracé de Semmering, qui relie Gloggnitz à Mürzzuschlag en atteignant jusqu'à 894 mètres d'altitude, à travers une zone qui, avant d'être ferrée par l'ingénieur Carl von Ghega, laissait croire que la liaison ferroviaire entre la capitale autrichienne et la mer Méditerranée demeurerait pour toujours un rêve irréalisable.

Jusqu'à Kapfenberg, le train maintient son cap vers le sud-ouest, puis il oblique vers le sud et la ville de Graz en décrivant plusieurs petites courbes. Cette ville splendide, capitale du Land de Styrie, compte près de 275 000 habitants et présente un patrimoine aussi riche qu'impressionnant. Contentons-nous de souligner qu'outre son statut de Capitale européenne de la culture 2003, elle est inscrite au Patrimoine mondial de l'Unesco. La colline de Schlossberg, un promontoire dont la hauteur atteint bien 470 mètres, la légendaire tour de l'Horloge (dont l'aiguille des minutes est plus petite que celle des heures), la tour de la Cloche et d'autres vestiges de l'ancienne ville fortifiée constituent le cœur du centre historique. L'éventail des bâtiments historiques d'époques diverses est époustouflant : tandis que la cathédrale arbore un style gothique tardif, le mausolée de l'empereur Ferdinand II, qui lui est contigu, s'inscrit dans le style maniériste. On peut admirer l'époque baroque en se promenant dans la Herrengasse ou en visitant l'imposant château Eggenberg, situé à l'ouest de la ville, tandis que les amoureux de l'historicisme tardif trouveront leur bonheur avec la façade de l'hôtel de ville. Mais, malgré son héritage architectural impressionnant, Graz ne rechigne pas à s'engager sur la voie de la modernité, comme l'illustre entre autres le musée d'Art de la ville, devenu un véritable emblème d'architecture innovante, et la Murinsel (« l'Île sur la Mur »). L'activité culturelle intense, la renommée de la ville et ses magnifiques alentours attirent chaque année des millions de visiteurs à Graz, où flotte de surcroît une ambiance très jeune, grâce à ses 50 000 étudiants.

Parallèlement à la Mur, qui prend sa source dans le Parc national de Hohe Tauern et parcourt environ 450 kilomètres avant de se jeter dans la Drave, à proximité de la frontière croato-hongroise, le *Majestic Imperator* conserve son cap vers le sud. Pendant un temps, la voie ferrée et le lit de la rivière ne sont qu'à quelques mètres l'un de l'autre, puis le luxueux train s'éloigne du cours d'eau, traverse des bourgades comme Kaindorf et Leitring, et, juste après Spielfeld, atteint la frontière austro-slovène, à 20 kilomètres de laquelle se dresse la ville splendide de Maribor. Située au pied du massif montagneux de Pohorje et entourée de collines couvertes de vignes, la Capitale européenne de la culture 2012 est, en été, le point de départ idéal

Le château de Schönbrunn, à Vienne, et la villa Angiolina, grâce à laquelle la petite ville côtière d'Opatija est devenue une station mondaine, constituent en quelque sorte les points de départ et d'arrivée d'un voyage à bord de ce magnifique train.

pour les randonnées pédestres ou à vélo, tandis qu'en hiver, des milliers d'adeptes des sports d'hiver se pressent pour profiter des pistes de la station Mariborsko Pohorje ou pour assister aux traditionnels slalom et slalom géant féminins de la Coupe du monde de ski alpin qui s'y déroulent depuis 1967.

Le *Majestic Imperator* traverse la Drave à proximité du centre de Maribor, ce qui permet de jeter un œil sur les maisons pittoresques situées de part et d'autre de la berge, puis il plonge dans un paysage enchanteur de petites bourgades disséminées à travers un paysage vallonné où dominent les champs, les prairies et les bois, entrecoupés de fermes isolées, qui sont les seuls témoins de l'activité humaine dans cette région idyllique. Après la petite ville de Poljčane, le train oblique vers le sud-ouest et la ville de Celje, un centre économique et historique situé entre Maribor et Ljubljana qui compte 49 000 habitants, surmonté du château de Celje, datant du XIIIe siècle. Aux alentours de la ville, la troisième de Slovénie, on trouve par ailleurs des stations thermales célèbres comme Dobrna, dont les sources bienfaisantes sont inscrites au registre des traditions depuis des siècles.

Juste après Celje, la voie se rapproche de la rivière Savinja et l'accompagne sur de nombreux kilomètres, y compris dans ses méandres les plus sinueux. À Zidani Most, la Savinja se jette dans la Save ; c'est aussi à cet endroit que le train s'engage sur la vieille voie du sud autrichienne en direction de l'ouest, tandis que la voie ferrée change de cap pour se diriger vers le sud-est et la ville croate de Sisak. Dans les alentours immédiats de la Save, le paysage, composé de coteaux boisés qui arrivent jusqu'aux rails, est d'une beauté à couper le souffle. À hauteur de Litija, ces coteaux cèdent la place à des prairies et des champs, et le train s'éloigne alors de la Save pour suivre la Ljubljanica jusqu'au centre de la capitale slovène. Au sud-ouest de la métropole actuelle, la présence de constructions sur pilotis dans les marais de Ljubljana est attestée dès le quatrième millénaire avant notre ère. C'est à cet endroit, où les Romains avaient érigé une forteresse militaire, qu'est née une petite ville qui, sous le règne des Habsbourg, devint la capitale du duché de Carniole et gagna en importance grâce à la liaison ferrée avec Vienne au milieu du XIXe siècle. Aujourd'hui, cette ville de 280 000 habitants, dont le vieux centre est classé monument historique, est non seulement un des centres économiques de Slovénie mais également un haut lieu de culture, avec plus de 10 000 manifestations culturelles par an.

Le *Majestic Imperator* roule ensuite sur environ 100 kilomètres en direction du sud et traverse Notranjsko-Kraška, une région de Slovénie qui impressionne par la richesse de ses forêts et son réseau de grottes spectaculaire ; elle dispose d'un bassin karstique unique en son genre, le lac de Cerknica qui, lorsque le niveau des eaux est au plus haut, devient le plus grand lac du pays, et constitue un refuge naturel remarquable.

La frontière entre la Slovénie et la Croatie annonce doucement la fin de cet inoubliable voyage en train : il ne reste que 20 kilomètres avant la gare d'Opatija-Matulji, qui surplombe la station balnéaire d'Opatija. La naissance de cette riviera florissante remonte au XIXe siècle, lorsqu'un commerçant, Igino Scarpa, transforma une villa en mauvais état en un lieu de villégiature confortable, la villa Angiolina. La haute société du monde culturel et financier s'y donna rendez-vous, poussant ainsi d'autres hôteliers à suivre le mouvement et transformant petit à petit Opatija en une station balnéaire mondaine. Après une période de déclin, de plus en plus de touristes venus d'Europe et d'ailleurs redécouvrent aujourd'hui la beauté de ce littoral pittoresque, qui présente une promenade en bord de mer longue de 12 kilomètres et parsemée de villas.

La station balnéaire d'Opatija offre en somme un cadre parfait pour finir en beauté un voyage inoubliable à bord de l'un des trains les plus beaux et les plus majestueux au monde, que l'on peut de nouveau admirer sur les voies d'Europe centrale grâce à l'initiative de fervents amis des chemins de fer comme Gottfried Rieck.

160
SLEEPING
Nº 3553

L'ORIENT-EXPRESS

La renaissance d'un mythe

« Renaissance de l'Orient-Express » – voilà le genre de gros titres que l'on pouvait lire dans les journaux en janvier 2014, lorsque la SNCF annonça son intention de remettre ce train légendaire sur les rails. En décembre 2009, l'Orient-Express avait entrepris son dernier voyage, entre Strasbourg et Vienne. D'ici cinq ans, et après des investissements qui pourraient atteindre 40 à 60 millions d'euros, il devrait redevenir ce qu'il fut autrefois : un train d'exception qui comble toutes les attentes, tant au niveau technique qu'à celui du design ou des finitions. Quant au tracé, la SNCF souhaite l'orienter vers les itinéraires historiques de l'Orient-Express. Le grand favori reste néanmoins la ligne classique qui relie Paris à Istanbul.

De Paris à Istanbul : 3 000 kilomètres à travers le continent européen, tel était le trajet initial du légendaire Orient-Express.

INFORMATIONS ET DONNÉES

Parcours historique : de Paris à Constantinople.

Inauguration : en 1883.

Longueur de la ligne : 3 186 kilomètres.

Gares principales : Paris, Strasbourg, Munich, Salzbourg, Vienne, Budapest, Belgrade, Sofia, Constantinople (Istanbul).

Durée historique : 67 heures et 35 minutes (train express de jour et de nuit).

Écartement des rails : voie normale.

Type de matériel roulant : train de voyageurs.

Particularité : l'itinéraire initial devint un véritable réseau, avec de nombreuses variations à travers l'Europe ou encore des trajets partiels. Il a perduré 126 ans et fait figure de référence pour tous les trains de luxe du monde.

LES DÉBUTS : DE L'IDÉE À LA VOIE EXPRESS

Les débuts de l'*Orient-Express* remontent à la fin du XIXe siècle lorsqu'à l'été 1883, un train au nom prometteur, le *Train-Éclair*, effectua l'aller-retour entre Paris et Vienne. L'initiateur de ce voyage légendaire, qui devait donner le coup d'envoi de l'époque des trains de luxe sur le Vieux Continent, était un entrepreneur belge du nom de Georges Nagelmackers. Il avait, quelques années plus tôt, fondé la Compagnie internationale des wagons-lits (CIWL). Au cours d'un séjour d'un an en Amérique, Nagelmackers avait découvert les wagons-lits Pullman (voir encadré p. 132), encore inconnus en Europe. Il en avait immédiatement conçu un grand enthousiasme pour le voyage longue distance luxueux en train. Il dut cependant vite se rendre à l'évidence que la réalisation de son projet, présenté dans une brochure intitulée *Projet d'installation de wagons-lits sur les chemins de fer du Continent*, s'avérerait difficile : les rapports politiques étaient tendus, les réseaux ferrés non uniformisés et les sociétés ferroviaires ne parvenaient pas à s'accorder quant à l'exploitation internationale des voies, ce qui semblait dès le départ vouer le projet à l'échec. Nagelmackers pouvait toutefois compter sur un allié de choix : le roi Léopold II de Belgique, l'un des actionnaires de la première heure des Wagons-Lits.

À la fin des années 1870, la Conférence européenne des horaires mit l'accent sur l'intensification des transports avec l'Orient et, en 1883, un contrat décisif fut signé entre la Compagnie et huit importantes sociétés ferroviaires européennes. Les principaux passages du contrat stipulaient :

« Le train, qui doit porter le nom de *Train Express Orient*, devra circuler dans les deux sens une à deux fois par semaine, [...] voire plus. [...] Les trains seront composés de deux fourgons, une voiture-restaurant-salon et au moins deux wagons-lits. [...] Les wagons de ce train express doivent correspondre aux meilleurs procédés techniques et, à l'intérieur, répondre à toutes les exigences en matière de confort et de spaciosité. » Parallèlement, ce contrat précisait que la ligne devait relier Paris à Constantinople.

Le 4 octobre 1883, le premier *Express Orient* quittait Paris, et plus précisément la gare de l'Est (alors gare de Strasbourg), pour parcourir le trajet décrit dans le contrat, ce qui lui prit 81 heures et 30 minutes. À partir de là, le train de luxe effectua le voyage deux fois par semaine, passant par

ORIENT-EXPRESS
COMPAGNIE INTERNATIONALE
des Wagons-Lits
et des Grands Express Européens
PARIS-VIENNE-CONSTANTINO
SERVICE QUOTIDIEN ENTRE PARIS-VIENNE ET VICE V
Paris 7h10
Châlons-sur-Marne 9h22
Strasbourg 3h35
Stuttgart 6h54
Munich 11h10
Salzbourg 1h43
Vienne 6h52
Vienne
Salzbourg
Munich
Stuttgart
Strasbourg
Châlons
Paris
PARIS-CONSTANTINOPLE
PARIS-CONSTANTINOPLE
RETENIR SES PLACES
PARIS
BADEN-BADEN
STUTTGA
MUNICH
VIENNE
BUDAPE

Strasbourg, Munich, Vienne, Budapest et Szeged (anciennement Ségédin), puis, sur le territoire roumain, par Orsova et Bucarest, pour finalement atteindre Giurgiu, son terminus. Les passagers devaient alors traverser le Danube sur un bac, puis, arrivant dans la ville bulgare de Roustchouk (aujourd'hui Roussé), reprendre un train en direction de Varna, de là, monter à bord d'un bateau-vapeur de la société autrichienne Lloyd pour finalement débarquer à Constantinople.
On acheva ensuite la construction de plusieurs tracés en Europe de l'Est, ce qui allégea considérablement les conditions de voyage à partir de 1888, car le train pouvait dorénavant passer directement par Budapest, Belgrade et Sofia, réduisant ainsi le trajet à 67 heures et 35 minutes. Non seulement l'*Orient-Express* représentait la manière de voyager la plus confortable, mais il permettait d'économiser au moins 18 heures de voyage par rapport aux trains rapides qui permettaient habituellement de rejoindre Constantinople.

LES DÉBUTS DE L'ORIENT-EXPRESS

Il va sans dire que l'*Orient-Express*, tant par son aménagement somptueux que par le raffinement de son service à bord, fut considéré dès ses débuts comme un train très sélect, et emprunté par de très nombreuses personnalités, notamment les premières années, où chaque trajet était un véritable événement mondain. Aux côtés de têtes couronnées comme Ferdinand Ier de Bulgarie ou Léopold II de Belgique, on pouvait trouver d'importants politiciens, des stars de cinéma, des artistes ou des écrivains. Parmi ces derniers, citons entre autres Francis Scott Fitzgerald, Léon Tolstoï et Agatha Christie, dont le roman policier *Le Crime de l'Orient-Express* parut en 1934 et rencontra un succès mondial. Mais tout cela n'est pas que littérature : un incident survenu le 3 mai 1891 prouva que l'*Orient-Express* pouvait devenir le théâtre de véritables crimes et aventures. Après avoir saboté les rails afin d'immobiliser le train, des bandits de grand chemin armés contraignirent par la menace les voyageurs à leur remettre tous leurs objets de valeur. Ils prirent ensuite plusieurs passagers en otage, qui ne purent être libérés qu'en échange d'une rançon de 8 000 livres or.
Cet incident, qui se déroula à une centaine de kilomètres de Constantinople, faillit entraîner l'intervention de l'empereur allemand Guillaume II, qui voulait dépêcher immédiatement sur place soldats et policiers pour éclaircir l'affaire. Seule la présence de l'armée ottomane, doublée de sérieuses mesures préventives pour éviter toute nouvelle attaque, permit de l'en dissuader, lui qui avait qualifié l'enlèvement des cinq Allemands « d'affaire d'État » et semblait prendre tout cela comme une attaque personnelle.

*L'*Orient-Express *était synonyme de soif de voyage et de nostalgie, de luxe et de dépravation. Où, si ce n'est à Paris, capitale de la Belle Époque, ce véritable mythe roulant aurait-il pu être inauguré ?*

*Le confort et le luxe élevés à leur plus haut niveau, voilà ce qui caractérisait et caractérise toujours l'*Orient-Express*, qu'il s'agisse de son aménagement ou du service à bord. Il en est de même pour son « rejeton »,* le Venise-Simplon-Orient-Express.

LA VOITURE PULLMAN : LE CONFORT EN CHEMIN DE FER

La nuit que George Mortimer Pullman passa dans le train dans l'État américain de New York au milieu du XIXe siècle ne dut pas être bien confortable. Incapable de trouver le sommeil sur son siège malcommode, il prit la décision de mettre au point des wagons de chemin de fer qui allaient révolutionner la manière de voyager – et de dormir. Ainsi naquirent les légendaires voitures Pullman, qui aujourd'hui encore sont l'incarnation du luxe. Il ne faut néanmoins pas se représenter les premiers wagons mis au point comme des palais sur roues. Alors que les passagers de trains de luxe peuvent aujourd'hui se retirer dans leurs cabines équipées de larges lits moelleux, ceux de la fin des années 1860 pouvaient tirer des rideaux pour se ménager un espace privé encore inconnu jusque-là, tandis que des lavabos offraient un confort tout à fait novateur. Petit à petit, des tapis, des voilages, des meubles capitonnés, des bibliothèques ou encore des tables de jeu vinrent compléter l'aménagement.

Avec ses wagons-lits, George Mortimer Pullman était en plein dans l'air du temps. En 1925, sa société était en possession de près de 10 000 wagons. Cette entreprise employait pas moins de 28 000 contrôleurs et 12 000 valets. Dans la mesure où Pullman engageait presque exclusivement des Afro-Américains, il devint momentanément le principal employeur pour la population américaine d'origine africaine.

En 1876, les premières voitures Pullman firent leur apparition sur les rails européens, mais elles avaient peu de choses en commun avec leurs modèles américains, tant du point de vue technique qu'au niveau de l'aménagement. Nagelmackers craignait la concurrence d'outre-Atlantique, mais était bien conscient de la renommée de la société. Sans même que le public ne s'en rende compte, la Pullman Car Company créée à Londres se retrouva rapidement dans le giron de la Compagnie internationale des wagons-lits, fondée par Nagelmackers.

Georges Nagelmackers (1845–1905), fondateur de la Compagnie Internationale des Wagons-Lits et créateur de l'Orient- Express.

Affiche publicitaire de la Compagnie Internationale des wagons-lits (CIWL) pour les voyages de luxe Londres-Vichy à bord de voitures Pullmann, 1927.

GUERRE, DÉCLIN ET RENAISSANCE

La Première Guerre mondiale mit une fin brutale au développement ambitieux des Wagons-Lits : en 1916, 64 wagons-restaurants et 35 wagons-lits furent réquisitionnés et mis sous séquestre en Allemagne puis en circulation sous le nom de *Balkanzug* (« train des Balkans »). Ils devinrent « propriété » de la Compagnie de wagons-lits et wagons-restaurants pour l'Europe centrale, ou Mitropa (contraction de *Mitteleuropa*, « Europe centrale », en allemand), afin d'assurer une liaison directe et de surcroît luxueuse entre Berlin et Sofia, en passant par Vienne, Budapest et Belgrade. Après-guerre, la Compagnie internationale des wagons-lits put remettre en service ses voitures, du moins celles qui avaient survécu à la guerre. Certains itinéraires furent déplacés, pour diverses raisons. C'est ainsi qu'apparurent notamment le *Simplon-Orient-Express* ou l'*Arlberg-Orient-Express*. Cette dernière ligne fut suspendue lors du déclenchement de la Seconde Guerre mondiale, au même titre que la ligne classique, qui, en revanche, reprit après-guerre la liaison Paris-Istanbul. La fin de la Seconde Guerre mondiale ramena, certes momentanément, le calme dans une Europe ravagée par la guerre. Néanmoins, les Wagons-Lits furent confrontés, à partir des

Vue en coupe d'un wagon-restaurant de l'Orient-Express, xylographie en couleurs, 1896.

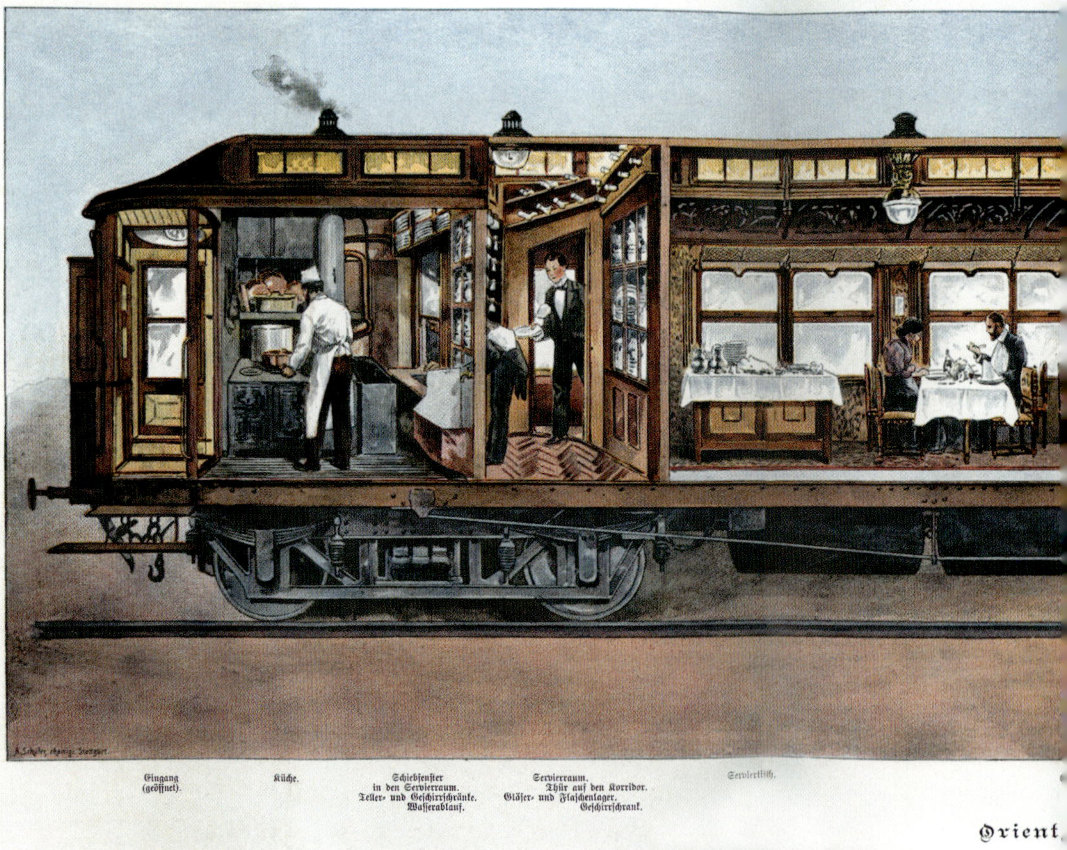

années 1950, à un nouveau défi : la concurrence des transports aériens. La clientèle bourgeoise ne voulait plus parcourir de longs trajets par le rail. Elle lui préféra les airs et la Compagnie n'eut d'autre choix que de transformer l'ancien parangon de luxe et de confort en un train express ordinaire. Ce qui entraîna le déclin de ce train légendaire. La ligne de l'*Orient-Express* fut tout d'abord raccourcie au seul trajet Paris-Vienne, puis Strasbourg-Vienne, qui perdura encore sept ans avant d'être tout simplement suspendue, à l'occasion du changement des horaires de trains de décembre 2009, après 126 ans de bons et loyaux services.

Aujourd'hui, toutefois, il est question de redonner vie à ce moyen de transport longue distance historique. Pour l'instant, on ne peut que se perdre en conjectures quant à l'aspect qu'aura ce nouveau train et au parcours qu'il empruntera, tant sont nombreux les itinéraires de l'*Orient-Express*. La SNCF, qui s'est assurée en 1977 la propriété de l'appellation « Orient-Express », a seulement laissé savoir qu'elle avait d'ores et déjà conclu des partenariats avec de nombreuses entreprises pour l'aménagement du train, et les noms cités laissent présager qu'il ne sera fait aucun compromis en matière de confort et de luxe. Le mythe de l'*Orient-Express* peut reprendre vie !

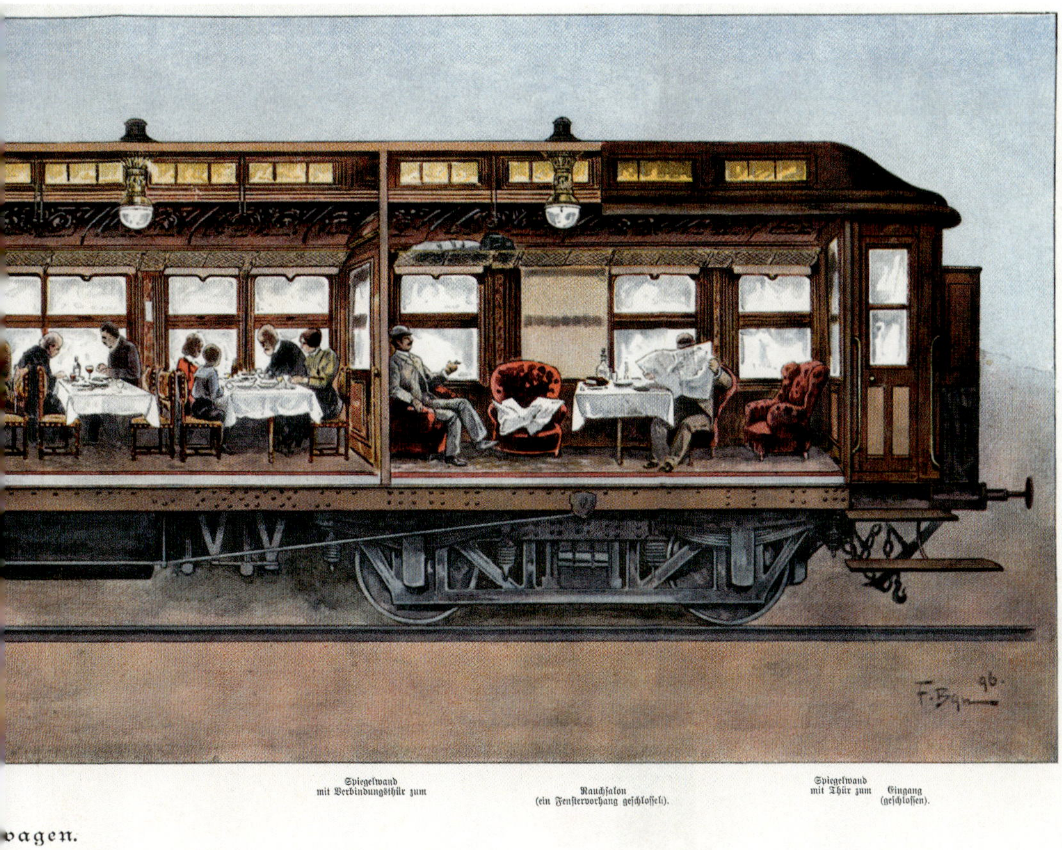

LA LIGNE DES CÉVENNES

La nature sauvage du Massif central et des Cévennes

Des paysages spectaculaires quasi sauvages attendent les voyageurs de la ligne des Cévennes. Les gorges profondes que le Tarn a creusées dans la roche calcaire font, sans l'ombre d'un doute, partie des panoramas les plus impressionnants du trajet.

Lorsque l'on quitte la ville de Montpellier et que l'on se dirige en direction du nord, on arrive dans une contrée presque sauvage d'une beauté saisissante. Des cours d'eau impulsifs comme le Tarn, le Gardon ou l'Allier creusent depuis des millions d'années des gorges de plus en plus profondes dans les hauts plateaux karstiques des Grands Causses, donnant naissance à des paysages extrêmement diversifiés, méditerranéens comme montagneux. On appelle Cévennes cette région dans laquelle la nature est préservée et peut s'épanouir, ce qui est devenu rare en Europe. Un peu plus au nord, le Massif central et l'Auvergne s'étendent, avec leurs magnifiques chaînes de volcans. La ligne des Cévennes offre à ses passagers l'opportunité formidable de découvrir toutes les facettes de ce décor naturel hors du commun, grâce à un voyage de 5 heures de Clermont-Ferrand à Nîmes.

En juin 1842, le gouvernement français adopta une loi relative à la construction du réseau de chemin de fer national. À partir de Paris, les voies devaient rayonner en étoile, de manière à atteindre toutes les régions du pays ; une initiative qui entraîna une véritable frénésie de construction. En l'espace d'une vingtaine d'années, des milliers de kilomètres de voie apparurent, principalement financés par des compagnies de chemin de fer privées qui fusionnèrent petit à petit pour former des sociétés de plus en plus grandes. C'est ainsi que naquit en 1853 la Compagnie du chemin de fer Grand-Central de France, abrégée en « Grand-Central ». Cette société s'était fixée comme objectif de relier directement Paris au sud de la France, en passant par Clermont-Ferrand. Il fallait pour cela impérativement franchir le Massif central et les Cévennes, ce qui s'annonçait économiquement très prometteur puisque cela devait permettre de relier les mines de charbon et de minerai de la région à un réseau ferré.

Les gorges du Tarn, et leur nature splendide et indomptée.

INFORMATIONS ET DONNÉES

Itinéraire : de Clermont-Ferrand à Nîmes.

Longueur de la ligne : 304 kilomètres.

Gares principales : Clermont-Ferrand, Issoire, Langeac, Langogne, Alès, Nîmes.

Durée du trajet : environ 5 heures.

Écartement des rails : voie normale.

Type de matériel roulant : train de voyageurs.

Particularité : pendant l'été, un train touristique circule également entre Langeac et Langogne, parcourant les gorges de l'Allier en à peine 2 heures.

Les villes d'Alès, Nîmes et Beaucaire étaient déjà reliées depuis 1840 par une voie dont le tracé fut dessiné par l'ingénieur français Paulin Talabot. À cette époque, la région d'Alès était en train de devenir une importante région minière, avec environ une centaine de mines de houille, qui, au plus fort de la production, fournirent jusqu'à 2 millions de tonnes de charbon par an. Dès lors qu'Alès fut reliée au réseau ferré, l'approvisionnement en combustible fossile des villes du sud de la France devint nettement plus aisé. Mais étant donné les conditions géographiques difficiles, relier ce réseau aux lignes situées au nord de l'Auvergne demandait aux ingénieurs une habileté et une ingéniosité considérables. Après avoir consciencieusement sondé le terrain, on décida que le tracé longerait par l'est et à une distance raisonnable le lit de l'Allier, un cours d'eau qui prend sa source dans les Cévennes et coule en direction du nord pour se jeter 420 kilomètres plus loin dans la Loire. Si ce choix était judicieux du point de vue technique, il était également avantageux pour les voyageurs, car les eaux tumultueuses de l'Allier, dans lesquelles on peut trouver entre autres des saumons atlantiques, ont creusé au fil du temps une profonde vallée dans la roche, donnant ainsi naissance à un paysage saisissant. Grâce aux trains de voyageurs qui parcourent deux à trois fois par jour la ligne des Cévennes entre Clermont-Ferrand et Nîmes, on peut admirer les gorges de l'Allier et d'autres curiosités de la région depuis les fenêtres du train.

Outre le spectacle du paysage, la ligne offre également de nombreuses attractions culturelles, ici l'abside de la basilique romane de Notre-Dame-du-Port, à Clermont-Ferrand.

DE CLERMONT-FERRAND À LANGEAC

Le matin, le midi et en fin d'après-midi, un train de voyageurs quitte la gare de Clermont-Ferrand à destination de Nîmes.

Avec ses 142 000 habitants, le chef-lieu de l'Auvergne est un joli point de départ pour ce voyage de 5 heures : entre sa cathédrale construite en pierre de Volvic de couleur grise, sa basilique romane Notre-Dame-du-Port et son quartier Montferrand, qui date du Moyen Âge, elle présente de nombreuses richesses architecturales, avant que la nature ne reprenne ses droits.

La ligne des Cévennes quitte Clermont-Ferrand en direction de l'est pour obliquer rapidement vers le sud, traversant une contrée où les petits villages succèdent aux zones agraires ou forestières. La voie s'approche parfois à quelques mètres des berges de l'Allier, qui, à cet endroit, coule paisiblement.

Après 35 kilomètres, la ligne des Cévennes atteint la petite ville d'Issoire, de 14 000 habitants, qui géographiquement est presque coupée en deux : au nord, ce sont les usines qui dominent, car l'industrie de l'aluminium a implanté ici un important pôle de production, notamment pour les pièces détachées d'avions. Au sud en revanche, on trouve le noyau historique de la ville, avec, en son cœur, l'abbaye romane Saint-Austremoine, qui daterait du xᵉ siècle. Contrairement à Issoire, dont le statut de véritable centre industriel de la vallée de l'Allier et de principal employeur de la région n'est en aucun cas contesté, les jours de la ville minière de Brassac-les-Mines, située à quelques kilomètres en amont, sont depuis longtemps comptés : les dernières mines, qui fournissaient un gagne-pain à près de 5 000 personnes à la grande époque, ont fermé en 1978. La toponymie témoigne néanmoins du rôle incontournable que jouait autrefois l'Auvergne pour l'extraction de la houille, puisque de nombreuses communes situées de part et d'autre de la ligne de chemin de fer portent un nom se terminant par « les-Mines ».

Après la gare d'Arvant, la voie se scinde en deux : une ligne bifurque vers l'ouest, tandis que celle des Cévennes continue sa route vers le sud. La nature prend alors progressivement le dessus. Seule Brioude, petite ville auvergnate d'une certaine envergure avec ses 6 600 habitants, résiste. Viennent ensuite des villages et hameaux de plus en plus espacés puis le train s'engage dans une contrée inhabitée, composée de collines boisées et de multiples petits cours d'eau qui se jettent

Les mines de charbon des Cévennes ont été reliées au réseau ferré dès la première moitié du XIXᵉ siècle, afin d'optimiser le transport de la houille.

Double page suivante : entre Saint-Jean-du Gard et Anduze, un train à vapeur d'époque attire de nombreux touristes.

dans l'Allier. Depuis son départ, la ligne des Cévennes a déjà traversé plusieurs fois cette rivière, passant alternativement d'une rive à l'autre. Après avoir parcouru 100 kilomètres, elle la traverse de nouveau, empruntant le viaduc de Costet, composé de 18 arches, d'une longueur totale de 285 mètres, et qui donne un avant-goût de la longue suite d'ouvrages d'arts spectaculaires qui attendent le voyageur après Langeac.

APRÈS LANGEAC : LES GORGES DE L'ALLIER

Cinquante et un tunnels et 16 viaducs, ces nombres laissent deviner la véritable performance technique et les efforts monumentaux que la construction de ce tracé entre Langeac et Langogne représenta. Sur la majeure partie de ces 67 kilomètres, la ligne des Cévennes chemine le long de l'Allier, qui, à cet endroit, s'enfonce profondément dans la roche. Partout où la rivière décrit des méandres ou des boucles serrées, la construction de tunnels était incontournable ; mis bout à bout, ils s'étendent sur plus de 7 kilomètres.

Quelques minutes après avoir quitté la gare de Langeac, la ligne des Cévennes s'éloigne du lit de la rivière et décrit un arc de cercle pour contourner la petite commune de Chanteuges, dont l'abbaye est un véritable bijou architectural. L'ancienne église abbatiale, dont l'histoire remonte au début du XIIe siècle, se dresse majestueusement sur un éperon basaltique, bien en vue des voyageurs, et surprend par son caractère fortifié.

Très vite, le train s'approche de nouveau de l'Allier et passe, à quelques mètres au-dessus de la rivière, les petites bourgades de Saint-Arcons-d'Allier et de Saint-Julien-des-Chazes, derrière lesquelles s'ouvre tout à coup un décor presque mystique : tout près de la rive et lovée au pied d'une falaise basaltique apparaît la chapelle en ruines de Sainte-Marie-des-Chazes, qui abrite une statue en bois de grande valeur de la Vierge Marie.

La ligne des Cévennes atteint ensuite Prades. Sur les 11 kilomètres qui suivent, jusqu'à Monistrol-d'Allier, elle va franchir 10 tunnels et 3 viaducs. Les gorges deviennent de moins en moins praticables, et l'Allier, qui jusque-là coulait plutôt paisiblement, se transforme en une rivière tumultueuse, pour la plus grande joie des adeptes de canoë et de kayak, qui sont de plus en plus nombreux à la remonter. Ils commencent l'aventure quelque 40 kilomètres en amont, à Saint-Étienne-du-Vigan, et, à l'exception d'un tronçon de 13 kilomètres dont l'accès est interdit, ils ont la possibilité jusqu'à Prades de remonter des eaux vives dont le courant peut à certains endroits être très fort.

Une passerelle en métal relie les deux moitiés du village de Monistrol-d'Allier, coupé en deux par la rivière. Outre les kayakistes, qui peuvent ici remettre leur embarcation à l'eau après la zone interdite d'accès, on trouve ici un nombre impressionnant de marcheurs. Ils suivent le sentier de grande randonnée GR 65, qui longe ce petit village et correspond en grande partie à la Via Podiensis, l'un des chemins de France du pèlerinage de Saint-Jacques-de-Compostelle. Le défilé des tunnels et des viaducs reprend après Monistrol-d'Allier : le train en franchit respectivement 14 et 6 avant d'atteindre la gare suivante d'Alleyras. Avec ses 134 mètres de long, le viaduc de Fontannes, grâce auquel la ligne des Cévennes passe sur la rive gauche de la rivière, qui se permet ici quelques fantaisies sous la forme de courbes très serrées, est un exemple particulièrement réussi d'architecture ferroviaire. C'est à la fois la section la plus spectaculaire et la plus effrayante de la ligne des Cévennes, car la voie est comme prise en étau entre la falaise qui s'élève à la verticale d'un côté et l'abîme béant des gorges, de l'autre. Quatre kilomètres avant Alleyras, la ligne traverse de nouveau l'Allier ; quelques mètres plus haut, se dresse le barrage de Poutès, construit en 1941, qui constitue sur la rivière une grosse retenue d'eau.

La ligne des Cévennes maintient son cap vers le sud et continue son chemin à travers la région inhabitée et très boisée des gorges de l'Allier. Le petit village de Chapeauroux est précédé par le Nouveau-Monde, un viaduc impressionnant de 433 mètres de longueur. Ici, la vallée s'élargit momentanément, pour faire place aux quelques maisons de Chapeauroux et du village qui le surplombe, Saint-Bonnet-de-Montauroux, avant que les contreforts montagneux et les parois rocheuses ne se rapprochent et ne fassent de nouveau de l'Allier une rivière tumultueuse et sinueuse. Pour les kayakistes, les 15 kilomètres qui séparent Chapeauroux de Saint-Étienne-du-Vigan représentent la section la plus exigeante de ce parcours sur l'Allier.

Après 3 heures de voyage, la ligne des Cévennes atteint Langogne, une petite ville de 3 000 habitants située juste à côté

Les ruines de la chapelle Sainte-Marie-des-Chazes (XIIIe siècle), au bord de l'Allier.

du lac de retenue de Naussac, alimenté par l'Allier, devenu au cours du temps une zone de détente très appréciée. À hauteur de Langogne, le train quitte les gorges de l'Allier et du même coup la partie essentielle de la ligne des Cévennes. Mais l'aventure continue, puisque cette ligne pleine de surprises poursuit sa route jusqu'à Nîmes.

DE LANGOGNE À NÎMES

Ce troisième et dernier tronçon de la ligne des Cévennes commence en beauté, avec le viaduc des Brasses, de 22 mètres de haut, dont les cinq arches enjambent l'Allier. Sur les 20 kilomètres suivants, le train gagne 110 mètres d'altitude pour atteindre, au niveau de la gare de La Bastide-Saint-Laurent-les-Bains, le point le plus élevé de son parcours, qui culmine à 1 025 mètres. La voie se scinde à nouveau en deux : tandis que la branche ouest suit le cours de l'Allier, la ligne en direction de Nîmes gagne le décor riche et varié des Cévennes. Ici, le regard peut vagabonder et savourer les champs, les petits massifs montagneux et les hauts plateaux boisés, qui offrent un terrain idéal pour l'élevage des moutons.

À hauteur de Prévenchères, une autre rivière, le Chassezac, s'approche de la voie, coule parallèlement à elle sur quelques kilomètres, avant d'alimenter le lac de retenue que franchit le train sur un viaduc de 90 mètres de long. Le lac de Villefort est lui aussi traversé par un viaduc, mais ce dernier, avec ses 257 mètres, est d'une taille nettement plus impressionnante. Les piliers de ce pont en arc s'élèvent jusqu'à 73 mètres au-dessus du fond du lac, ce qui fait que, selon le niveau de l'eau, la hauteur peut parfois donner le vertige aux voyageurs.

Décrivant toutes sortes de lacets, le train chemine à travers les Cévennes : certains massifs montagneux sont contournés, d'autres traversés grâce à des tunnels. Génolhac, au pied du mont Lozère, fait bientôt son entrée dans le paysage, suivi quelques kilomètres plus tard par un viaduc qui attire l'attention de tous les voyageurs et ne manque jamais dans les photos souvenirs : le viaduc de Chamborigaud. C'est en 1867 que ce pont en arc de 387 mètres de long et d'un rayon de courbure de 240 mètres a été terminé.

Le majestueux viaduc de Chamborigand, sur le Luech.

À la sortie d'une courbe, alors que la voie était jusque-là bordée de talus recouverts de fougères et de petits arbrisseaux, le regard plonge tout à coup dans des profondeurs totalement inattendues : à 46 mètres d'altitude, le train surplombe la large vallée du Luech.

Ensuite, sur les 30 petits kilomètres qui mènent à la gare d'Alès, le paysage change de plus en plus : la ligne des Cévennes continue certes à suivre un cours d'eau (il s'agit à présent du Gardon), mais alors que, depuis des heures, la nature donnait le ton, les lieux habités se densifient et les zones industrielles et commerciales font leur apparition. En atteignant La Grand-Combe, il ne fait plus aucun doute que l'on se trouve en plein milieu de l'ancienne région houillère des Cévennes. Des milliers de mineurs commencèrent dès le XIXe siècle à extraire « l'or noir » du sol, mais une autre matière première était elle aussi produite, cette fois à l'air libre et sans équipement lourd. Lors de l'hiver particulièrement rigoureux de 1709, la majeure partie des fameux châtaigniers des Cévennes fut décimée. En quête d'un nouveau secteur d'activité porteur, on décida alors de planter des centaines de milliers de mûriers et la région se lança dans l'élevage des vers à soie, qui devinrent la clé de voûte de l'économie locale. Aux plus grandes heures du XIXe siècle, on produisait plus de 6 millions de kilos de soie dans la seule ville d'Alès, qui compte aujourd'hui plus de 41 000 habitants.

De nombreux tunnels et d'innombrables viaducs sont les témoins encore aujourd'hui de la performance incroyable de la construction de la ligne des Cévennes au XIXe siècle.

Après Alès, la ligne des Cévennes suit la ligne construite dès 1840 sous la direction de Paulin Talabot pour relier ce centre de l'industrie minière avec les villes de Nîmes et Beaucaire. Durant la demi-heure de trajet restante, des viaducs et des tunnels témoignent encore une fois des performances incroyables des ingénieurs et des ouvriers qui, au XIXe siècle, mirent à exécution ce projet ambitieux de franchir le Massif central par les rails. Nîmes, forte de sa diversité architecturale fascinante, alliant les monuments antiques aux constructions les plus modernistes, est le digne terminus d'une ligne de chemin de fer qui peut être considérée comme l'une des plus belles du pays.

LE TREN AL-ANDALUS

Histoire et splendeur de l'Andalousie

La reine d'Angleterre Elizabeth II est considérée comme la monarque qui apprécie le plus les voyages ; et ce n'est pas étonnant, elle y a été habituée dès sa plus tendre enfance. Elle n'avait que deux ans lorsque ses parents, le roi George VI et la reine mère, décidèrent en 1928 de se faire construire, en plus des trains royaux *(voir p. 116)* *qui étaient déjà à leur disposition en Grande-Bretagne, un train privé pour leurs voyages estivaux. Ses voitures luxueuses conçues en France entre 1928 et 1930, devaient offrir à la famille royale le meilleur confort possible pour ses voyages de Calais à la Côte d'Azur. Ces petits palais sur rails, qui sont aujourd'hui de nouveau en service, sur les voies larges du sud de l'Espagne, et portent désormais le nom de Tren Al-Andalus, ont été réaménagés tout aussi somptueusement.*

L'élégant Tren Al-Andalus *permet d'entreprendre dans la péninsule Ibérique un véritable voyage dans le temps, à l'époque de la domination musulmane qui dura de 711 à 1492, et connut son apogée architecturale dans l'Alhambra, près de Grenade.*

Ce train royal traverse, de Cadix à Grenade, des paysages naturels et culturels très diversifiés.

Chaque dimanche midi, le majestueux train-hôtel entre en gare de Santa Justa, dans la ville d'Espagne méridionale de Séville. Sur les wagons beige et bordeaux, on peut lire en belles lettres dorées *Tren Al-Andalus*. Un souffle de luxe est déjà perceptible de l'extérieur et, à l'intérieur, les passagers peuvent se projeter complètement à la Belle Époque et se sentir comme les

INFORMATIONS ET DONNÉES

Itinéraire : de Séville à Cordoue en passant par Ronda et Grenade, puis retour à Séville.

Longueur du parcours : environ 1 200 km.

Gares principales : Séville, Cadix, Xérès, Ronda, Grenade, Cordoue.

Écartement des rails : écartement ibérique (1 668 millimètres).

Type de matériel roulant : train de voyageurs.

Équipement : 2 voitures-salons, 2 wagons-restaurants et 7 wagons-lits.

Particularité : Les voitures-salons et 5 des 7 wagons-lits furent construits en France à la fin des années 1920 par la Compagnie internationale des wagons-lits (voir p. 132) pour les voyages de la famille royale britannique.

monarques britanniques du début du XXe siècle, lorsqu'ils voyageaient de Calais à la Côte d'Azur. Aujourd'hui, les amoureux des chemins de fer ont l'occasion, le temps d'un voyage de 6 jours, de découvrir la beauté extraordinaire des paysages d'Andalousie à bord de l'un des trains les plus luxueux du continent. Déjà dans les années 1980, l'*Al-Andalus* parcourait cette boucle à travers le sud si mauresque de l'Espagne. Mais la société ferroviaire qui l'exploitait fit faillite, et ce train majestueux fut abandonné. Six ans plus tard et au terme d'une rénovation minutieuse des wagons historiques, il a repris sa route à l'occasion du 200e anniversaire de la Constitution de Cadix, le 6 mai 2012, pour la plus grande joie de tous.

Lorsque le train quitte la gare de Santa Justa, quelques minutes sont nécessaires aux wagons pour qu'ils se mettent tous en branle, à grand bruit. Le train est long, gros et imposant, car il circule sur une voie large ibérique d'un écartement de 1 668 millimètres.

L'ÉCARTEMENT DES RAILS DANS LE MONDE

Au début du XIXe siècle, alors que le chemin de fer n'en était encore qu'à ses balbutiements, les pays du monde entier travaillèrent chacun de leur côté à cette nouvelle forme de transport : c'est ainsi qu'apparurent différents écartements de rails. À cette époque, on ne pouvait donc pas encore parler d'un réseau de chemin de fer, et pendant longtemps il fut impossible de s'entendre sur un écartement qui serait le même pour tous. Par conséquent, les transports de marchandises ou même de voyageurs d'un pays à l'autre étaient compliqués, car il fallait changer l'écartement des trains à la frontière, ce qui était complexe et coûteux. Mais ces différences représentèrent également un grand avantage : les changements d'écartement d'un pays à l'autre limitaient la tentation d'utiliser ce nouveau moyen de transport en temps de guerre ou pour envahir son voisin.

En Espagne, les trains roulèrent dans un premier temps sur des voies de 1 672 millimètres, de larges voies aux rails lourds et stables, qui pouvaient supporter de grosses locomotives et être parcourues à grande vitesse. Au Portugal en revanche, on opta pour des tracés de 1 664 millimètres de large. À terme, on trouva un compromis entre ces deux mesures, pour donner naissance à l'écartement ibérique, de 1 668 millimètres.

En Irlande, sur le territoire de l'ancienne Union soviétique, en Finlande, au Chili, en Argentine, en Inde, au Brésil et en Australie, une grande partie du réseau ferré est encore aujourd'hui en voie large. Sur le seul territoire de l'Inde, on trouve un réseau de plus de 50 000 kilomètres de voie large.

En Allemagne, comme d'ailleurs en France, on a toujours roulé sur des voies plus étroites, la voie large n'a jamais pu s'imposer. Néanmoins, sous le Troisième Reich, Hitler prévoyait de mettre en place, en plus du réseau à écartement normal existant, ce qu'il appelait la voie de 3 mètres. Elle devait permettre une liaison à grande vitesse entre Berlin et Munich et entre Hambourg et Linz. Cette voie de 3 000 millimètres n'a cependant jamais vu le jour.

La voie normale, voie standard actuelle d'un écartement de 1 435 millimètres, a été imposée par la loi dès 1846 en Angleterre, le berceau du chemin de fer. Au cours des décennies qui ont suivi, bon nombre d'autres pays européens lui ont emboîté le pas. Aujourd'hui, les trains roulent sur des voies normales sur environ 60 % du réseau mondial.

Une locomotive à vapeur Stephenson qui date d'environ 1859, gravure sur cuivre, 1862.

LOCOMOTIVE ENGINE.
PLATE LXVIII.
Fig. 1.
Fig. 4.
Fig. 2.
Fig. 3.
Engd by J. West.
Published by Blackie & Son, Glasgow.

Cadix est considérée comme l'une des villes les plus anciennes de l'ouest de l'Europe.

L'AL-ANDALUS : UN VOYAGE ROYAL À TRAVERS L'ÉPOQUE DES MAURES

La première étape conduit les passagers du luxueux hôtel roulant à environ 120 kilomètres au sud-ouest de Séville, dans la petite commune d'El Puerto de Santa María, où des bateaux et des bus les attendent pour les emmener jusqu'à la toute proche ville de Cadix. Cette petite ville pittoresque, qui, grâce à sa position stratégique au bord de l'Atlantique, a acquis une notoriété indéniable dans le domaine de la pêche et des chantiers navals, est considérée comme l'une des plus anciennes d'Europe. Elle compte 120 000 habitants, répartis entre les quatre quartiers charmants de la vieille ville et les immeubles modernes de la ville nouvelle. Une promenade à travers ses rues permet aux voyageurs de se faire une idée de cette ville côtière andalouse, dont le monument le plus impressionnant, une cathédrale aux tours imposantes, date du XVIIIe siècle et réunit plusieurs styles architecturaux, car sa construction s'est étalée sur plus d'un siècle. D'El Puerto de Santa María, l'*Al-Andalus* part ensuite en direction du nord-est, à travers un paysage vallonné dont les champs de maïs se balancent au gré du vent et invitent à la rêverie, et atteint, après 40 kilomètres, la ville andalouse de Xérès, berceau des vins de Xérès et que les Anglais nomment Sherry. C'est ici que, confortablement installés dans leur cabine, les passagers passent leur première nuit. Les caves à vin traditionnelles, dans lesquelles de grands artistes comme Orson Welles ou Pablo Picasso ont laissé leur trace sur les fûts, invitent dès le jour suivant à la visite. On peut y goûter de bonnes bouteilles, fruits d'une longue maturation, avant de passer à une autre spécificité de la ville : l'École royale andalouse d'art équestre, fondée en 1973 et qui perpétue une longue tradition dans l'élevage et le dressage des chevaux andalous, aussi appelés pure race espagnole.

Le lendemain matin, le *Tren Al-Andalus* poursuit sa route vers le nord. Lancés à une vitesse de 120 kilomètres par heure, les 4 voitures-salons et 7 wagons-lits à compartiments

La ville pittoresque de Ronda s'étend sur un plateau rocheux aux bords abrupts. Trois ponts mènent à la vieille ville ; celui-ci, le Puente Nuevo (Pont-Neuf) date du XVIIIe siècle.

retournent à Séville, où le train oblique ensuite vers l'est. Les immenses prairies de la région, où broutent çà et là des bovins, laissent progressivement la place aux forêts de chênes-lièges et aux premières montagnes du trajet. Les voyageurs peuvent admirer ces paysages époustouflants depuis leur cabine, mais également depuis les voitures qui servent de restaurant, de salon de thé ou de bar. Les cabines, ornées de boiseries et de marqueterie, constituent un décor des plus raffinés et peuvent, dans la journée, être transformées en de véritables salons grâce à leur lit pliable, laissant ainsi la possibilité aux voyageurs de passer un moment dans leur suite dans le plus grand confort. Luxe supplémentaire, dont la famille royale ne disposait pourtant pas encore au début du xxe siècle, chaque chambre est équipée d'une climatisation individuelle. Chaque cabine jouit bien sûr également d'une salle de bains privative, petite mais extrêmement moderne.

L'intérieur des deux wagons-restaurants ne manque pas non plus de raffinement : dorures sur les murs, lourds rideaux retenus par des embrasses, jolies lampes de table assorties à la vaisselle fine, nappes amidonnées et fauteuils moelleux contribuent à donner aux repas pris à bord du train une élégance royale. Il en va de même pour le bar, dont le nom mélodieux de Giralda fait référence au célèbre minaret de l'ancienne mosquée de Séville, et pour le salon de thé, dont la couleur bleu roi a été conservée et agrémentée de véritables lampes Tiffany.

L'*Al-Andalus* entreprend alors de gravir la montagne pour atteindre Ronda, située à 739 mètres d'altitude. Cette petite ville d'environ 37 000 habitants est perchée sur un plateau rocheux qui descend à pic de toutes parts, coupé en deux par les profondes gorges d'El Tajo, qui peuvent s'enfoncer jusqu'à 170 mètres. Trois ponts relient la ville nouvelle, au nord, à la vieille ville, au sud, caractérisée par ses ruelles tortueuses, ses maisons blanchies à la chaux et ses édifices sacrés vieux de plusieurs siècles. Plus d'un artiste s'est laissé séduire par les charmes de cette ville andalouse, dont Rainer Maria Rilke, Ernest Hemingway ou encore Orson Welles, qui a tenu à ce que ses cendres soient dispersées à Recreo de San Cayetano, près de Ronda, propriété dans laquelle est né l'un des plus célèbres toreros espagnols. Les arènes de tauromachie « Plaza de Toros » de Ronda furent construites entre 1779 et 1785 et sont considérées comme les plus anciennes et les plus belles d'Espagne. Les deux étages de tribunes couvertes, dans lesquelles peuvent prendre place pas moins de 6 000 spectateurs, y sont sans doute pour quelque chose.

Après avoir passé la nuit à Ronda, l'*Al-Andalus* repart l'après-midi suivant en direction du nord-est. Il chemine à travers les champs de tournesols et de céréales pour atteindre Grenade, située à

Un élégant mobilier, composé de cuivre, de laiton et de marqueterie, orne l'intérieur de ces voitures uniques.

environ 200 kilomètres. L'arrivée par l'ouest se révèle particulièrement spectaculaire : c'est dans la plaine alluviale qui s'étend au confluent du Darro et du Genil que se trouve la ville millénaire de Grenade, à une altitude de 738 mètres, avec derrière elle, trônant sur une hauteur, l'Alhambra, dont la renommée est mondiale. Et ce décor déjà grandiose est encore complété par les sommets souvent enneigés de la Sierra Nevada, le plus haut massif montagneux de la péninsule ibérique. C'est difficile à croire, mais les montagnes de la Sierra Nevada, et en particulier le Pico Veleta, haut de 3 398 mètres, constituent un domaine skiable connu et reconnu, et ce, dans une région d'Europe qui est avant tout réputée pour son climat chaud et sec en été. Les adeptes des sports d'hiver peuvent profiter de plus d'une centaine de kilomètres de pistes à travers un environnement splendide, tout en contemplant la ville de Grenade en contrebas et la mer, qui se dessine à l'horizon. Pour les passagers du *Tren Al-Andalus,* la journée se termine au pied de la montagne et au cœur de la ville chargée d'histoire de Grenade, qu'ils visitent le jour suivant. Personne ne laisse passer l'occasion de visiter la célèbre Alhambra et les jardins du Généralife. Les nombreux palais de la forteresse ont été bâtis pour servir de résidence aux rois maures et frappent par le contraste entre leur allure extérieure imposante et leurs intérieurs grandioses et somptueux.

environ 200 kilomètres. L'arrivée par l'ouest se révèle particulièrement spectaculaire : c'est dans la plaine alluviale qui s'étend au confluent du Darro et du Genil que se trouve la ville millénaire de Grenade, à une altitude de 738 mètres, avec derrière elle, trônant sur une hauteur, l'Alhambra, dont la renommée est mondiale. Et ce décor déjà grandiose est encore complété par les sommets souvent enneigés de la Sierra Nevada, le plus haut massif montagneux de la péninsule ibérique. C'est difficile à croire, mais les montagnes de la Sierra Nevada, et en particulier le Pico Veleta, haut de 3 398 mètres, constituent un domaine skiable connu et reconnu, et ce, dans une région d'Europe qui est avant tout réputée pour son climat chaud et sec en été. Les adeptes des sports d'hiver peuvent profiter de plus d'une centaine de kilomètres de pistes à travers un environnement splendide, tout en contemplant la ville de Grenade en contrebas et la mer, qui se dessine à l'horizon. Pour les passagers du *Tren Al-Andalus*, la journée se termine au pied de la montagne et au cœur de la ville chargée d'histoire de Grenade, qu'ils visitent le jour suivant. Personne ne laisse passer l'occasion de visiter la célèbre Alhambra et les jardins du Généralife. Les nombreux palais de la forteresse ont été bâtis pour servir de résidence aux rois maures et frappent par le contraste entre leur allure extérieure imposante et leurs intérieurs grandioses et somptueux.

On ne peut s'empêcher de lever sans cesse les yeux vers les décors en stuc et les boiseries finement sculptées qui ornent les grandes salles des souverains. Au-dessus de l'Alhambra s'étend le Généralife, l'ancienne résidence d'été des émirs. C'est dans ces vastes jardins, avec leurs haies artistement taillées, leurs massifs de fleurs aux couleurs vives et leurs fontaines, que le charme qui entoure l'Alhambra prend tout son sens.

En attendant de dîner dans un des nombreux restaurants de Grenade, les voyageurs ont le temps de se promener à travers le quartier le plus ancien de la ville, l'Albaicín, où vivaient à l'époque des Maures les commerçants et les artisans aisés. Ici, il faut tout simplement se laisser porter, car il est impossible de trouver en l'espace d'une soirée comment s'orienter dans ce véritable labyrinthe d'étroites ruelles. Avec un dernier regard sur l'Alhambra et son allure presque mystique, les voyageurs regagnent leurs confortables cabines à bord de l'*Al-Andalus,* qui se remet en route à l'aube, le lendemain, alors que la plupart des passagers dorment encore, pour mettre le cap sur Linares et Baeza.

À huit heures du matin, la cloche sonne dans les étroits couloirs lambrissés du train, pour inviter les passagers à un copieux petit déjeuner, que le paysage somptueux rend plus

Devant le spectacle somptueux des sommets enneigés de la Sierra Nevada, l'Alhambra trône, avec ses palais, ses fontaines et ses jardins.

savoureux encore : petit à petit, les champs, les prairies et les montagnes cèdent la place à d'immenses étendues couvertes d'oliviers. Alignés au cordeau, ils s'étendent à perte de vue, sur des kilomètres et des kilomètres, de part et d'autre de la voie. Ce changement de paysage indique que le train de luxe a atteint la province de Jaén, qui, avec ses 300 millions d'oliviers, représente la plus grande région de production d'huile d'olive au monde. Les feuilles vert-argenté des oliviers brillent au soleil d'une manière presque éblouissante. Dans cette contrée, presque chaque bourgade a son propre moulin à huile, ce qui engendre une animation débordante au moment de la récolte, en décembre, lorsque plusieurs millions de tonnes de ce petit fruit ovale sont récoltés pour être pressés.

Après avoir traversé cette mer d'oliviers qui n'est interrompue de temps à autre que par de rares maisons chaulées d'un blanc éclatant, le train arrive en gare de Linares-Baeza, où des bus sont à la disposition des voyageurs pour les emmener à quelques kilomètres de là, dans les communes de Baeza et Úbeda. Ce ne sont pas de petits villages andalous typiques qui attendent les visiteurs, mais bel et bien une profusion inattendue de constructions de style Renaissance, qui s'explique par des circonstances historiques simples : après la reconquête de la péninsule Ibérique par les armées chrétiennes, certains preux chevaliers reçurent en récompense des terres à Baeza et à Úbeda. Avec le concours d'architectes célèbres, ils s'y firent construire des palais et des églises qui nous donnent aujourd'hui une image authentique des villes Renaissance du XVIe siècle.

La traversée des vastes champs d'oliviers est un moment particulièrement attrayant du voyage.

Le train majestueux continue son voyage, prend le chemin de la vallée du Guadalquivir, serpente entre les prairies et les maigres bosquets, les champs d'oliviers et de tournesols, passe Andújar et Villa del Río pour finalement atteindre Cordoue, où il s'arrête pour la nuit.

Le dernier jour commence par une visite de la ville, qui compte 330 000 habitants. Le monument le plus marquant est sans aucun doute la Mezquíta, l'ancienne mosquée de l'émir Abd al-Rahman Ier dont les

Le palais de Jabalquinto est l'une des curiosités de Baeza. Il est un magnifique exemple de l'architecture gothique, Renaissance et baroque.

chrétiens firent une cathédrale lorsqu'ils reprirent la ville en 1236. Dans un premier temps, seules quelques modifications architecturales furent apportées pour le transformer en église, mais au XVIe siècle, le bâtiment fut totalement remanié : on intégra une cathédrale au sein de ce complexe de 23 000 mètres carrés et l'on remplaça le minaret par un clocher. Le hall, presque carré, dégage un charme particulier, avec ses 856 colonnes de marbre aux couleurs si particulières, qui donnent l'impression de se trouver dans une gigantesque palmeraie.

Au départ de Cordoue, le *Tren Al-Andalus* se dirige vers le sud-ouest en suivant le cours du Guadalquivir. Ses passagers peuvent savourer une dernière fois un délicieux repas dans les luxueux wagons-restaurants, avant d'atteindre Séville, point de départ et point d'arrivée du voyage. C'est avec une visite de la Cathédrale, du palais de l'Alcazar et de la Giralda, dont le clocher carré est doté de 24 cloches bien coordonnées, que prend fin un tour inoubliable à travers l'Andalousie.

EL TRANSCANTÁBRICO

Le long de la magnifique côte du nord de l'Espagne

*Galice, Asturies, Cantabrie, Pays basque ou Castille-et-León, si vous avez déjà voyagé dans ces régions du nord-ouest de l'Espagne, vous connaissez l'incroyable diversité des paysages qu'offre cette partie du pays encore épargnée par le tourisme de masse. Montagnes majestueuses, plages de sable, littoral escarpé et vastes réserves naturelles composent un décor unique, ponctué de petites villes empreintes d'histoire et mêlant tradition et authenticité. Le voyage de huit jours à bord d'*El Transcantabrico, *«* Le Transcantabrique *», est l'une des plus belles manières de les parcourir. Il s'effectue depuis Saint-Jacques-de-Compostelle, l'un des plus hauts lieux spirituels d'Espagne, à San Sebastián, en suivant en grande partie la côte spectaculaire du golfe de Gascogne.*

Destination privilégiée des pèlerins, Saint-Jacques-de-Compostelle, avec sa célèbre cathédrale abritant les reliques de l'apôtre Jacques, marque le début de la boucle de 8 jours décrite par Le Transcantabrique.

INFORMATIONS ET DONNÉES

Itinéraire : de Saint-Jacques-de-Compostelle, en Galice, à León, en Castille-et-León.

Longueur totale de la ligne : environ 1 000 kilomètres.

Gares principales : Ferrol, Gijón, Oviedo, Santander, Bilbao, León.

Durée du trajet : 8 jours.

Écartement des rails : voie métrique (1 000 millimètres).

Type de matériel roulant : train de voyageurs.

Équipement : 4 voitures-salons Pullmann originales datant des années 1920 et 9 wagons-lits.

Particularité : *Le Transcantabrique* roule sur la plus longue voie métrique d'Europe.

Le voyage dans le très exclusif *Transcantabrique* débute par une épreuve de patience pour tous les amoureux des chemins de fer, car ce périple de huit jours ne commence pas par un accueil à bord du train et l'attribution des cabines, mais par une visite guidée de la ville de Saint-Jacques-de-Compostelle. C'est la capitale de la Galicie, le siège de l'archevêché catholique et bien sûr un haut lieu de pèlerinage. C'est ici, à l'arrivée du chemin de Compostelle, que se rencontrent chaque jour des centaines de pèlerins. La plupart d'entre eux ont alors derrière eux plusieurs semaines d'une marche plus ou moins ascétique, jalonnée par la célèbre coquille Saint-Jacques qui sert à la fois de guide et de signe de reconnaissance aux pèlerins. La cathédrale, qui a près de mille ans, s'élève à l'endroit où l'on aurait retrouvé la sépulture de l'apôtre Jacques. Située au cœur de la vieille ville, elle a été soigneusement

La ligne El Transcantábrico *chemine à travers les paysages verdoyants du nord de l'Espagne.*

Double page suivante : l'océan Atlantique, fidèle compagnon du Transcantabrique *au cours de son voyage.*

restaurée au cours des dernières décennies et inscrite au Patrimoine mondial de l'Unesco en 1985. Une fois la visite achevée, les passagers doivent encore s'armer de patience, car *Le Transcantabrique* ne les attend pas dans la gare de Saint-Jacques-de-Compostelle mais à Ferrol, où un car les conduit. Laqué beige et bleu foncé, ce car ressemble déjà beaucoup aux wagons du train de luxe, qu'il accompagne tout au long du voyage pour emmener ses hôtes en excursion dans des endroits inaccessibles en train.

Arrivé à Ferrol, il est enfin temps d'embarquer. *Le Transcantabrique* est un train élégant, composé de 4 voitures-salons Pullmann originales datant des années 1920 et de 9 wagons-lits raffinés. Les suites sont toutes aménagées avec élégance et disposent d'une salle de bains privative bien équipée, dotée d'une cabine de douche futuriste qui allie jets massants, hydrosauna et bains de vapeur pour garantir une détente parfaite après la fatigue d'une

Montagnes, eaux et ponts : l'attrait du Transcantabrique *réside aussi dans ses paysages très variés, que l'on peut admirer paisiblement depuis la voiture panoramique.*

excursion. De mars à octobre, *Le Transcantabrique* part toutes les deux semaines de Ferrol et parcourt environ un millier de kilomètres le long de la côte septentrionale espagnole jusqu'à la ville basque de San Sebastián, ou fait, le dernier jour, un détour par les terres, vers León, la capitale de l'ancien royaume de León. Le roulement régulier des roues, les sièges confortables des tables pour deux personnes du wagon-restaurant, sobre mais chic, et la vue magnifique sur « l'Espagne verte » qui défile par les fenêtres, tout contribue à créer une ambiance cosy. La voie ne cesse de franchir de larges embouchures de fleuves, offrant ainsi au regard des paysages splendides où l'eau est omniprésente.

L'objectif du premier jour de ce voyage est Viveiro, une petite ville portuaire du golfe de Gascogne. Le train s'y arrête pour la nuit, de manière à laisser ses voyageurs dormir paisiblement. Au matin, il y a de la brume au-dessus du río Landro, qui se jette ici dans

Le port de pêche de Luarca, sur la Costa Verde.

Dans ces suites opulentes, seule la très légère secousse due aux rails rappelle de temps à autre que l'on se trouve à bord d'un train, et non dans un hôtel cinq étoiles.

SUITE 47

LA VOIE MÉTRIQUE : UNE LONGUE TRADITION

En Espagne, la voie métrique, large de 1 000 millimètres, a été exploitée jusqu'en décembre 2012 par la société de chemins de fer Feve. Suite à la crise financière et aux mesures d'austérité qui en ont résulté, la Feve a été rattachée à la société d'exploitation Renfe et au gestionnaire d'infrastructure Adif. À cette époque, le réseau comprenait encore 1 200 kilomètres de voie métrique, dont la voie principale qui relie Ferrol à Bilbao et une voie secondaire, entre Bilbao et León. *Le Transcantabrique* les parcourt toutes les deux.

Lorsque le chemin de fer conquit la péninsule Ibérique, au XIXe siècle, on décida d'opter pour la voie large de 1 672 millimètres comme standard (plus tard fixée à 1 668 millimètres). On partait en effet du principe que des trains plus larges pourraient acheminer plus de marchandises ou de voyageurs. En outre, on attribuait aux trains plus larges une plus grande stabilité. Cependant, les inconvénients ne tardèrent pas à se manifester. Il s'avéra difficile de construire des voies à écartement large dans les montagnes, car elles nécessitaient tout simplement trop de place et ne pouvaient pas non plus se faufiler à travers les terrains peu praticables. De surcroît, la construction d'une voie large revenait nettement plus chère que celle d'une voie métrique.

C'est la raison pour laquelle on décida, à partir de 1877, de construire en Espagne plusieurs voies étroites indépendantes. Dans les années 1960 et 1970, beaucoup d'entreprises d'exploitation furent toutefois menacées de faillite. La Feve, entreprise d'État nouvellement créée, devait alors reprendre fiduciairement ces exploitants et continuer ainsi à assurer la circulation des trains sur le réseau. Depuis, beaucoup des anciennes voies étroites ont été soit transformées en voies normales, soit intégrées au réseau express régional, soit tout simplement abandonnées. Au cours du projet « Vias Verdes » (« Voies vertes »), certaines d'entre elles ont même été transformées en sentiers de randonnée.

Le Transcantabrique *circule sur la voie étroite la plus longue d'Europe, entre Saint-Jacques-de-Compostelle (en Galice) et León (en Castille), pour un trajet total de plus de 1 000 kilomètres.*

Pour les amoureux des chemins de fer exigeants, ce train de luxe remplit toutes les attentes. En outre, il sillonne l'une des régions d'Europe les plus belles et les plus riches culturellement.

la mer au niveau de la ría de Viveiro, une baie qui s'avance profondément dans les terres. Le train reprend sa route et se dirige vers l'est jusqu'à Ribadeo, situé à l'embouchure du río Eo, un fleuve qui marque la frontière entre deux régions espagnoles (ou, pour reprendre le nom officiel, deux communautés autonomes). Un pont de plus de 600 mètres de long, le Ponte dos Santos, relie les deux rives du fleuve, mais comme il s'agit là d'un pont uniquement autoroutier, *Le Transcantabrique* doit faire un détour en direction du sud. Une fois qu'il a atteint la rive est du río Eo, il repart vers le nord et continue à suivre la côte en traversant des forêts et des champs, des tunnels et de petits villages très disséminés, jusqu'à Luarca, où il fait halte pour sa deuxième nuit.

Environ 5 000 habitants vivent ici sur une surface de près de 6 kilomètres carrés, au bord d'une baie protégée. La pêche demeure ici, avec le tourisme, l'une des principales sources de revenus. Luarca est une étape du Camino del Norte, le chemin du nord du pèlerinage de Compostelle. Perché sur un rocher qui surplombe la mer, un beau cimetière orné de tombes blanches comme neige et de statues de la Vierge tout aussi immaculées offre un panorama superbe sur la côte.

Au-dessus de la ville, une voie ferrée lovée entre les rochers mène *Le Transcantabrique* jusqu'à son objectif du jour : Candás. Le train roule lentement, à une allure confortable. Sa vitesse maximale est de 70 kilomètres par heure, mais dans l'ensemble, c'est plutôt à 50 kilomètres par heure qu'il chemine le long de la « Costa verde », la côte verte de l'Espagne. Les amoureux des chemins de fer connaissent bien la particularité de cette voie métrique, qui, avec son écartement de 1 000 millimètres, est la voie étroite la plus longue de toute l'Europe.

Tandis que les voyageurs du *Transcantabrique* peuvent lire tranquillement dans la bibliothèque ou admirer, confortablement installés dans des fauteuils moelleux, au nord, le littoral splendide et, au sud, les vertes forêts des Asturies, le train se rapproche de Candás, où il doit passer sa troisième nuit. De là, un transfert en bus permet d'atteindre Avilés, une ville devenue prospère au Moyen Âge grâce au commerce maritime et qui, au XXe siècle, s'est fait un nom dans l'industrie lourde. Le cap est ensuite mis sur Gijón, qui, dans la première moitié du XXe siècle, a elle aussi attiré de nombreux ouvriers agricoles venus gagner leur pain dans les mines ou les aciéries prospères. On y croise aujourd'hui des pèlerins en route vers Saint-Jacques-de-Compostelle, qui s'intéressent généralement peu aux attractions culturelles de la ville : dans le Palacio Valdés, construit en 1590, on a en effet trouvé des vestiges de thermes romains, et l'artiste nord-espagnol Eduardo Chillida a installé sur une hauteur de la ville l'une de ses sculptures monumentales les plus connues, l'*Éloge de l'horizon*. Sur la suite du voyage, on rencontre ses œuvres à de nombreuses reprises.

Il reste encore le temps de visiter Oviedo, dont l'histoire est liée à la création d'un monastère au VIIIe siècle et qui fut vite promue au rang d'évêché. Cette ville compte au moins 220 000 habitants. Au matin du quatrième jour, la puissante locomotive de 1 600 chevaux reprend son service, tandis que les voyageurs s'attardent dans le wagon-restaurant où flotte une bonne odeur du café chaud. Les nappes blanches et bien amidonnées s'accordent parfaitement à la vaisselle fine, et d'épais tapis étouffent le bruit des pas. Le déjeuner est parfois également pris à bord du train, et les cuisiniers mitonnent alors dans l'espace restreint dont ils disposent de bons plats espagnols traditionnels. Mais la plupart du temps, les excursions sont assorties d'une visite dans l'un des excellents restaurants de la région.

Le voyage continue à travers la communauté autonome de Cantabrie, parallèlement à la côte nord, en direction de Santander. C'est à ce tronçon que le train doit son nom, puisque *Transcantabrique* signifie « qui traverse la Cantabrie ». Au loin se dressent les pics d'Europe, ou Picos de Europa. Ce massif calcaire dont le point culminant s'élève à 2 648 mètres abrite le Parc national des Picos de Europa, créé en 1918 et considéré par les amoureux de la nature comme l'une des plus belles réserves naturelles du pays. C'est dans ces montagnes que débuta la Reconquista, la reconquête de la péninsule Ibérique par les chrétiens, grâce à l'issue victorieuse de la bataille de Covadonga en 722. Les passagers du train passent ensuite la nuit dans la petite ville de Llanes, qui abrite un port de pêche traditionnel.

Le cinquième jour, *Le Transcantabrique* atteint Santander. La capitale de la province de Cantabrie se trouve sur une bande de terre qui s'avance sur la mer et abrite un tiers des Cantabriens. Sur la péninsule de la Magdalena, se dresse un château construit au début du xxe siècle pour le roi Alphonse XIII et qui est aujourd'hui utilisé comme université d'été. À part cela, il n'y a presque aucun bâtiment historique, à cause de l'incendie dévastateur qui fit rage deux longues journées durant en 1941 et qui détruisit presque toute la ville. Seule la cathédrale gothique fut minutieusement reconstruite.

Une centaine de kilomètres plus loin vers l'est, au Pays basque, se trouve la ville de Bilbao. C'est sans doute l'une des villes d'Espagne où le passé et la modernité se mêlent de la manière la plus impressionnante. Les stations de métro extrêmement modernes conçues par sir Norman Foster créent un contraste frappant avec le vieil hôtel de ville ou encore la cathédrale Saint-Jacques, situés au cœur de la vieille ville. La visite du futuriste musée Guggenheim, inauguré en 1997, est un incontournable. À l'endroit où s'étendait autrefois un chantier naval, le passé industriel de la ville se retrouve aujourd'hui dans de nombreuses œuvres. On peut également y admirer des sculptures d'Eduardo Chillida.

Après avoir passé la nuit à Villasana, le train reprend sa route vers l'intérieur des terres à travers la vallée de Mena, et pénètre ainsi dans la région d'Espagne la plus grande par sa surface : la Castille-et-León. Trois petits villages qui recèlent des trésors artistiques invitent à y faire halte avant de poursuivre la route vers Cistierna. Cette petite commune au bord du río Esla est entourée de splendides prairies et d'innombrables montagnes qui, en hiver, se couvrent de temps à autre d'un blanc manteau de neige.

Les passagers peuvent savourer une dernière fois leur petit déjeuner à bord du *Transcantabrique* avant d'atteindre, au huitième et dernier jour de voyage, la ville de León.

Peuplée de 130 000 habitants, elle se trouve également sur le chemin du pèlerinage de Saint-Jacques-de-Compostelle, mais cette fois-ci sur l'itinéraire classique du chemin des Francs, ou Camino Francés. La magnifique cathédrale gothique, aux vitraux extraordinaires, s'élève majestueusement au-dessus des toits de la ville. C'est ici, au cœur de la capitale de l'ancien royaume de León, que prend fin un somptueux voyage à travers l'une des plus belles contrées d'Espagne.

Le musée Guggenheim, terminé en 1997 par l'architecte et designer Frank O. Gehry, est l'un des lieux incontournables de la ville basque de Bilbao.

ROVOS
RAIL

LES CHEMINS DE FER D'AFRIQUE ET D'OCÉANIE

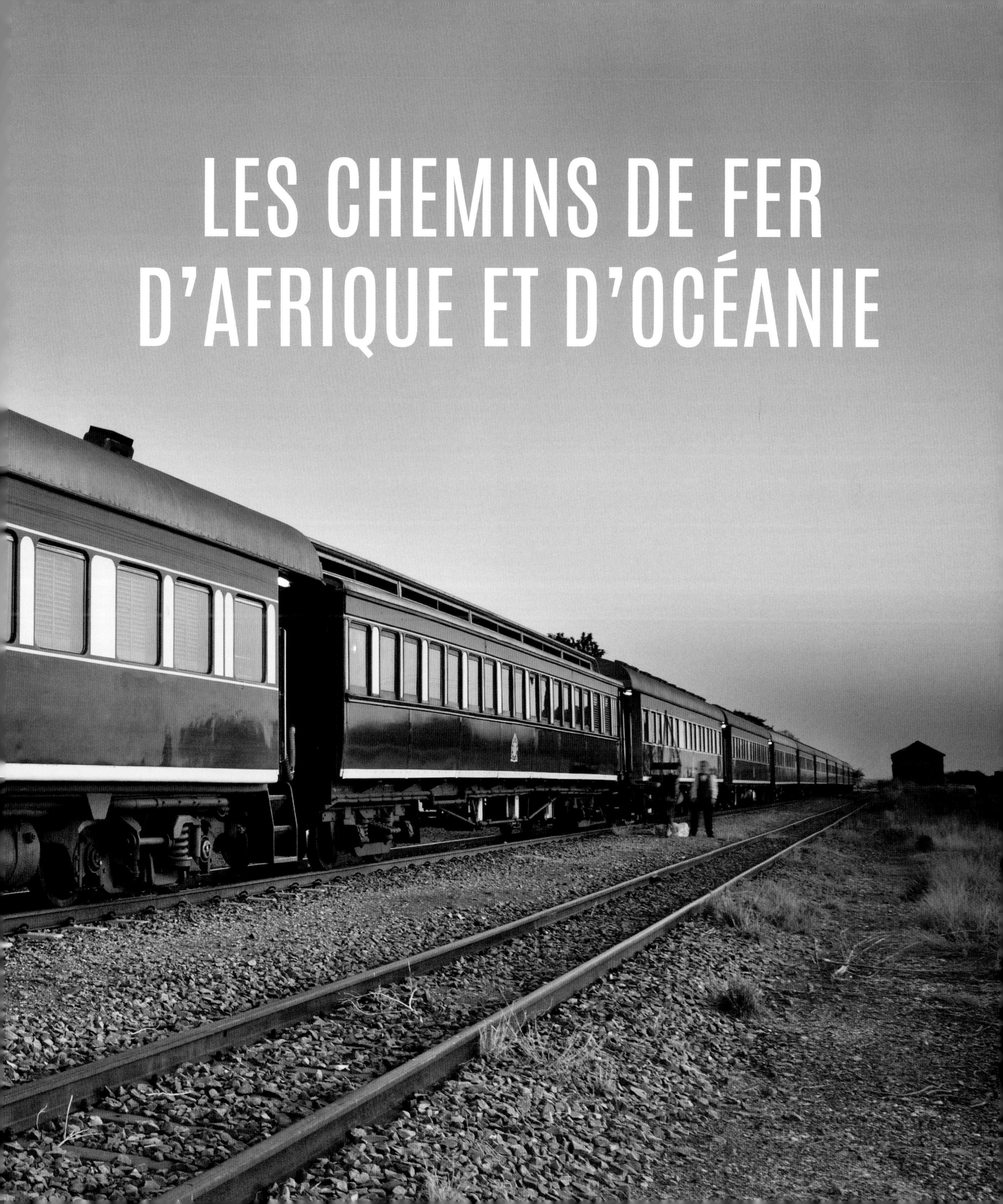

LE PRIDE OF AFRICA

Un voyage dans le passé

Cecil Rhodes, sixième Premier ministre de la colonie du Cap, fondateur de la compagnie diamantaire De Beers et fervent partisan de l'impérialisme britannique, nourrissait, à la fin du XIXe siècle, le rêve d'une ligne de chemin de fer qui traverserait le continent africain, reliant Le Cap, en actuelle Afrique du Sud, au Caire, tout au nord. Il n'a certes pas réussi à le mener à bien : de son projet « Cape to Cairo Railway », seules ont vu le jour les lignes Le Cap-Dar es Salam et, plus tard, Assouan-Le Caire. Entre les deux, il manque donc environ 3 500 kilomètres à vol d'oiseau. Mais le voyage à travers le sud de l'Afrique est déjà inoubliable. Il offre la possibilité de traverser la moitié d'un continent dans un luxe incomparable.

Tout l'intérêt du voyage est dans le trajet : du Cap à Dar es Salam, le train « fierté de l'Afrique » parcourt plus de 5 740 kilomètres, à travers 5 pays.

Ce train de luxe glisse comme un serpent à travers les paysages du sud de l'Afrique.

Vivre le rêve de Cecil Rhodes d'une traversée du continent en chemin de fer, c'est comme entreprendre un véritable voyage dans le passé. Dans ces trains majestueux et chargés d'histoire, on se sent tout de suite projeté à l'époque coloniale britannique : bois sombre, canapés en cuir et lourds rideaux, vastes cabines, cuisine raffinée et vins choisis, le tout en compagnie de gens qui n'ont pas besoin d'aller faire des emplettes de dernière minute pour pouvoir satisfaire au *dress code*. Le luxe le plus pur entoure les passagers, rien ne manque au tableau. Il est évident, à l'instant même où l'on monte à bord du train, que cette traversée du sud de l'Afrique ne va en rien permettre d'en découvrir le véritable visage. L'époque dans laquelle le voyageur plonge appartient résolument au passé et, si l'on excepte le paysage qui défile, le voyage qui s'annonce n'est en fait qu'une sorte d'illusion.

INFORMATIONS ET DONNÉES

Itinéraire : du Cap, en Afrique du Sud, à Dar es Salam, en Tanzanie, en passant par le Botswana, le Zimbabwe et la Zambie.

Longueur du parcours : un peu plus de 5 740 kilomètres.

Gares principales : Le Cap, Matjiesfontein, Kimberley, Pretoria, chutes Victoria, chutes de Chisimba, Dar es Salam.

Durée du trajet : 14 jours.

Particularité : cette ligne est exploitée par la société ferroviaire privée Rovos Rail, qui propose également d'autres trains de luxe dans le sud de l'Afrique. Dans ces trains au style colonial, le *dress code* rigoureux : le soir, robe de soirée et costumes ; en journée, on opte plutôt pour un style élégant mais décontracté. Ce n'est que pendant les excursions que les voyageurs adoptent une tenue sportive et de bonnes chaussures.

N

ROVOS
RVR
RAIL

Les voyageurs se régalent d'une cuisine raffinée tout au long du voyage. Mais les voitures-restaurants ne sont pas les seules à offrir une ambiance luxueuse, qui fait de chaque voyage une expérience unique.

À bord du Pride of Africa, *on ne découvre pas véritablement l'Afrique, mais néanmoins la diversité de ses paysages.*

L'AFRIQUE DU SUD

C'est avec, en arrière-plan, la magnifique montagne de la Table que le train commence son voyage vers le nord-est. Mais il faut d'abord qu'il contourne cette chaîne de montagnes plissée, au pied de laquelle mûrissent les meilleurs raisins sud-africains, traversant ainsi un vaste paysage de cultures, avant d'en empiéter petit à petit la zone et ses vallées. Différents cours d'eau accompagnent la ligne. De temps en temps, les cultures se font plus rares et laissent la place aux broussailles. Des bosquets ponctuent la voie, les nuages s'empêtrent dans les montagnes, cachant leurs sommets dans la brume. C'est un début de voyage paisible jusqu'à Matjiesfontein, le premier arrêt.

Matjiesfontein est une jolie petite ville de style colonial entourée d'une végétation clairsemée. Elle vit principalement des revenus engendrés par les touristes descendus du train et l'élevage de moutons. On a tôt fait d'en traverser les rues, à moins que les autochtones n'entreprennent de conter les grandes heures du passé de l'Afrique du Sud et de la ville.

L'arrêt suivant du *Pride of Africa* est la ville de Kimberley, connue pour ses diamants et son *Big Hole*, vestige de l'ancienne mine de diamants exploitée par la compagnie De Beers jusqu'en 1914. Pour accéder à ces deux gares, on traverse le Grand Karoo, une zone semi-désertique célèbre notamment par la grande diversité de succulentes qu'elle abrite (on compterait plus de 1 700 espèces de cette plante) et ses quelques variétés d'*Asteraceae* qui fleurissent au printemps pour former de gigantesques tapis, transformant ce désert aride en océan de fleurs. Les passagers du train peuvent également y admirer les nombreux Springboks, élands, blesboks (trois genres d'antilopes propres à la région), gnous et zèbres qui le parcourent à la recherche d'eau et de nourriture.

Dans la ville de Kimberley elle-même, la mine de diamants et quelques villas de style colonial constituent les principales attractions, mais il est plus intéressant encore, une fois remonté à bord du train, de contempler ces paysages d'un genre inconnu en Europe : après le Grand Karoo, le train entre en effet dans la savane herbeuse que l'on appelle le Highveld (haut-plateau). Avec un peu de chance, les voyageurs peuvent y apercevoir des zèbres de montagne ou, plus rarement, des grues de paradis, l'oiseau national de l'Afrique du Sud, endémique de la région. Depuis la voiture panoramique ouverte, peut-être pourront-ils toutefois entendre le glapissement rauque de cet oiseau bleu-gris.

Le Highveld s'étend jusqu'à Pretoria, que le train atteint généralement dans la nuit et que les voyageurs ont jusqu'au lendemain soir pour découvrir. Ceux qui voyagent à bord du *Pride of Africa* au printemps ont alors la chance de voir la capitale sud-africaine au moment de la floraison des jacarandas. Environ 70 000 de ces arbres de la famille des *Bignoniaceae* ouvrent leurs corolles mauves en octobre, parant la ville d'un nouvel éclat. Les hommes se sont installés très tôt dans la vallée fertile et protégée par les montagnes de la rivière Tshwane, qui signifie « Petit-Singe » en tswana, et que les Voortrekkers, les communautés boers ayant quitté Le Cap dans les années 1870, ont ensuite traduit par « Apiesrivier » (littéralement « rivière du Petit-Singe »). La ville actuelle de Pretoria a été fondée au milieu du XIXe siècle et baptisée ainsi en l'honneur du général boer et Voortrekker Andries Pretorius sur proposition de son fils Marthinus. C'est sur l'emplacement de l'ancienne ferme de ce dernier, à Elandsfontein, que se dressent aujourd'hui les bâtiments de l'Union, le siège du gouvernement sud-africain, où se trouvent également les bureaux du président de l'Afrique du Sud. Les jardins sont particulièrement magnifiques.

Bien que Pretoria soit, avec ses 800 000 habitants, d'une taille modérée comparée à Johannesburg, son centre-ville abrite nombre de bâtiments modernes. On retrouve néanmoins l'architecture coloniale dans toute la ville, comme la Melrose House, de styles victorien et edwardien, ou encore le Kruger House Museum, maison de l'ancien président de la République Paul Kruger.

Pendant la nuit, le train se rend jusqu'à Zeerust, et les passagers doivent prendre congé du *Pride of Africa* pour deux jours et deux nuits durant lesquelles ils ne seront pas bercés par

Sur une largeur de 1 708 mètres, le Zambèze tombe d'une hauteur de 110 mètres dans une étroite gorge en mugissant. La « fumée qui gronde » qui s'en élève a donné aux chutes Victoria leur nom africain : Mosi-oa-Tunya.

le balancement du train et le bruit des rails. Ils ne souffriront néanmoins pas du manque de sommeil : d'une part parce que le train laisse la place à des *safari lodges* 5 étoiles, d'autre part parce que les voyageurs ont devant eux deux jours de safari dans la quatrième réserve protégée d'Afrique du Sud, Madikwe. Une excursion excitante, mais également épuisante. Éléphants, rhinocéros et lions courent devant les véhicules ouverts et, s'ils ont beaucoup de chance, peut-être même l'un ou l'autre des craintifs léopards qui vivent dans cette zone grande de 75 000 hectares. Après la dernière matinée safari, au sixième jour du voyage, un bus ramène les passagers jusqu'au train, qui a déjà quitté l'Afrique du Sud et poursuit maintenant sa route au Botswana.

LE BOTSWANA ET LE ZIMBABWE

Une fois passé Gaborone, la capitale du Botswana, le train se dirige vers le nord-est : il traverse tout d'abord les plaines du Kalahari en direction du Zimbabwe, où il longe ensuite le Parc national Hwange en direction des chutes Victoria. Dans le train, des historiens retracent les événements de la région, mais il est encore plus tentant de regarder défiler par la fenêtre les paysages du Kalahari. Le mélange, qui peut sembler contradictoire, de sécheresse et de luxuriance est tout aussi spectaculaire que la richesse de la faune du Parc national Hwange. La raison qui a conduit la plupart des passagers du train en Afrique est d'ailleurs probablement celle-là : admirer ces paysages qui défilent, et parfois les éléphants, les girafes, les impalas, les zèbres, les lions ou les hyènes.

Le train met le cap sur le fleuve Zambèze, qui sépare le Zimbabwe de la Zambie et où tombent les chutes Victoria. Mais avant de le traverser, les voyageurs marquent un arrêt à l'hôtel Victoria Falls, pour savourer une excursion sur le fleuve dans le soleil couchant puis une journée libre à admirer ces chutes qui sont inscrites depuis 1989 au Patrimoine mondial de l'Unesco. Ce n'est qu'à la fin de l'après-midi du neuvième jour de voyage que le train franchit le célèbre pont des chutes Victoria, qui marque la frontière entre les deux pays.

LA ZAMBIE ET LA TANZANIE

Tout au long de la ligne, de nombreuses gares présentent encore un style colonial.

Avant même la construction de ce pont en arc en treillis, qui n'a pas été terminé de son vivant, Cecil Rhodes avait déjà décrété qu'il devrait être bâti au plus près des chutes, pour que les trains qui le parcourraient soient baignés dans le nuage d'eau que projette le Zambèze.

Une fois franchi ce pont d'acier, le train se rend dans la ville-frontière de Livingstone pour s'acquitter des formalités d'usage au passage de la frontière. Lusaka, la capitale, et Kapiri Mposhi, une ville industrielle située un peu plus au nord-est, sont de grandes villes modernes. Autrement, la traversée de la Zambie en train est conforme à l'image qu'ont les Européens d'un pays africain : des huttes rondes au toit de chaume au milieu d'une savane boisée et luxuriante, des autochtones réunis en petits villages qui font signe de la main au passage du train, des lacs autour desquels de hautes herbes se balancent dans le vent, et des cours d'eau comme la rivière Kafue, que l'on traverse sur un pont en acier. Un paradis verdoyant où l'on peut admirer de grands espaces à perte de vue, ponctués de quelques exploitations agricoles modernes. À Kasama, le train s'arrête après deux jours de voyage non-stop et l'on peut profiter d'une excursion pour admirer les très impressionnantes chutes de Chisimba de la rivière Luombe. Sur plus de 2 kilomètres, l'eau de la rivière tombe dans plusieurs cataractes, pour une profondeur totale de 70 mètres. Ensuite, le train quitte la Zambie pour se diriger vers les hauts plateaux tanzaniens et contourner Mbeya, avant de redescendre dans la vallée du Grand Rift est-africain en longeant les monts Udzungwa. Au nord de la ligne, la Vallée, berceau de l'humanité, s'étend sur des centaines de kilomètres, avec le Parc national du Serengeti. Le train traverse une dernière réserve naturelle, la réserve de gibier de Selous, qui permet d'admirer une fois encore la faune africaine . Le *Pride of Africa* traverse une dernière fois la magnifique et si fertile savane boisée du continent africain, puis arrive, après la dernière nuit et au terme de 14 jours de voyage, à Dar es Salam, la capitale de la Tanzanie. C'est le moment pour les voyageurs de prendre congé, au son de la fanfare, de leur « demeure sur rails » luxueuse et presque irréelle.

Double page suivante : entre les villes-frontières de Victoria Falls, au Zimbabwe, et Livingstone, en Zambie, les chutes Victoria offrent un panorama spectaculaire. Depuis 1989, elles sont inscrites au Patrimoine mondial de l'Unesco.

L'ÉGYPTE EN TRAIN

Le long du Nil

En Égypte, tout se joue le long du Nil. Son image d'artère vitale du pays peut paraître éculée, elle n'est en rien exagérée : si ce fleuve n'existait pas, l'Égypte ne serait composée, outre quelques oasis, que de steppes et de zones désertiques ou semi-désertiques. Et cet état de fait ne date pas d'hier. Même si l'Égypte ancienne disposait d'un peu plus de terres fertiles, cela a toujours été dû aux crues du Nil. La richesse culturelle de cette civilisation antique ne pouvait donc voir le jour qu'auprès de ce fleuve demeuré indispensable à la subsistance humaine. Le voyage en train d'Assouan au Caire, voire jusqu'à Alexandrie, constitue un véritable voyage dans le temps : de part et d'autre de la voie s'étendent le passé, le présent et l'avenir de l'Égypte. C'est ici que se trouvent les vestiges des royaumes d'autrefois, ici que le pays actuel montre son véritable visage, ici encore que se dessine son futur.

Si les touristes aiment découvrir l'Égypte en bateau sur le Nil, le voyage en chemin de fer à travers le pays des pharaons vaut lui aussi le détour. La ligne Assouan-Le Caire promet à ses passagers un trajet haut en couleur.

INFORMATIONS ET DONNÉES

Itinéraire : d'Assouan au Caire, en Égypte.

Longueur du parcours : 879 kilomètres.

Gares principales : Assouan, Kôm Ombo, Edfou, Esna, Louxor, Gizeh, Le Caire.

Durée du trajet : 14 heures en train express et 15 heures 30 minutes dans un train ordinaire.

Écartement des rails : voie normale.

Particularité : officiellement, les trains de jour entre Assouan et Le Caire sont réservés aux Égyptiens. Mais en réservant en ligne, les touristes peuvent se procurer un billet sans problème, et il est aussi possible d'en acheter un directement à bord. La plupart des hôtels proposent également d'acheter des billets pour leurs clients. Pour ce qui est de la sécurité à bord, elle est identique que dans les trains de nuit, bonne ou mauvaise, selon le point de vue.

L'idéal est de commencer ce voyage au bord du Nil, à Assouan. Si l'on exclut d'office les trains de nuit, on a le choix entre deux types de trains : le train express et le train ordinaire. Le premier est plus confortable, et surtout climatisé, ce qui est hautement appréciable pendant les mois d'été.

La gare se trouve à proximité du Nil, sur sa rive droite, comme d'ailleurs toute la première partie de la ligne. La ville s'étend à l'est de la Corniche, la longue promenade située le long de la rive droite du Nil. C'est ici que se tiennent les célèbres carrières de pierre qui ont fourni les matériaux nécessaires à la construction de tant de monuments égyptiens. Dans l'une d'entre elles, on peut admirer l'Obélisque inachevé, un obélisque de granit rose long de 41,75 mètres qui aurait été le plus haut du monde antique si toutefois il avait été érigé.

Temples antiques, mosquées et églises coptes, maisons et boutiques, le magnifique musée de la Nubie, restaurants, cafés et hôtels – dont le célèbre *Old Cataract*, aujourd'hui devenu un Sofitel, dans lequel Agatha Christie trouva l'inspiration pour son roman *Mort sur le Nil* – se mêlent sur la rive droite du fleuve et toute une série d'îles, dans la grande ville la plus méridionale d'Égypte. Depuis la terrasse de l'*Old Cataract*, on peut jeter un œil sur la célèbre île Éléphantine, qui dans l'Antiquité constituait la frontière entre l'Égypte et la Nubie et s'étend au niveau de la première cataracte du Nil, à l'extrémité nord du lac Nasser. Cette île vaut le détour, car on peut notamment y admirer les deux nilomètres qui permettaient de mesurer

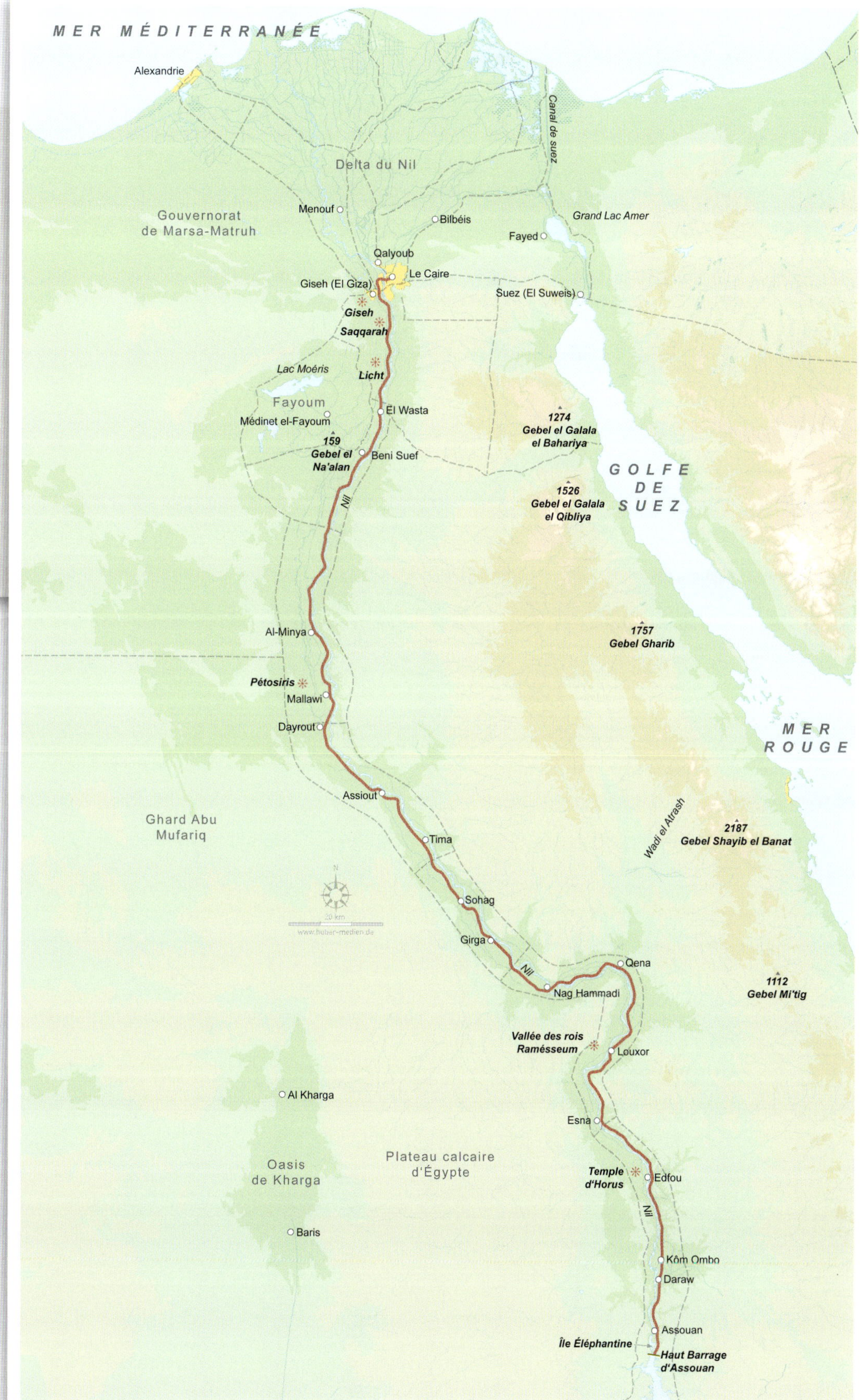
MER MÉDITERRANÉE
Alexandrie
Canal de suez
Delta du Nil
Gouvernorat de Marsa-Matruh
Menouf
Bilbéis
Grand Lac Amer
Fayed
Qalyoub
Le Caire
Giseh (El Giza)
Suez (El Suweis)
Giseh
Saqqarah
Lac Moëris
Licht
Fayoum
El Wasta
Médinet el-Fayoum
1274 Gebel el Galala el Bahariya
159 Gebel el Na'alan
Beni Suef
GOLFE DE SUEZ
1526 Gebel el Galala el Qibliya
Nil
1757 Gebel Gharib
Al-Minya
Pétosiris
Mallawi
Dayrout
MER ROUGE
Assiout
Ghard Abu Mufariq
Wadi el Atrash
Tima
2187 Gebel Shayib el Banat
Sohag
Girga
Qena
Nil
1112 Gebel Mi'tig
Nag Hammadi
Vallée des rois Ramésseum
Louxor
Al Kharga
Esna
Oasis de Kharga
Plateau calcaire d'Égypte
Temple d'Horus
Edfou
Nil
Baris
Kôm Ombo
Daraw
Assouan
Île Éléphantine
Haut Barrage d'Assouan

Depuis l'île Éléphantine, les Égyptiens contrôlaient le passage des bateaux sur le Nil, à la frontière avec la Nubie. Du côté est de cette île protégée par des fortifications datant de l'époque gréco-romaine, on peut toujours admirer un nilomètre, un escalier descendant vers la mer permettant de mesurer le niveau du Nil.

le niveau de l'eau et de comparer la hauteur des crues dans l'Égypte antique. On peut y accéder grâce aux felouques, ces bateaux typiques qui sillonnent le Nil.

À la même hauteur, sur la rive gauche, à l'ouest, se dresse le mausolée du prince Aga Khan III, sultan Mohammed schah et chef spirituel des Ismaéliens. Derrière s'étend le désert de Libye, appelé en Égypte le désert Occidental pour éviter toute confusion avec le pays du même nom.

LE VOYAGE COMMENCE

Le train démarre à quelques mètres de la Corniche d'Assouan et prend la direction du Caire, au nord. Peu après la ville, les premiers champs apparaissent, dans lesquels les voyageurs peuvent, selon l'heure à laquelle est parti le train, voir travailler les fellahs dans leur galabieh bleue. Ceux-ci sont la plupart du temps accompagnés d'ânes blancs d'Égypte qui, utilisés comme bêtes de somme et comme montures, et omniprésents jusque dans la capitale, sont les animaux à la fois les plus importants et les moins considérés du pays.

Avant 1970 et la construction du haut barrage d'Assouan, la surface inondée chaque année par le Nil pendant les crues était considérable. Dans la zone inondée, on faisait souvent des réserves d'eau que l'on utilisait ensuite pour irriguer. Depuis, le lac artificiel de Nasser empêche le Nil de sortir de son lit et de tout dévaster, mais prive du même coup le pays de ses terres alluviales fertiles. Des canaux sont censés permettre l'irrigation des cultures, mais cette solution n'est pas toujours très adaptée.

La ligne de chemin de fer suit la route qui relie Assouan au Caire. À gauche de la voie, les maisons cohabitent avec les champs, tandis qu'à droite, elles sont directement construites dans la paroi rocheuse. Au-dessus, s'entassent d'intéressantes formations calcaires, modelées par l'érosion. Pendant des millénaires, le fleuve a creusé son lit dans la roche calcaire du désert qui l'entourait, formant ainsi la fertile vallée du Nil, très étroite à certains endroits et d'une largeur pouvant atteindre 25 kilomètres à d'autres. Le fleuve est parfois très proche des rails, et l'on peut y admirer les bateaux de croisière ou encore les petits villages qui le bordent, constitués de maisons en briques de limon, de mosquées et parfois d'églises coptes, tandis que de l'autre côté de la voie, sur la droite, s'étend le désert Arabique, ses tertres et ses formations granitiques et basaltiques qui parfois se dressent juste à côté du train. Ensuite, des champs font de nouveau leur apparition entre la voie et le fleuve, le bétail broute, et l'on voit de temps à autre apparaître sur l'une des berges une ruine antique, des colonnes isolées et des temples qui se dressent fièrement. Pour atteindre Kôm Ombo – après à peine une heure de voyage si l'on a opté pour le train express – on s'éloigne un peu du Nil. Dans cette ville industrielle qui attire une foule de touristes, se trouve un temple double de

Le Nil est le compagnon fidèle de ce voyage entre Assouan et Le Caire.

Luxor

l'époque ptolémaïque, dédié aux dieux Haroëris (ou Horus l'Ancien) et Sobek (dieu de la fertilité, représenté avec une tête de crocodile). Mais le train ne marque qu'un court arrêt et traverse ensuite, bordée par le désert, une vaste plaine fertile, entre champs et palmeraies, en direction d'Edfou.

D'EDFOU À LOUXOR

Edfou, qui se trouve sur la rive gauche du Nil, est célèbre pour son temple colossal dédié à Horus, Hathor et Harsomtous, avec ses deux pylônes et sa cour à colonnades, et qui fut bâti entre - 237 et - 57. Étant donné le faible coût du billet de train, cela vaut vraiment la peine d'en descendre pour aller le visiter ; il sera toujours temps de prendre l'un des suivants. Mais c'est Louxor, aux côtés de Gizeh et du Caire, qui recèle véritablement les trésors de l'Égypte : Karnak, qui date d'environ 2 000 ans avant notre ère, est le plus grand complexe religieux du pays, et la vallée des Rois, aux portes de la ville, fait sans l'ombre d'un doute partie des attractions touristiques les plus célèbres au monde. C'est dans cette nécropole et dans la vallée des Reines, située un peu plus loin, que repose la majeure partie des pharaons du Nouvel Empire. La tombe de Toutânkhamon, découverte en 1922, est l'une des plus remarquables, non pas parce que Toutânkhamon était un pharaon de grande envergure, mais tout simplement parce que sa tombe n'avait presque pas été pillée et qu'elle abritait un trésor funéraire considérable. Ce dernier est aujourd'hui exposé au Musée égyptien du Caire, qu'il faut absolument visiter en arrivant dans la capitale. On y voit également la momie de Ramsès Ier, elle aussi installée dans la vallée des Rois. La vallée abrite enfin le temple funéraire d'Hatchepsout. Cette reine était l'épouse et la demi-sœur de Thoutmôsis II, et son tombeau monumental, avec ses terrasses et ses colonnades, est un véritable symbole de Louxor.

Un arrêt à Louxor s'impose : c'est un véritable paradis archéologique qui fait vibrer tous les amoureux de l'Égypte ancienne.

EN ROUTE VERS LE CAIRE

Les voyageurs ont encore 600 bons kilomètres à parcourir à travers la vallée fertile du Nil. La voie suit plus ou moins les méandres du fleuve, puis le traverse au niveau de Nag Hammadi, pour le longer ensuite sur la rive gauche. C'est un voyage paisible à travers les champs, dans une région très peuplée : en effet, bien que l'Égypte présente une superficie de plus d'un million de kilomètres carrés, la majeure partie de ses habitants, soit 87 millions d'après les chiffres

officiels, doit vivre dans la vallée du fleuve, dont les berges fertiles représentent seulement 5 % de la surface totale du pays.

Plus on se rapproche de la capitale, plus les pyramides sont nombreuses dans le désert de Libye. On ne peut cependant pas les voir depuis le train. Les pyramides d'Égypte les plus connues sont de toute façon celles de Gizeh, la troisième ville du pays par sa taille, située dans les environs immédiats de la capitale. Il est conseillé de continuer jusqu'au Caire par le train et de partir pour les pyramides le lendemain au petit matin, de préférence en taxi. Il faut en effet du temps pour admirer tranquillement les pyramides de Khéops et de Khéphren gardées par le Sphinx de Gizeh, majestueux, et pouvoir encore savourer un thé accompagné d'une collation dans les jardins de la *Mena House,* le splendide hôtel de luxe qui offre un panorama saisissant du site.

Au bout d'environ 14 heures de voyage, le train pénètre dans la gare Ramsès du Caire, après avoir traversé le Nil une dernière fois au nord de l'île cairote de Gezira, qui abrite

les bâtiments de nombreuses ambassades. La visite de cette île est incontournable, pour pouvoir se relaxer dans le café ou les jardins du célèbre hôtel *Marriott*.

Cet hôtel est constitué entre autres du magnifique palais de Gezira, construit en 1869 par Ismaïl Pacha à l'occasion de l'inauguration de l'ouverture du canal de Suez, pour pouvoir accueillir comme il se doit ses hôtes de marque, comme l'impératrice Eugénie. Les jardins de l'hôtel actuel sont une véritable oasis au milieu de la circulation incessante, des klaxons, des embouteillages et de la chaleur écrasante de cette grande ville qui fait penser à une fourmilière.

Après une petite halte, on a retrouvé suffisamment d'énergie pour partir explorer la ville : le Musée égyptien, auquel il faudrait idéalement consacrer plusieurs jours, Khân al-Khalili, le grand souk du Caire, la citadelle et ses mosquées, les anciens caravansérails, sans oublier bien sûr le quartier copte.

Visiter par le train les monuments antiques, comme le temple d'Hatchepsout (à gauche) ou les pyramides de Gizeh (au centre), est sans aucun doute une expérience exceptionnelle. À droite, la gare du Caire.

INDIAN
PACIFIC

INDIAN PACIFIC

L'INDIAN PACIFIC

Des villes gigantesques, des mines d'or et l'immensité du désert

Abstraction faite du détour par Adélaïde située au sud, l'Indian Pacific doit, pour parvenir à son but vers l'est, parcourir 4 352 kilomètres à travers l'étendue infinie de la lointaine Australie.

Trois millions de personnes ! Tel est le nombre impressionnant de voyageurs qui ont pris place à bord de l'Indian Pacific depuis son inauguration en février 1970 pour traverser le continent australien sur l'une des lignes de chemin de fer les plus légendaires au monde. Cette aventure dure 65 heures et relie la côte ouest, au bord de l'océan Indien, à la côte est, au bord du Pacifique – ou le contraire. La plaine de Nullarbor est l'une des étapes les plus célèbres du voyage : outre le désert, où l'horizon s'étend à perte de vue, la voie est également une attraction en elle-même, car elle parcourt 478 kilomètres en ligne absolument droite.

INFORMATIONS ET DONNÉES

Itinéraire : de Perth à Sydney.

Inaugurée : en 1970.

Longueur du parcours : 4 352 kilomètres.

Gares principales : Perth, Kalgoorlie, Cook, Adélaïde, Broken Hill, Sydney.

Durée du voyage : 65 heures.

Écartement des rails : voie normale.

Équipement : l'*Indian Pacific* est tiré par deux locomotives Diesel et se compose de wagons réservés au générateur et aux bagages ainsi que de voitures-voyageurs déclinées en trois niveaux de confort et de prix.

Particularité : entre Loongana et Ooldea, la voie décrit une ligne parfaitement droite de 478 kilomètres, soit la plus longue du monde.

Il a fallu des travaux de grande envergure sur la ligne avant qu'un train puisse parcourir pour la première fois l'intégralité du trajet entre Sydney et Perth sur une voie normale. Certes, il existait depuis 1917 un réseau ferré qui reliait intégralement la côte ouest à la côte est, mais cette traversée du continent représentait un voyage long et pénible, avec plusieurs correspondances. En effet, les premières compagnies de chemin de fer australiennes n'avaient pas réussi à se mettre d'accord sur l'écartement des rails, et la ligne transcontinentale fut donc durant plusieurs décennies un véritable patchwork d'écartement du Cap (1 067 mm), de voie large (1 600 mm) et de voie normale (1 435 mm). La voie large fut la première à disparaître, suivie, dans les années 1960, par les derniers tronçons présentant l'écartement du Cap, ce qui fait qu'à partir de 1970 les voyageurs purent avoir le plaisir de parcourir ces 4 350 kilomètres à bord d'un seul et même train. Aujourd'hui, l'*Indian Pacific* effectue l'aller et retour une fois par semaine, sauf de septembre à mi-novembre, où la fréquence est doublée. Les prix varient en fonction du confort souhaité, d'environ 2 600 euros pour le Platinum-Service à 350 euros pour les routards prêts à voyager dans des wagons modestes.

L'Indian Pacific *relie les océans Indien et Pacifique, c'est-à-dire la côte ouest et la côte est de l'Océanie.*

CHAMPS DE BLÉ, MINES D'OR ET LA PLAINE DE NULLARBOR. DE PERTH À ADÉLAÏDE

Chaque dimanche, l'*Indian Pacific* quitte sur le coup de midi la gare d'East Perth pour entreprendre un voyage de trois jours qui, mis à part le crochet par Adélaïde, emmène le voyageur droit vers l'est, en direction de Sydney. La ville de Perth fut fondée au XIXe siècle par les Britanniques, pour servir de base militaire ; aujourd'hui, c'est une ville moderne de 2 millions d'habitants qui s'est développée sur les berges du fleuve Swan, son artère vitale, et qui n'a depuis cessé de se développer. On peut en saisir toute l'ampleur si l'on suit le cours du fleuve jusqu'à son embouchure dans l'océan Indien : des buildings tout de verre et d'acier se dressent, juste à côté de Kings Park, l'un des plus grands parcs de centre-ville au monde, bordé de petits ports destinés aux yachts, de plages de sable fin et de quartiers résidentiels paisibles.

La végétation a beau être rare, la plaine de Nullarbor n'est pas complètement dépourvue d'arbres, comme ces eucalyptus (photographie de droite).

Le voyage à bord de l'*Indian Pacific* débute à quelques centaines de mètres du fleuve, dans la gare d'East Perth, le long d'un quai qui doit être étendu étant donné la longueur du train. Celui-ci est en effet un train double, dont les deux locomotives bleu foncé et les nombreux wagons argentés totalisent une longueur de 680 mètres, de quoi faire de spectaculaires photos, en particulier là où la voie décrit des courbes, donnant au train l'apparence d'un serpent se glissant à travers le paysage.

Dès que le train a quitté la ville, la nature prend le dessus. Le voyageur se trouve alors dans la région des Parcs nationaux de Walyunga et de la rivière Avon, habitée par les Aborigènes depuis des millénaires. Les versants de montagnes couverts d'eucalyptus qui bordent d'abord la voie cèdent progressivement la place aux vastes vallées auxquelles cette région doit son nom : la Wheatbelt, ou « Ceinture céréalière ». C'est sur sa surface d'environ 150 000 kilomètres carrés que l'on cultive près des deux tiers du blé du pays, sans oublier la laine et la viande

Le plus grand tronçon ferroviaire rectiligne au monde parcourt 478 kilomètres à travers la plaine de Nullarbor.

grâce à l'élevage d'agneaux et de moutons, et divers autres produits agricoles. Toutefois, la plupart des localités que traversera l'*Indian Pacific* dans les heures suivantes ne sont pas nées d'une volonté d'exploiter le potentiel agricole de la région, mais bel et bien de la ruée vers l'or et de la recherche de nouvelles richesses dans le sous-sol, qui ont apporté la prospérité à l'Australie-Occidentale et à Perth, sa capitale.

En atteignant Kalgoorlie, la ville des chercheurs d'or, au soir de ce premier jour de voyage, on ne peut que constater la richesse des sols de la région. L'*Indian Pacific* marque ici un arrêt prolongé. Tout ce que cette ville de 30 000 habitants est aujourd'hui, elle le doit à Arthur Bayley et William Ford, deux chercheurs d'or qui découvrirent ici un filon d'or en 1892. On peut aisément imaginer l'effet engendré par la découverte de plusieurs centaines d'onces d'or (1 once = entre 24 et 33 grammes) en l'espace de quelques semaines : alors que la ruée vers l'or battait déjà son plein dans d'autres parties du pays, l'Australie-Occidentale devint elle aussi la cible de milliers de chercheurs d'or, qui s'installèrent en l'espace de très peu de temps à Kalgoorlie, et ce, notamment grâce à la construction de la ligne de chemin de fer en 1896. Les maisons anciennes qui s'alignent ici donnent une idée de ce à quoi pouvait ressembler

la ville autrefois, mais la véritable attraction se situe trois kilomètres plus loin : la mine d'or de Super Pit. Au fil des jours, on extrait de cette mine d'environ 3,6 kilomètres de long plus de 230 000 tonnes de minerai pour obtenir l'or tant convoité, dont la production annuelle tourne autour de 700 000 onces.

Les lumières de Kalgoorlie sont les derniers signes de civilisation que rencontre l'*Indian Pacific* avant de s'engager, vers minuit, dans la plaine de Nullarbor, une région quasiment inhabitée à la végétation rare. Il faut attendre 400 kilomètres pour voir apparaître l'arrêt suivant, Rawlinna, mais la plupart des passagers dorment et manquent donc cette gare abandonnée, dans les environs de laquelle il n'y a guère qu'une carrière de calcaire et une exploitation ovine qui s'étend sur un peu plus d'un million d'hectares. Lorsque les voyageurs ouvrent à nouveau les yeux, le train franchit la zone frontalière entre l'Australie-Occidentale et l'Australie-Méridionale et évolue donc sur cette partie de la voie qui ne décrit pas la moindre courbe pendant 478 kilomètres, ce qui en fait la plus longue ligne droite de chemin de fer au monde. La monotonie de la voie reflète bien celle du paysage : Nullarbor signifie en latin « Nul Arbre », ce qui peut paraître exagéré, dans la mesure où quelques arbres isolés surgissent ici et là dans cet arrière-pays que l'on appelle Outback, mais il n'empêche que ce désert calcaire si monotone et interminable porte en lui quelque chose d'irréel et de comme détaché du monde. L'arrêt dans la gare abandonnée de Cook offre largement assez de temps pour se promener au milieu de cette plaine qui s'étend à perte de vue et qui fut autrefois sous les eaux, comme en atteste l'ancienne présence d'une quantité élevée d'algues rouges qui donnent aujourd'hui encore un aspect rougeâtre au calcaire et au sable.

L'*Indian Pacific* parcourt encore 160 kilomètres en ligne droite à travers la plaine, avant de décrire quelques courbes pour atteindre Tarcoola. On extrayait autrefois de l'or dans la région, mais aujourd'hui, cette localité presque abandonnée ne sert plus guère que de nœud ferroviaire, puisque l'*Indian Pacific* croise ici *The Ghan*, le train express qui traverse le continent du nord au sud, reliant Adélaïde à Darwin. Jusqu'à Adélaïde, ces deux trains transcontinentaux roulent sur la même voie, mais la nuit tombe avant que l'*Indian Pacific* n'ait pu atteindre la capitale de l'Australie-Méridionale et c'est donc au matin du troisième jour, vers 7 heures, que le train pénètre dans la gare imposante d'Adélaïde.

Peu avant d'arriver à Sydney, les montagnes Bleues, dans l'État de la Nouvelle-Galles du Sud, permettent de clore le voyage sur une note impressionnante.

GRANDE VILLE CULTURELLE, DÉSERT ET MONTAGNES BLEUES. D'ADÉLAÏDE À SYDNEY

C'est surtout entre septembre et novembre, la période où l'*Indian Pacific* circule deux fois par semaine, que beaucoup de voyageurs s'offrent le loisir d'une escale de quelques jours à Adélaïde. Contrairement à la plupart des grandes villes du pays, la capitale de l'État d'Australie-Méridionale n'est pas née d'une colonie d'anciens bagnards. En outre, la liberté de culte y fut très rapidement instaurée, entraînant dès les années 1840 l'arrivée de méthodistes, de baptistes, de presbytériens ou de membres d'autres confessions qui, dans leur pays, n'avaient pas le droit d'exercer leur religion voire étaient victimes de persécutions. Adélaïde devint ainsi la « Ville des églises », ce qui, pendant des décennies, lui valut une réputation de ville côtière morne et ennuyeuse. Mais tout cela appartient à l'Histoire. Aujourd'hui, Adélaïde est une ville charismatique et ouverte, qui fait la part belle à la culture. Le « Festival of the Arts », qui dure sur trois semaines, et le « Fringe Festival » attirent plus d'un million de visiteurs, qui se laissent emporter aussi bien par la créativité des événements que par l'ouverture d'esprit des habitants de cette ville qui marie avantageusement des espaces verts fantastiques et des bâtiments historiques splendides.

L'*Indian Pacific* quitte la gare d'Adélaïde avant midi et, pendant quelques heures, traverse des régions agricoles. Mais une fois passé la petite localité de Peterborough, le paysage redevient soudain austère et le sol reprend la teinte rougeâtre si caractéristique de l'Outback australien. Le dernier arrêt prolongé de la journée se fait dans la ville minière de Broken Hill, qui appartient déjà à l'État de la Nouvelle-Galles du Sud. Des chercheurs d'or s'y sont installés au milieu du XIXe siècle, pour en partir deux décennies plus tard, déçus de ne pas avoir découvert beaucoup de métal précieux. Obsédés qu'ils étaient par l'or, ils négligèrent les gisements gigantesques d'argent, de zinc, de plomb et d'autres matières premières qui sont encore aujourd'hui commercialement exploités. Contrairement aux myriades de villes minières désormais quasi abandonnées, Broken Hill compte néanmoins, et malgré sa situation géographique isolée, plus de 18 000 habitants, dont de nombreux artistes qui enrichissent ses rues de leurs ateliers et de leurs galeries.

Lorsque l'*Indian Pacific* reprend sa route vers l'est en début de soirée, il est rapidement plongé dans l'obscurité profonde de l'Outback, dans lequel des bourgades comme Menindee, Ivanhoe ou encore Condobolin forment de petits points lumineux. La plupart des passagers se couchent tôt afin d'être d'attaque au moment où le train arrive, vers 8 heures, à Lithgow City, atteignant ainsi la limite occidentale des montagnes Bleues, l'une des étapes les plus spectaculaires de ce voyage de 4352 kilomètres. Cette chaîne de montagnes de grès recouverte d'épaisses forêts d'eucalyptus culmine à plus de 1000 mètres. Ce sont les huiles essentielles contenues dans les feuilles d'eucalyptus qui donnent sa teinte bleue et ainsi son nom à cette région inscrite au Patrimoine mondial de l'Unesco. Grâce à la proximité de Sydney, les montagnes Bleues et leurs

nombreux parcs naturels, qui abritent des kangourous, des koalas, des ornithorynques et nombre d'autres espèces, sont une des attractions touristiques les plus fréquentées de la région.

L'*Indian Pacific* traverse ce coin de nature unique et file ensuite droit vers Sydney, qu'il atteint vers 11 heures du matin, après 65 heures d'un voyage qui aura permis aux passagers de découvrir l'incroyable diversité de ce continent. Ne reste plus, à présent, que la capitale australienne et ses innombrables lieux touristiques. À peine une demi-heure de marche sépare la gare centrale du célèbre quartier portuaire The Rocks, où débuta, il y a des siècles, la colonisation européenne de l'Australie, qui s'est accompagnée de la construction de la voie de chemin de fer sur laquelle roule l'*Indian Pacific*.

Les 503 mètres d'envergure du Sydney Harbour Bridge, construit en 1932, en font l'une des principales attractions de la ville.

LES CHEMINS DE FER D'ASIE

INDIAN RAILWAYS
SILIGURI
602

LE DARJEELING HIMALAYAN RAILWAY

Un voyage en « train jouet » à travers les plantations de thé les plus célèbres du monde

C'est reparti ! Cinq ans après le glissement de terrain qui a partiellement endommagé le Darjeeling Himalayan Railway et ainsi contraint à réduire le trajet au tronçon Kurseong-Darjeeling, la société d'exploitation a annoncé en mars 2015 la reprise de la circulation sur l'ensemble de la ligne. Ce trajet à bord de l'un des trains les plus célèbres au monde dure environ 8 heures et permet de grimper jusqu'à Darjeeling, à plus de 2 000 mètres d'altitude. Ce qui rend ce voyage si spectaculaire, ce ne sont pas seulement les fameuses plantations de thé qui bordent la voie, mais également la manière fantastique dont il permet de découvrir la vie des habitants des montagnes, car ce train tiré par une locomotive à vapeur longe parfois à moins de 50 centimètres les stands de marché, les ateliers ou les maisons, dans lesquels la vie continue comme si de rien n'était, malgré les halètements bruyants du train.

En raison de son écartement de seulement 610 millimètres, la ligne de Darjeeling est aussi surnommée le « Toy Train » (train jouet).

INFORMATIONS ET DONNÉES

Itinéraire: de Siliguri (gare de New Jalpaiguri à 95 mètres d'altitude) à Darjeeling (2 076 mètres), en Inde.

Inaugurée: en 1881.

Longueur totale: 88 kilomètres.

Gares principales: New Jalpaiguri, Siliguri Town, Kurseong, Ghum, Darjeeling.

Durée du trajet: environ 8 heures.

Écartement des rails: voie étroite (610 millimètres).

Particularité: en 1999, le Darjeeling Himalayan Railway a été inscrit au Patrimoine mondial de l'Unesco. Ce statut est aujourd'hui menacé, car certaines améliorations urgentes de la ligne n'ont pas été effectuées.

L'histoire de Darjeeling et du Darjeeling Himalayan Railway est indissociable de celle de la Compagnie britannique des Indes orientales, qui au début du XIXe siècle était encore à l'apogée de sa puissance, avant de perdre toutes ses fonctions administratives suite à la rébellion indienne de 1857 et de voir les Indes passer sous le contrôle de la Couronne britannique. La base administrative et commerciale de la Compagnie des Indes orientales se trouvait alors à Calcutta, où habitaient de fait de nombreux Britanniques en mal de fraîcheur dans la chaleur moite de l'embouchure du delta du Gange.

À cette époque, Darjeeling était franchement méconnue et appartenait encore au royaume du Sikkim, qui au cours des décennies précédentes avait perdu des territoires en raison de l'avancée des Gurkhas du Népal. La guerre qui opposa, de 1814 à 1816, ces derniers à la Compagnie britannique des Indes orientales mit fin à leurs velléités expansionnistes. Néanmoins, la situation resta tendue entre le Sikkim et le Népal. C'est pour cette raison que le Gouverneur général des Indes dépêcha deux officiers à Darjeeling qui, après six jours seulement sous ce climat de montagne si clément, déclarèrent que la région pouvait offrir la fraîcheur tant recherchée par les Anglais en été et qu'elle était l'endroit idéal pour bâtir un sanatorium. En 1835, Tsugpud Namgyal, roi du Sikkim, céda Darjeeling à la Compagnie britannique des Indes orientales, en échange d'une redevance annuelle et de quelques cadeaux, dont un canon et un ballot de tissu. En 1850 et en 1866, de nouvelles régions du Sikkim furent annexées, au prétexte de la détention injustifiée de deux ressortissants britanniques. Les conditions géographiques furent alors réunies pour d'une part commencer à cultiver sur les versants escarpés de Darjeeling les espèces de thé venues de Chine et, d'autre part, offrir aux

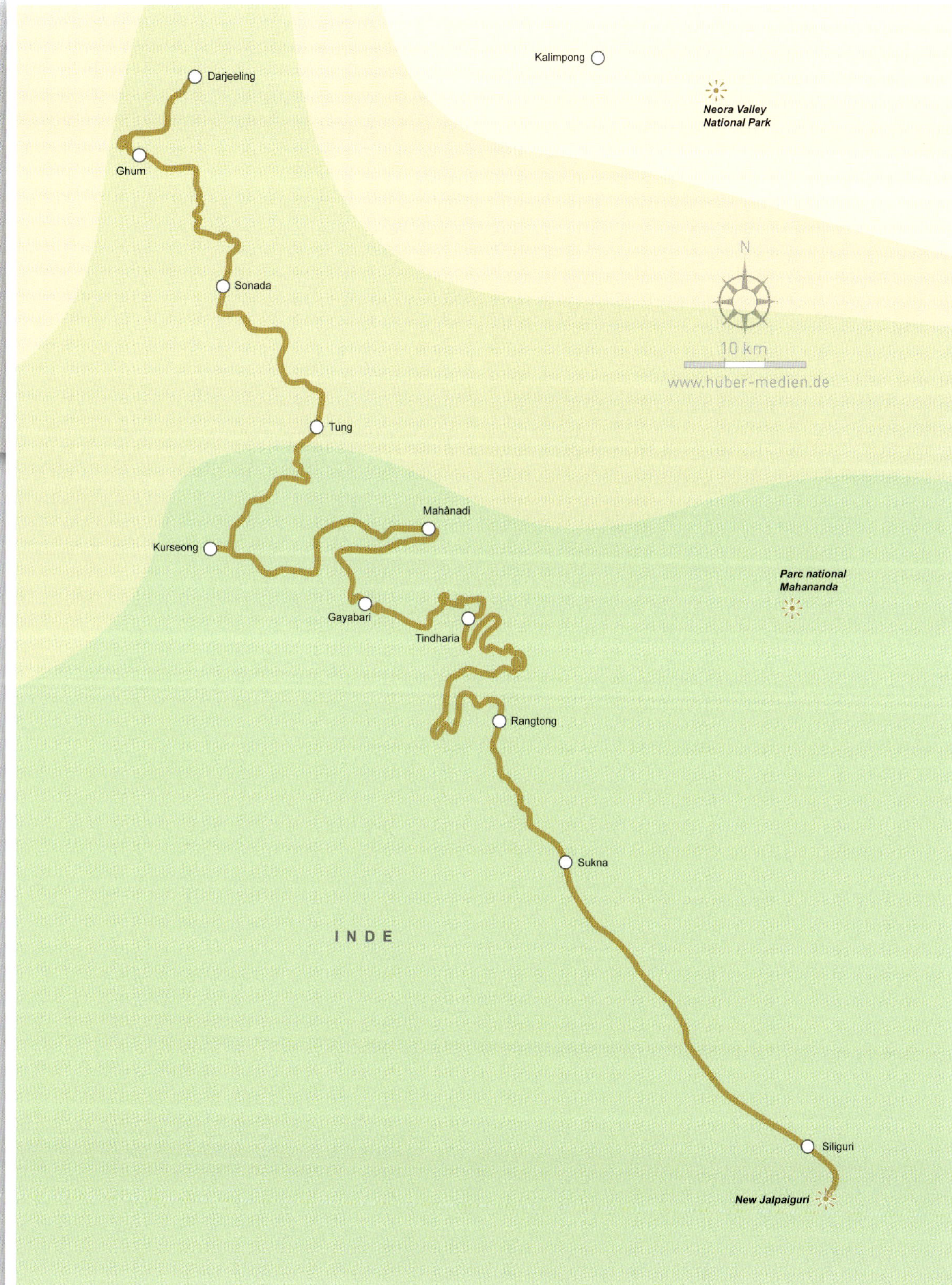

Kalimpong
Darjeeling
Neora Valley
National Park
Ghum
N
Sonada
10 km
www.huber-medien.de
Tung
Mahânadi
Kurseong
Parc national
Mahananda
Gayabari
Tindharia
Rangtong
Sukna
INDE
Siliguri
New Jalpaiguri

Cette petite ligne à voie étroite, reliant New Jalpaiguri et Darjeeling dans un nuage de vapeur, a été mise en service par les Britanniques en 1881.

Britanniques une réplique de leur lointaine patrie. Mais pour parcourir les 600 kilomètres entre Calcutta et Darjeeling, le voyage était pénible et durait 5 jours. La construction de routes et celle du tracé du Darjeeling Himalayan Railway permirent de remédier à cette situation intenable et de raccourcir considérablement la durée du trajet.

LA CONSTRUCTION DE LA VOIE ÉTROITE

Jusqu'à la fin des années 1870, les voyageurs venant de Calcutta rejoignaient, grâce à une voie à écartement large, Siliguri, situé à 120 mètres d'altitude, au pied de l'Himalaya. Là, ils devaient descendre du train et continuer à bord de charrettes extrêmement rudimentaires le long du chemin provisoire de Hill Cart Road jusqu'à Darjeeling, à un peu plus de 2 000 mètres d'altitude. Franklin Prestage, de l'Eastern Bengal Railway Company, déposa en 1878 une demande d'autorisation pour construire une voie ferrée entre Siliguri et Darjeeling, demande qui fut rapidement acceptée. La construction de ce tracé, alors de 82 kilomètres, dura deux ans et, en juillet 1881, l'ensemble de la ligne put être ouvert à la circulation. Il n'est pas étonnant que le train du Darjeeling Himalayan Railway ait été surnommé le « Toy Train », ou « train jouet », étant donné qu'il circule sur des rails dont l'écartement est d'à peine 610 millimètres. Les vieilles locomotives à vapeur sont toujours en service, comme la locomotive 778, construite il y a plus de 115 ans à Glasgow, au Royaume-Uni, et qui franchit toujours, non sans peine, ce parcours dont la déclivité moyenne est de 44 ‰. De nouvelles réparations sont sans cesse nécessaires, ce qui exige la plupart du temps un talent certain pour l'improvisation, dans la mesure où les pièces détachées sont naturellement introuvables et qu'il n'existe aucun atelier qui soit équipé pour les besoins spécifiques de cette locomotive bonne pour le musée.

LES MONTAGNES DE DARJEELING EN *TOY TRAIN*

C'est à Siliguri, une ville de 650 000 habitants, que débute le voyage à bord du train du Darjeeling Himalayan Railway. Cette métropole est avant tout un nœud routier et ferroviaire de grande importance, car c'est de la gare de New Jalpaiguri, ouverte aux voyageurs en 1964

Autrefois destiné à transporter le thé, le bois et autres produits locaux, ce train est aujourd'hui également une attraction touristique très appréciée.

et étendant à 88 kilomètres le trajet jusqu'à Darjeeling, que partent les trains qui desservent l'est du pays, comme l'Assam ou le Manipur. C'est également de cette gare que le « Toy Train » entame son voyage, en se dirigeant vers Siliguri Town, à 6 kilomètres de là. Peu après cet arrêt, commence la Hill Cart Road, qui, dans un premier temps, reste à 200 ou 300 mètres de distance de la voie ferrée, avant de la rejoindre pour s'envoler en sa compagnie vers Darjeeling, en une multitude de courbes et de lacets.

À Sukna, la première station après Siliguri, le tohu-bohu de la ville est déjà oublié ; le train évolue maintenant dans une région riche en forêts et en cours d'eau. On y trouve, au nord-est, le remarquable Mahananda Wild Life Sanctuary, une zone protégée de 159 kilomètres carrés au sein de laquelle une jungle abrite des tigres du Bengale, des éléphants, des bisons, des singes, des ours, des léopards et de nombreuses autres espèces. Un coin de nature absolument idyllique au pied de l'Himalaya.

Mais à présent, gravissons la montagne ! Sur les 8 kilomètres qui suivent, jusqu'à la petite gare de Rangtong, il faut franchir 300 mètres d'altitude, la première boucle hélicoïdale ne se laisse donc pas attendre ; elle sera suivie par deux autres, et par six rebroussements en Z, dont trois sur les

S'il est spartiate, ce voyage au pied de l'Himalaya ne manque pas de charme !

11 kilomètres qui séparent Rangtong de Tindharia. Grâce à ces manœuvres, le train du Darjeeling Himalayan Railway réussit à gagner 430 mètres d'altitude sur un tronçon pourtant relativement court. Que ce soit celle de Rangtong ou les suivantes, comme Tindharia, Gayabari ou Mahanadi, les gares semblent tout à fait adaptées à l'idée de « train jouet ». Inutile d'escompter des gares qui répondent aux standards européens, ni de localités dotées d'infrastructures dignes de ce nom. Quelques maisons de bois le long de la voie, dont celle du garde-barrière, qui se distingue par un panneau indiquant « Gare » et un autre, les horaires des trains : voilà en gros à quoi ressemblent les stations du Darjeeling Himalayan Railway sur les 50 premiers kilomètres de la ligne. Le panorama n'en est que plus spectaculaire, à chaque mètre d'altitude gagné. Sur les versants abrupts, les forêts laissent progressivement la place aux plantations de thé pour lesquelles le district de Darjeeling est mondialement connu.

Après environ 5 heures de voyage, le train s'approche de Kurseong, une gare située à 1 476 mètres d'altitude. Le décor change à présent du tout au tout, car ce n'est plus un petit village de montagne qui attend les voyageurs, mais bel et bien une ville densément peuplée de 40 000 habitants. Le nom Kurseong vient de celui d'une variété d'orchidées (en latin *Coelogyne cristata*) qui autrefois fleurissaient au printemps les flancs de la montagne par millions, avant que les colons britanniques ne mettent en place la culture du thé. Les Britanniques ont également introduit dans cette région l'architecture coloniale, omniprésente à Kurseong. Beaucoup de ces bâtiments, et en particulier ceux qui se trouvent sur la Saint Mary's Hill, à l'est de la voie ferrée, sont aujourd'hui des établissements scolaires ou supérieurs. Mais ce qui donne un charme particulier à cette ville, c'est la manière dont se côtoient les institutions sacrées, qui reflètent bien la diversité religieuse de la région : ici, un cimetière et une grotte abritant une statue de la Vierge, héritage des Indes britanniques, là, le temple hindouiste Shiv Mandir ou le monastère bouddhique de Tashi Samten Ling.

Double page suivante : sur les 88 kilomètres de son parcours, le train s'élève à une hauteur de 2 000 mètres et traverse une région aux paysages splendides.

Sur la route de Darjeeling, de nombreux autres édifices sacrés impressionnants retiennent l'attention des voyageurs : le monastère de Sonada, habité par environ 125 moines, ou encore celui de Yiga Choeling, mieux connu sous le nom de monastère de Ghum, une localité que le « Toy Train » atteint après avoir encore gagné 800 mètres d'altitude. Ghum, point culminant de la ligne, est perché à 2 257 mètres. Difficile de dire ce qui est le plus impressionnant dans ce monastère qui suit l'école Gelug du bouddhisme tibétain : l'édifice en lui-même, ses peintures murales splendides, sa statue du bouddha Maitreya, haute de 4,5 mètres, ou encore la vue magnifique qu'il offre sur le massif du Kangchenjunga, qui avec ses 8 856 mètres est le troisième plus haut sommet du monde. Aujourd'hui, à Ghum, l'une des attractions touristiques les plus prisées consiste à se lever de bon matin pour se rendre sur le Tiger Hill, à 2 590 mètres, afin de contempler le lever du soleil et la manière dont il émerge de derrière les sommets enneigés de l'Himalaya, dans une lumière orangée.

Entre Ghum et Darjeeling, il ne reste que 6 kilomètres de voie, sur lesquels le train décrit sa boucle la plus célèbre : la boucle de Batasia, qui mène à un espace vert où un mémorial s'élance vers le ciel en mémoire des soldats de Gorkha tombés pour la Nation. Et tandis que le « Toy Train » se rapproche de Darjeeling, le conducteur laisse de plus en plus souvent retentir le sifflet assourdissant de la locomotive, qui réussit même à couvrir le bruit des klaxons des voitures et des camionnettes qui circulent parallèlement à la voie, sur la Hill Cart Road. Cette route pavée est sans aucun doute l'artère la plus vivante de la ville : il y règne le plus grand fouillis, les marchands ambulants et ceux qui ont leur propre local vendent leurs marchandises si près de la voie que l'on pourrait presque faire ses emplettes, vite fait bien fait, par les fenêtres du train. Le quotidien de Darjeeling défile tel un film sous les yeux des voyageurs : les coiffeurs occupés à couper les cheveux, les artisans dans leur atelier, les familles en train de manger – tout ceci se joue tellement près du train que l'on a presque l'impression de faire partie du décor. Enfin, le train atteint sa destination finale. Dans la gare, située juste à côté de la maison de Tenzing Norgay, l'un des deux premiers hommes à avoir atteint le sommet de l'Everest en 1953, des porteurs offrent leurs services et des marchands proposent boissons et nourriture. Dès que l'on s'est acclimaté, on peut se plonger dans le réseau étourdissant des rues, des escaliers et des quartiers d'habitation denses qui se pressent sur les contreforts abrupts de la montagne. 130 000 personnes vivent à Darjeeling, et leurs origines sont si diverses que cette ville est un véritable tourbillon de langues, de religions et de cultures. Chaque coin de rue réserve de nouvelles surprises, les temples alternent avec l'architecture coloniale, et l'on a un peu partout l'occasion de savourer une délicieuse tasse de thé en s'imprégnant de ce spectacle magnifique, où les plantations de thé verdoyantes et la silhouette du Kangchenjunga qui se détache au loin jouent indéniablement le premier rôle.

La ligne du train jouet longe de près les étals de marché, les ateliers et les maisons, donnant ainsi une vue directe sur la vie des autochtones.

LE TRANSSIBÉRIEN

À travers l'inoubliable taïga sibérienne

Relier Moscou à la Sibérie par les rails, tel était le rêve du tsar Alexandre III. On commença à travailler à sa réalisation en 1891, avec force coûts et matériaux, et surtout avec des milliers d'ouvriers. Les travaux ne furent terminés que vingt-cinq ans plus tard, et aujourd'hui encore cette ligne de chemin de fer demeure la principale route reliant Moscou à Vladivostok, au bord du Pacifique.

L'itinéraire classique du Transsibérien, parfois surnommé « Transsib », relie Moscou à Vladivostok, au bord de l'océan Pacifique. Les touristes lui préfèrent pourtant généralement le trajet Moscou-Pékin, qui, bien qu'assimilé au Transsibérien car il en emprunte la voie, se nomme en réalité le Transmongolien. Mais comme la majeure partie de la ligne, c'est-à-dire les 5 608 kilomètres qui séparent Moscou d'Oulan-Oudé, est de toute façon identique, ce n'est pas tant la destination qui fait de ce voyage une expérience mémorable, mais plutôt le train et la catégorie de wagons-lits choisis. Le spectacle de la taïga sibérienne est toujours sublime ; en revanche, choisir de voyager « à la russe », dans une cabine de 4 à 6 lits, parfois en dormant dans le couloir ou bien à tour de rôle, ou au contraire dans une cabine double, éventuellement équipée d'une salle de bains privative, c'est plutôt une question de goûts et d'esprit d'aventure.

INFORMATIONS ET DONNÉES

Itinéraire : Moscou-Vladivostok (Russie) ou bien Moscou-Oulan-Bator-Pékin (Russie-Mongolie-Chine). Il existe un itinéraire légèrement différent qui passe par Kazan, la capitale de la République du Tatarstan.

Achevée : en 1916 pour le Moscou-Vladivostok ; 1961 pour le Moscou-Pékin.

Longueur des parcours : Moscou-Vladivostok : 9 258 kilomètres ; Moscou-Pékin : 7 622 kilomètres.

Gares principales : Moscou, Nijni Novgorod, Kirov, Perm, Iekaterinbourg, Omsk, Novossibirsk, Krasnoïarsk, Irkoutsk, Oulan-Oudé, puis Tchita, Khabarovsk, Vladivostok ou Oulan-Bator, Pékin.

Fréquence : tous les deux jours, un train Rossiya, qui porte le numéro 001 dans un sens et le numéro 002 dans l'autre, part de Moscou ou de Vladivostok. Ceux qui portent les numéros 099 et 100 circulent également tous les deux jours. Le *Moscou-Pékin Express* part tous les mardis.

Écartement des rails : en Russie, voie large (1 524 millimètres) ; à la frontière mongole, voie normale (1 435 millimètres), ce qui oblige à un changement de bogies.

Particularités : outre les trains réguliers, nombre de trains spéciaux parcourent cette ligne. Parmi eux, le « *Zarengold* », littéralement « Or des tsars », a une histoire intéressante, car Léonid Ilitch Brejnev, secrétaire général du PCUS et dirigeant de l'Union soviétique de 1964 à 1982, décida d'aménager quelques- uns de ses wagons pour permettre aux hauts cadres du Parti et aux délégations étrangères un voyage à la hauteur de leur position.

C'est en gare de Iaroslavl, non loin du centre de Moscou, que commence ce voyage sur la plus longue ligne de chemin de fer du monde pour les trains de voyageurs. Ce bâtiment imposant, avec ses halls élégants, inauguré en 1862 mais ensuite reconstruit dans le style historiciste Art déco par Franz Schechtel entre 1902 et 1904, est à la hauteur du symbole que représente le *Transsibérien* pour beaucoup de voyageurs. Pour un non-russe, embarquer à bord du *Transsibérien* en direction de Vladivostok ou de Pékin revient souvent à accomplir le rêve de toute une vie. En effet, le Transsibérien est sans doute, aux côtés de l'*Orient-Express*, l'une des lignes les plus légendaires au monde.

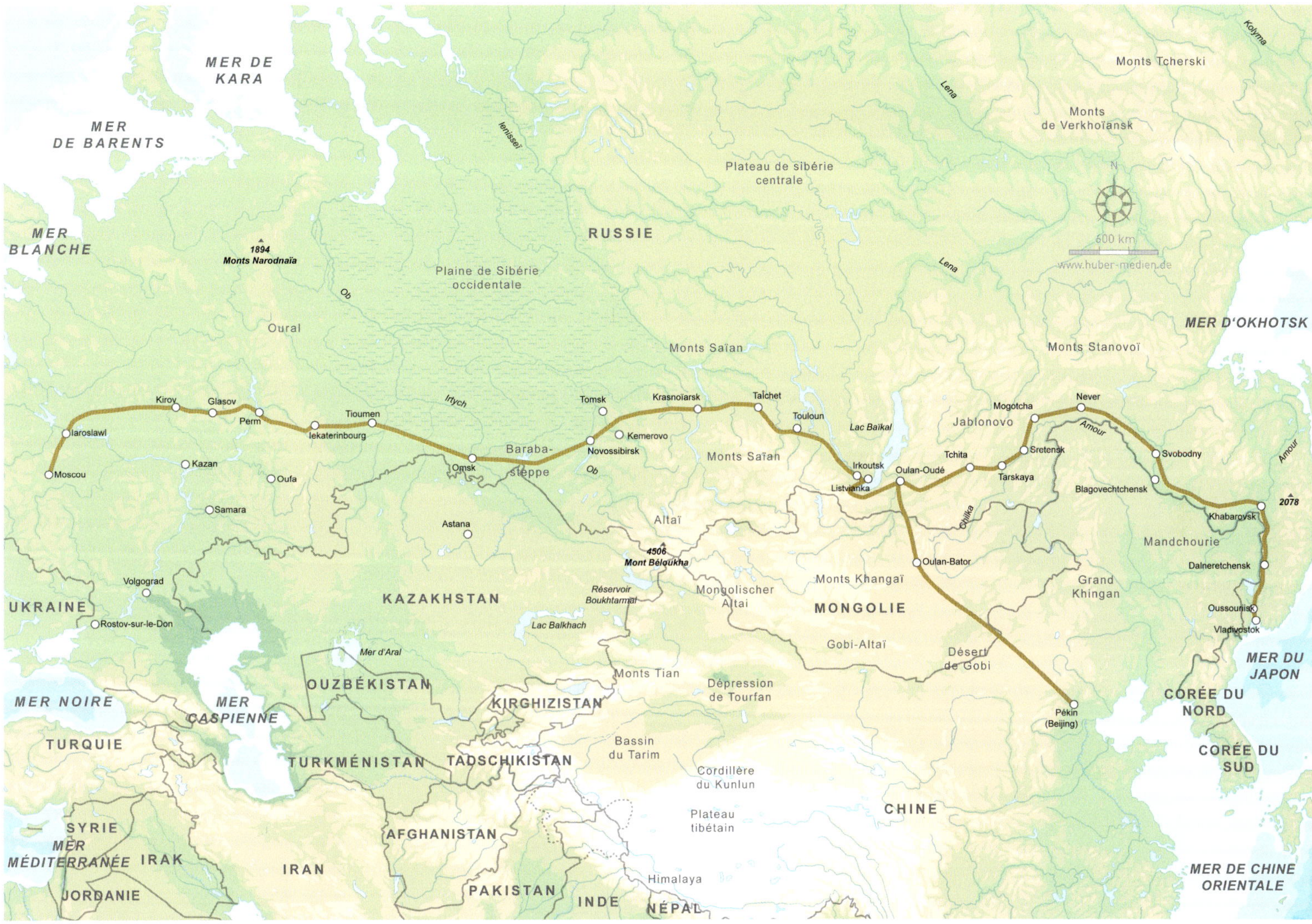

Le train part tout d'abord en direction du nord-est et passe ainsi à proximité du Parc national de Lossiny Ostrov, littéralement « L'Île aux élans », dont les marécages et les forêts, peuplées de daims, d'élans, d'hermines et de visons, ne sont malheureusement pas visibles depuis le train. Dans la vaste plaine de la Mechtchera, où s'étend également une partie de la ville de Moscou, ce parc national, qui est le premier de Russie, ne se fait pas vraiment remarquer. Le voyageur peut donc tranquillement se retirer pour la première fois dans son compartiment, qui sera dorénavant son logement pour une période pouvant aller jusqu'à 14 jours. C'est le moment de se servir son premier verre de thé au samovar, l'un des objets incontournables à bord de ce train.

La différence est de taille selon que l'on voyage dans un train transsibérien ordinaire, comme le *Rossiya,* ou à bord d'un train dédié aux touristes et accompagné par des guides de voyage. Les premiers n'offrent certes qu'un confort modeste, bien que les numéros 001 et 002 soient nettement plus confortables que les 099 et 100, mais ils permettent d'être en contact avec les autochtones, et ainsi de transformer le voyage en une véritable aventure. Les trains touristiques spéciaux, en revanche, et en particulier le *Zarengold*, promettent un trajet paisible et sans souci, surtout pour ceux qui ne maîtrisent pas la langue russe. Ils présentent également l'avantage non négligeable de s'arrêter plus longtemps dans certaines villes, afin de rendre possible les visites sans avoir à interrompre son voyage, s'acheter un nouveau billet, batailler avec ses bagages et se débrouiller pour trouver un hôtel par ses propres moyens.

DE L'ANNEAU D'OR À L'OURAL

Peu après Moscou, débute ce que l'on appelle « l'anneau d'Or », composé des cités autrefois les plus importantes de Russie. On dit que c'est là que la culture et l'âme russes plongent leurs racines. La ville de Serguiev Possad, à une bonne heure de Moscou, ouvre la ronde. En son centre, le monastère de la Trinité-Saint-Serge, créé par Ivan le Terrible, et qui, depuis l'éclatement de l'URSS et la restitution de la surface considérable du monastère à l'Église, est pris d'assaut chaque jour par les pèlerins. On voit briller de loin les dômes d'un bleu intense qui surmontent les tours de la cathédrale de l'Assomption, de même que son clocher au toit doré et ses innombrables autres tours, car sa position la rend bien visible depuis la ville. L'ensemble du monastère est inscrit aujourd'hui au Patrimoine mondial de l'Unesco.

Même ici, dans la partie de la Russie qui est, proportionnellement, densément peuplée, l'immensité du pays est palpable. De part et d'autre de la voie, on rencontre régulièrement de petits villages, avec leurs églises russes orthodoxes si caractéristiques. Lorsque le train s'arrête, plus ou moins souvent selon celui à bord duquel on a embarqué, les habitants se pressent pour vendre des fruits, des vatrouchki (ces brioches russes garnies de fromage blanc), des pirojki (de délicieux petits pâtés en croûte) ou encore des objets artisanaux. Pour les habitants des villages plus ou moins importants qui bordent la ligne du Transsibérien, les trains qui s'arrêtent représentent une source de revenu complémentaire bienvenue mais également la possibilité d'entrer en contact avec les passagers afin de se tenir informés des dernières nouvelles de la capitale. Et plus le train s'enfonce dans l'est du pays, plus cela se vérifie.

Mais pour l'instant, le *Transsibérien* continue en direction du nord-est, jusqu'à Iaroslavl, qui fait également partie de l'anneau d'Or et dont le centre historique, les maisons de style classique et les églises et monastères splendides, comme l'église du prophète Élie, sont inscrits eux aussi au Patrimoine mondial de l'Unesco. C'est ici que la voie rencontre et traverse la Volga, premier fleuve d'Europe par sa longueur et son volume.

Peu après Iaroslavl, le train oblique vers l'est ; il roule à présent en direction de la Sibérie et atteint quelque 1 100 kilomètres plus tard Perm, la grande ville la plus à l'est de l'Europe car située au pied de l'Oural, cette chaîne montagneuse qui constitue la limite géographique entre les continents européen et asiatique. Entre les deux, un paysage de forêts et de prairies, verdoyant en été et couvert d'une épaisse couche de neige en hiver, défile sous les yeux du voyageur. Les lacs et les fleuves que longe la ligne gèlent dès les premiers froids et les rues que l'on distingue depuis le train ne sont généralement pas asphaltées ; lorsqu'il pleut, elles se transforment vite en chemins boueux. Les villages deviennent de plus en plus petits.

En traversant les vastes étendues du paysage sibérien, les voyageurs vivent une expérience particulière.

ТЭП10-082

Avant d'entamer le voyage, il faut faire un choix : se sentir l'âme aventureuse et faire le trajet en compagnie des Russes dans les trains standards au confort franchement limité, ou opter plutôt pour la « sécurité » du train touristique.

Lorsque les trains doivent être révisés ou réparés en gare, les Russes attendent patiemment, même si le froid est glacial. Mais l'attente est récompensée, par exemple par la vue des dômes bleus de la cathédrale de l'Assomption ou du clocher de la ville de Serguiev Possad.

Des lupins bleus et des achillées fleurissent la voie. Le paysage et son immensité exhalent un calme et un sentiment de paix que l'on ne trouve plus guère ailleurs en Europe.

Perm, en revanche, est une ville animée, un centre industriel important et, surtout, donc, la porte de l'Oural, autrement dit de l'Asie. La frontière imaginaire entre les deux continents se situe quant à elle quelque 300 kilomètres plus loin, signalée peu après la petite ville de Pervoouralsk par un obélisque qui se dresse juste à côté de la voie de chemin de fer. La chaîne principale de l'Oural sépare Pervoouralsk d'Ekaterinbourg, la première métropole de la partie asiatique et sibérienne de la Russie.

JUSQU'AU LAC BAÏKAL

Ekaterinbourg, située au cœur de l'Oural, est la quatrième ville de Russie par sa taille et l'un des centres industriels les plus importants de la région. Cette ville acquit une triste notoriété à l'échelle internationale lorsque, après la révolution d'Octobre, dans la nuit du 17 au 18 juillet 1918, les bolchéviques exécutèrent le dernier « tsar de toutes les Russies », Nicolas II, son épouse et

leur cinq enfants ainsi que quelques-uns de leurs serviteurs dans la villa Ipatiev, avant de les enterrer dans une fosse commune, au nord-ouest d'Iekaterinbourg. Sur ordre du Politburo, la maison villa Ipatiev fut détruite en 1977, sous la direction de Boris Eltsine, futur président russe, car elle était devenue au fil du temps un lieu de pèlerinage pour les monarchistes. Entre 2002 et 2003, fut construite sur cet emplacement, en l'honneur du tsar et de sa famille, canonisés par l'église russe orthodoxe, une cathédrale dans le style néo-byzantin, qui porte le nom d'église de Tous-les-Saints. C'est aujourd'hui un lieu de pèlerinage pour tous ceux qui souhaitent le retour à la monarchie, au même titre que la cathédrale Pierre-et-Paul de Saint-Pétersbourg, dans laquelle la famille fut finalement inhumée 80 ans après avoir été assassinée.

En quittant Ekaterinbourg, le train du *Transsibérien* entreprend enfin sa traversée de la taïga sibérienne, toujours en direction de l'est. Autrefois se succédaient ici les goulags, camps de travail et camps d'internement qui, sous la monarchie tsariste puis le Soviet suprême, servaient à punir et à « rééduquer » les dissidents. À Perm, le mémorial Perm-36 montre aujourd'hui encore les conditions de vie et de travail inhumaines, les punitions et les humiliations auxquelles étaient soumis les présumés criminels, opposants politiques, membres d'un groupe social spécifique ou « ennemis de classe » de toutes sortes. Mais le voyage à bord du *Transsibérien* ne laisse rien voir des anciens camps, pour la plupart rasés : à la place, de larges étendues d'herbe oscillent au vent, entrecoupées de cours d'eau, de lacs et d'immenses forêts de bouleaux et de conifères. Souvent, l'on aperçoit des mélèzes de Dahurie, une espèce qui perd ses aiguilles en hiver et présente la meilleure résistance aux climats extrêmes. Cette région est isolée et glaciale en hiver. Il s'agit pourtant encore de la « taïga claire » : claire, car ici ce ne sont pas les conifères à feuilles persistantes qui dominent, comme dans les forêts boréales qui s'étendent un peu plus au nord, mais les feuillus et les conifères à feuilles caduques. Une région où le soleil et sa chaleur durent donc encore suffisamment longtemps pour permettre aux arbres d'avoir un cycle de vie annuel complet. De temps en temps, on voit apparaître, ici, le bois sombre d'une maison sibérienne, là, une hutte de chasseur cachée entre les arbres.

Des enclos abritant de robustes poneys entourent des petits hameaux dont les jardins luxuriants des paysans offrent en été des fleurs de toutes les couleurs.

Parcourant la vaste taïga, le train traverse ensuite Omsk et son joli centre historique, Novossibirsk, troisième ville de Russie par sa taille et située de part et d'autre du fleuve Ob, ou encore Krasnoïarsk, où la ligne traverse le fleuve Ienisseï, long de 3 354 kilomètres, en offrant une belle vue sur les monts Saïan, pour finalement atteindre Irkoutsk, située au bord de l'Angara, la rivière qui donne naissance au lac Baïkal.

Pour ceux qui voyagent à bord d'un train spécial, la pause prolongée qu'offre l'arrêt à Irkoutsk est vraiment la bienvenue : en plus d'être une occasion de sortir pour se dégourdir les jambes après 5 194 kilomètres de train, elle permet aux voyageurs de découvrir la ville et surtout de faire un crochet par le lac Baïkal, avec tour en bateau à la clé. La ville d'Irkoutsk, initialement cosaque et fondée dès le XVIIe siècle, doit sa riche vie culturelle aux aristocrates exilés en Sibérie au XIXe siècle après le soulèvement, en décembre 1825, des officiers de l'armée russe contre l'autocratie du tsar, dénonçant la censure et le servage, exigeant des réformes politiques et sociales et refusant de prêter allégeance au tsar Nicolas Ier. Ce soulèvement fut réprimé dans le sang par les troupes fidèles au tsar : les meneurs furent pendus et 121 « décabristes » furent déportés en Sibérie, condamnés au bagne ou aux travaux forcés dans les mines d'argent. Leurs épouses les suivirent souvent en exil et, après avoir purgé leur peine, beaucoup, contraints et forcés ou de leur propre chef, s'établirent en Sibérie, à Irkoutsk. Lorsque la ligne du *Transsibérien* se fraya enfin un chemin jusqu'au lac Baïkal, Irkoutsk put doubler son épanouissement culturel d'un développement économique.

De part et d'autre de la ligne apparaissent régulièrement de vieilles maisons paysannes russes, dont l'apparence semble avoir à peine changé depuis l'époque des tsars.

Quelle que soit la saison, le moment fort de la visite d'Irkoutsk reste véritablement le lac Baïkal. Avec sa contenance d'environ 23 000 kilomètres cubes, c'est la plus grande réserve d'eau douce de surface au monde, qui s'étend sur plus de 31 000 kilomètres carrés et dont la profondeur peut atteindre 1 625 mètres. L'immense diversité des espèces présentes dans le lac et ses environs mais aussi la beauté inoubliable du paysage ont conduit l'Unesco à l'inscrire en 1993 à la liste du Patrimoine mondial, et les Russes, qui savent également apprécier son charme et son calme, construisent sur ses berges datchas et maisons de vacances. Mais bien qu'il y ait une multitude de parcs nationaux et de domaines protégés tout autour du lac Baïkal, le site est fortement menacé : l'industrie y rejette ses eaux usées sans épuration préalable, et le gouvernement russe envisage très sérieusement d'en exploiter les ressources naturelles. Dans les forêts des alentours, les arbres sont abattus massivement depuis longtemps déjà, et l'on a découvert il y a quelques années qu'au sud-est du lac, près de la ville d'Oulan-Oudé, une poche souterraine de pétrole d'une contenance de 18 000 tonnes s'était formée, sans doute suite à une fuite dans un des réservoirs qui se trouvent là-bas. Dans cette région à l'activité sismique élevée, cela pourrait avoir des conséquences catastrophiques. Depuis août 2014, on essaie donc de maîtriser ces masses de pétrole.

S'ils le souhaitent, les voyageurs passent une nuit hors du train, puis celui-ci repart. Autrefois, il traversait le lac Baïkal sur un bac, ou bien, au cœur de l'hiver, sur des rails placés sur l'épaisse couche de glace ; aujourd'hui, la voie ferrée contourne le lac en longeant sa côte ouest et une partie de sa côte sud. Les voyageurs ont ainsi tout leur temps pour prendre congé de ces eaux inoubliables, avant d'atteindre Oulan-Oudé.

VLADIVOSTOK OU PÉKIN ?

La destination du voyage a naturellement été décidée bien avant, au tout début, mais à Oulan-Oudé, le voyageur doit se demander s'il a fait le bon choix. En effet, soit il reste sur la ligne du *Transsibérien,* et renonce ainsi à découvrir la Mongolie et sa capitale, Oulan-Bator, le désert de Gobi et la ville de Pékin, soit il oblique vers la ligne du *Transmongolien* et doit ainsi dire adieu à la Russie et à la Sibérie. Et réduire du même coup son voyage de plus de 1 500 kilomètres. Mais l'on peut aussi considérer cette croisée des chemins comme une opportunité d'entreprendre à nouveau ce voyage quelques années plus tard, cette fois pour découvrir l'autre tronçon.

Si l'on a opté pour la variante transsibérienne, après Oulan-Oudé, on se met en route vers Vladivostok. Cela fait longtemps que le paysage n'est plus plat, montagnes et collines

Double page suivante : le lac Baïkal est indéniablement un des moments forts du voyage à bord du Transsibérien.

s'étendent de part et d'autre des rails. Bien que cela semble presque impossible, les forêts deviennent plus denses encore, puis disparaissent, au profit de larges étendues herbeuses bordées, à l'horizon, de collines, puis de nouveau remplacées, après plusieurs kilomètres, par les forêts de Sibérie orientale, entrecoupées de cours d'eau et de lacs. On traverse ensuite les monts Iablonovy d'ouest en est. De petits villages apparaissent le long de la voie, avec leurs maisons de bois sombre et leurs minuscules chapelles joliment peintes, comme celle de Tolbaga, et leur simple vue réchauffe le cœur ; ils n'ont pas grand-chose à envier aux villes de la région de plus grande envergure. En effet, bien que certaines aient derrière elles une histoire intéressante, leur architecture est souvent trop marquée par l'esprit communiste des décennies passées et par son pragmatisme. Tolbaga, en revanche, abrite non seulement une chapelle très touchante, mais également un site du paléolithique, ou plus précisément de l'interstade de Maisières.

Après Tolbaga, la ligne suit pendant un moment la rivière Khilok – et ce n'est qu'une idylle parmi beaucoup d'autres sur le chemin de Vladivostok, que le train atteint après avoir contourné la Mandchourie, c'est-à-dire l'extrême nord-est de la Chine, puis traversé Khabarovsk. Cette dernière, qui s'étend au bord du fleuve Amour, se distingue elle aussi par ses splendides bâtiments classiques.

Mais c'est bel et bien Vladivostok la véritable métropole de la Sibérie orientale, qui présente à la fois des hôtels particuliers somptueux, des bâtiments d'affaires modernes, un port d'envergure internationale, un pont à haubans dont la portée fut, jusque fin 2015, la plus longue du monde, le pont de l'île Rousski, un programme culturel très diversifié et bien sûr les traditionnelles églises russes orthodoxes surmontées de dômes aux couleurs vives. Et enfin, la mer du Japon, qui rejoint le Pacifique. Il y a quelques années encore, le voyage s'arrêtait définitivement ici pour les passagers du Transsibérien. Aujourd'hui, ils ont la possibilité d'embarquer sur un ferry pour le Japon afin de poursuivre l'exploration de l'Extrême-Orient. Jusqu'à la fin de la Seconde Guerre mondiale et le rapprochement progressif des deux États, le chemin vers Pékin reste quasi inaccessible aux Russes. Aujourd'hui, cette ligne du *Transmongolien* demeure encore majoritairement empruntée par les touristes internationaux. Oulan-Oudé est la dernière grande ville russe sur la route de Pékin, bien qu'elle présente, toute proche qu'elle est de la frontière mongole, de nettes influences mongoles et chinoises. Le train oblique vers le sud et traverse les monts Iablonovy du nord vers le sud (contrairement aux trains qui empruntent l'autre voie), en direction d'Oulan-Bator, la capitale de la Mongolie. D'un coup, les dômes des églises russes disparaissent complètement du paysage, remplacés par les temples bouddhistes dont les toits font penser à des pagodes. Contrairement au reste de la Mongolie, la capitale est une métropole de plus d'un million d'habitants, reconnaissable à ses tours de bureaux et à ses barres d'immeubles. Mais on trouve encore quelques quartiers de yourtes, les tentes traditionnelles des Mongols.

Si l'on quitte la ville en longeant la rivière Tuul, qui prend sa source dans les monts Khentii et dont les eaux rejoignent ensuite d'autres rivières, puis le lac Baïkal, pour se jeter finalement dans l'océan Arctique, on arrive dans une vaste région de collines, où les barres d'immeubles sont remplacées par des yourtes très disséminées. Ces yourtes rondes, faites de bois, de feutre et de toile à voile imperméabilisée, supportent les variations de températures extrêmes mieux que n'importe quelle maison et sont ainsi l'habitat le plus adapté au climat mongol. En particulier dans le désert de Gobi, où l'été les journées extrêmement chaudes alternent avec des nuits très froides, et où l'hiver est tout simplement glacial. La ligne du Transmongolien traverse à présent ce désert, composé de sable, d'éboulis de pierres, de steppe et de prairies. Régulièrement, l'on aperçoit une yourte isolée et des familles mongoles avec leurs troupeaux de chevaux et de chèvres. Il est particulièrement émouvant de découvrir les hémiones, des ânes sauvages asiatiques aujourd'hui devenus rares.

Les yourtes, les tentes traditionnelles des nomades d'Asie occidentale et centrale, parsèment le désert de Gobi de part et d'autre de la ligne.

La Chine se dessine enfin à l'horizon, et les voyageurs peuvent bientôt contempler la seule construction humaine qui soit visible même depuis l'espace : la Grande Muraille de Chine. Le *Transmongolien* atteint ensuite Pékin, son terminus. Après le calme de la Sibérie et de la Mongolie, l'arrivée peut faire l'effet d'un choc culturel, mais c'est avant tout le point d'arrivée haut en couleur d'un voyage riche en contrastes et en émotions.

E&O
EASTERN & ORIENTAL EXPRESS

L'EASTERN & ORIENTAL EXPRESS

De Bangkok à Singapour en quatre jours

*Si vous aimez la vitesse, l'*Eastern & Oriental Express *n'est pas fait pour vous ! Ce train de luxe créé par un homme d'affaires américain préfère cheminer paisiblement. Et s'il ne se dépêche pas, c'est que ce voyage entre Bangkok et Singapour traverse des paysages de rêve.*

*James B. Sherwood, fondateur de la compagnie Belmond de trains, hôtels et croisières de luxe, s'était fixé pour objectif de faire de Bangkok et Singapour, deux des villes les plus passionnantes de l'Asie du Sud-Est, les points de départ et d'arrivée d'un train de luxe dont le voyage durerait plusieurs jours, et c'est au terme de longs préparatifs et d'investissements considérables qu'il a réussi à mettre son projet à exécution. Depuis 1993, l'*Eastern & Oriental Express *parcourt cette ligne longue de 1 943 kilomètres entre la capitale thaïlandaise et Singapour, alliant ainsi le charme des grandes villes à des paysages naturels inoubliables, tout en faisant une incursion dans le passé colonial de l'Asie du Sud-Est.*

INFORMATIONS ET DONNÉES

Itinéraire : de Bangkok (Thaïlande) à Singapour.

Longueur du parcours : 1 943 kilomètres.

Gares principales : Bangkok, Kanchanaburi, Butterworth, Singapour.

Durée du trajet : 4 jours et 3 nuits à bord du train.

Écartement des rails : voie métrique (1 000 millimètres).

Équipement : deux wagons-restaurants, une voiture-bar, une voiture-salon, une voiture panoramique et trois types de cabines selon le niveau de confort désiré. Le train peut au total être composé d'un maximum de 22 wagons.

Ce voyage à bord de l'*Eastern & Oriental Express* commence dans la gare de Hua Lamphong, en plein cœur de Bangkok. Au sud de la gare, le fleuve Chao Phraya traverse cette capitale de 8,5 millions d'habitants, qui à ses débuts n'était qu'un petit village de pêcheurs situé sur la rive est du fleuve. En 1782, Bangkok fut déclarée capitale du royaume par Rama Ier, de la dynastie Chakri, et quadrillée d'un réseau très dense de canaux : les khlongs. Ces nombreux canaux servaient à la fois de voies de circulation et de places pour les marchés flottants. Ils devinrent si caractéristiques du paysage que cette ville en pleine expansion reçut bientôt le surnom de « Venise de l'Orient ». Mais à partir du milieu du XIXe siècle, celle-ci connut une réorganisation structurelle et une grande partie de ces khlongs, comblés et remplacés par des rues et des lignes de chemin de fer, disparut. Mis à part quelques rares canaux, seul est resté le Chao Phraya, véritable artère de cette ville que le développement fulgurant et pour ainsi dire vertigineux a transformé en importante métropole.

Province de Kanchanaburi
Kanchanaburi
Nakhon Pathom
Bangkok
Viaduc de Wangpo
Ratchaburi
2073
Baie de Bangkok
Phetchaburi
Chanthaburi
CAMBODGE
Hua Hin
BIRMANIE
Prachuap Khiri Khan
GOLFE DE THAÏLANDE
Bang Saphan
THAÏLANDE
VIÊT NAM
Chumphon
Lang Suan
Ko Samui
Surat Thani
Ban Na Sam
Nakhon Si Thammarat
Thung Song
MER DE CHINE MÉRIDIONALE
Phuket
Phatthalung
MER D'ANDAMAN
Hat Yai
N
Kota Bharu
Alor Setar
50 km
www.huber-medien.de
Kelantan
Kuala Terengganu
Butterworth
George Town
Penang
2171
Taiping
2187
Ipoh
MALAISIE
Kampar
Kuantan
2107
Pahang
2404 Mont Leuser
Medan
Kuala Lumpur
Seremban
Segamat
Malacca
Keluang
Lac Toba
Détroit de Malacca
Détroit de Johor
Johor Bahru
Singapour
Sumatra
SINGAPOUR
INDONÉSIE

Cela vaut vraiment la peine de prendre le temps de visiter Bangkok avant d'embarquer à bord du train. Rien que dans le quartier historique, entre la gare et le fleuve, les monuments se succèdent, comme le Palais royal, le Musée national ou encore le temple Wat Pho et sa célèbre statue de Bouddha couché, longue de 46 mètres. Pour ceux qui en manqueraient, ils peuvent toujours profiter d'une vue d'ensemble fantastique sur Bangkok en montant sur l'une des plateformes panoramiques situées en haut des buildings. Le spectacle qu'offre cette métropole gigantesque vue depuis le 83e étage d'un gratte-ciel est une entrée en matière parfaite avant de se lancer dans l'aventure d'un voyage de quatre jours éminemment sélect entre la capitale thaïlandaise et Singapour.

Même pour l'extérieur des wagons, l'élégance et le raffinement ont été privilégiés.

UN TRAIN DE LUXE POUR L'ASIE DU SUD-EST

L'*Eastern & Oriental Express*, dont le nom s'étale en lettres dorées sur les wagons vert et beige, quitte la gare principale de Bangkok en fin d'après-midi. Avant que les passagers ne prennent leur premier dîner à bord de ce train luxueux dont la cuisine savoureuse n'a rien à envier aux plus grandes tables, on leur souhaite la bienvenue autour d'un verre et on les installe dans leurs cabines climatisées, dont les lits peuvent être transformés dans la journée en sièges confortables. Mais l'expérience prouve que les voyageurs passent la majeure partie de leur temps dans les wagons « mondains » : les wagons-salon, restaurant ou bar, ou encore la voiture panoramique, où un espace à larges baies vitrées et même une loggia les attendent. Ce n'était pas une mince affaire de réussir à mettre l'*Eastern & Oriental Express* sur les rails, mais James Sherwood, qui avait déjà mis en place le *Venise Simplon-Orient-Express* et le *Great North Eastern Railway*, mena d'âpres négociations avec les sociétés ferroviaires thaïlandaises et malaisiennes jusqu'à obtenir gain de cause. Sherwood se mit ensuite à la recherche de wagons adaptés et trouva son bonheur en Nouvelle-Zélande, où des trains de luxe Silver Star fabriqués au Japon dans les années 1970 attendaient d'être remis en service. Avant que les 22 wagons ainsi acquis ne puissent rallier leurs nouveaux rails en Asie du Sud-Est, il fallut les transformer pour les adapter à la voie normale, car ils roulaient jusque-là sur l'écartement du Cap (1 067 millimètres), que l'on utilise en Nouvelle-Zélande, leur faire subir une révision générale et bien sûr revoir leur aménagement intérieur. Boiseries et marqueteries fines, décors laqués, étoffes nobles et tapis somptueux leur confèrent une ambiance feutrée et raffinée, à l'image des autres trains de la société Orient-Express. Et tandis que ce train de luxe quitte Bangkok en direction de l'ouest, les voyageurs en découvrent toute l'atemporelle élégance.

Des champs de riz, la canne à sucre et les plantations de coton bordent le chemin. La Thaïlande comme dans un livre d'images !

Boiseries et marqueteries fines, décors laqués, étoffes nobles et tapis somptueux confèrent aux voitures une ambiance feutrée et raffinée.

LE CHEMIN DE FER DE LA MORT : LA LIGNE SIAM-BIRMANIE

La construction de ce « chemin de fer de la mort » long de 415 kilomètres en Thaïlande et dans l'ancienne Birmanie découle d'une grande offensive du Japon en Asie du Sud-Est à la fin 1941, dont furent victimes en l'espace de quelques mois l'Indonésie, les Philippines, la Malaisie, Singapour, la Thaïlande et la Birmanie. Les Indes britanniques étaient les suivantes sur la liste, mais pour ce faire, les Japonais devaient d'abord rassembler leurs forces en Birmanie, sous forme d'armes et d'autres équipements militaires. La voie maritime, *via* le détroit de Malacca, présentait beaucoup trop de dangers, c'est pourquoi le Japon décida de faire construire une ligne de chemin de fer qui permettrait de relier les réseaux ferrés de Thaïlande et de Birmanie. Cette décision devait constituer le point de départ de l'un des crimes de guerre les plus dramatiques du Japon. De fin 1942 à début 1944, environ 250 000 travailleurs forcés venus de toutes l'Asie du Sud-Est et 60 000 prisonniers de guerre alliés, principalement des Australiens, des Britanniques et des Néerlandais, durent ouvrir dans la jungle une voie pour ce tracé, avec les moyens les plus rudimentaires et une discipline de fer. Les travaux durèrent 16 mois et coûtèrent la vie à environ 90 000 travailleurs forcés et 12 000 prisonniers de guerre. Ils périrent de faim et d'épuisement, de maladies tropicales et des mauvais traitements ou sous des bombardements alliés. Ce crime de guerre, qui à l'heure actuelle n'a toujours pas été officiellement reconnu par l'État japonais, a été décrit pour le roman de Pierre Boulle *Le Pont de la rivière Kwaï*. Sur les 415 kilomètres que comptaient la ligne, 131 sont encore praticables aujourd'hui du côté thaïlandais.

Le pont de la rivière Kwaï, célèbre grâce à la littérature et au cinéma.

UN DÉTOUR PAR LE PONT SUR LA RIVIÈRE KWAÏ

Au premier jour de ce voyage qui en compte quatre, l'*Eastern & Oriental Express* ne parcourt qu'environ 70 kilomètres, jusqu'à la gare de Nong Pladuk, où les passagers passent leur première nuit dans leur cabine. C'est dans cette gare que fut placé, après décision des Japonais le 5 juillet 1942, le kilomètre zéro de la voie ferrée Siam-Birmanie, longue de 415 kilomètres : sa construction, par le nombre inimaginable de victimes qu'elle engendra, figure parmi les crimes de guerre les plus meurtriers du Japon (voir encadré ci-contre).

À l'aube du jour suivant, le train quitte Nong Pladuk pour rejoindre Kanchanaburi. Cette ville de 54 000 habitants n'évoque pas forcément grand-chose, tout le monde connaît en revanche le pont ferroviaire de 320 mètres de long qui y traverse le cours supérieur du Mae Klong, la rivière Kwaï Yai. En effet, le pont de la rivière Kwaï, a acquis une renommée mondiale grâce au roman de Pierre Boulle, *Le Pont de la rivière Kwaï* et à son adaptation cinématographique. Seize mois durant, des prisonniers de guerre et des travailleurs forcés endurèrent le martyre, souvent jusqu'à en mourir, pour construire sur ce fleuve deux ponts parallèles : l'un en bois, pour l''approvisionnement, et l'autre, un véritable pont de circulation en métal, pour la circulation des convois militaires. Les deux constructions furent détruites lors des bombardements alliés, et à l'heure actuelle seule la seconde a été remise en état, permettant aux trains de l'emprunter à nouveau.

Au matin, les passagers de l'*Eastern & Oriental Express* quittent leurs compartiments pour monter sur un bateau qui les emmène sur les eaux tranquilles du fleuve jusqu'au célèbre pont sur le Kwaï Yai, puis à Kanchanaburi, où un musée de la guerre installé dans le temple Wat Taï et un mémorial composé de plusieurs milliers de tombes entretiennent le souvenir de la construction du chemin de fer de la mort. Avant l'arrivée des chaleurs écrasantes de la mi-journée, le train quitte la gare de Kanchanaburi pour se diriger vers le sud ; les passagers, quant à eux, peuvent, après s'être rafraîchis, savourer leur déjeuner dans les confortables wagons-restaurants climatisés.

DU SUD DE LA THAÏLANDE À LA MALAISIE

Sur de nombreux kilomètres, l'*Eastern & Oriental Express* suit à présent le cours du Mae Klong, laissant derrière lui les rizières et les plantations de canne à sucre, d'ananas, de cocotiers et de coton. Il faut parcourir 1 100 kilomètres avant d'atteindre, le midi du troisième jour, l'étape suivante : la ville malaisienne de Butterworth. Entre-temps, le train aura traversé 8 provinces qui bordent le

Double page suivante : le tronçon Butterworth-Singapour offre à la vue une nature particulièrement spectaculaire.

RN & ORIENTAL EXPRESS

golfe de Thaïlande et offrent aux voyageurs des paysages à couper le souffle, d'autant plus lorsque la voie longe parfois de très près la côte et ses magnifiques plages de sable fin. Dans la province de Prachuap Khiri Khan, on trouve par exemple Hua Hin, la station balnéaire la plus ancienne du pays, ou encore la célèbre plage d'Ao Manao, qui se situe sur l'une des parties les plus étroites du territoire thaïlandais : seuls 15 kilomètres séparent la plage de la frontière avec le Myanmar.

À Hat Yai, dans la province de Songkhla, la voie se scinde en deux, vers l'est et le sud-ouest. C'est cette dernière voie que l'*Eastern & Oriental Express* emprunte, s'éloignant à présent du golfe de Thaïlande pour longer le détroit de Malacca. Aucune voie maritime au monde n'a autant gagné en importance au cours des 20 dernières années : ce détroit long de 800 kilomètres qui relie la presqu'île malaisienne à l'est et l'Indonésie à l'ouest, tout en assurant la jonction entre la mer d'Andaman et la mer de Chine méridionale, voit acheminés chaque jour, environ 15 millions

Terminus Singapour : une ville qui allie traditions et modernité.

de barils de pétrole et plus de 60 000 conteneurs EVP, et la tendance est à la hausse. Mais avant que les passagers du train ne découvrent Singapour, l'un des lieux de transbordement les plus importants au monde, ils entreprennent une nouvelle excursion dans le passé de l'Asie du Sud-Est, en visitant Butterworth et George Town, fondée en 1786 sur la rive est de l'île de Penang par des commerçants de la Compagnie britannique des Indes orientales.

Butterworth et George Town jouent elles aussi un rôle non négligeable dans le domaine des transports et du commerce. Ce qui intéresse la plupart des touristes à George Town, ce n'est toutefois pas le transbordement, mais plutôt le mélange incroyable de cultures, de nationalités et de religions, omniprésent tant au niveau architectural que gastronomique ou linguistique. C'est dans la « rue de l'Harmonie » que ce mélange est le plus frappant, car deux mosquées, un temple hindou, trois temples bouddhistes-taoïstes et une église chrétienne s'y succèdent comme des perles sur un collier.

SINGAPOUR, POINT D'ORGUE DU VOYAGE

L'*Eastern & Oriental Express* quitte la gare de Butterworth en fin d'après-midi et entame son dernier trajet, long d'environ 750 kilomètres. Seuls les voyageurs qui ont veillé peuvent observer la traversée en pleine nuit de la capitale de Malaisie, Kuala Lumpur. Pour tous les autres, il reste une dernière curiosité à admirer depuis les fenêtres du train, le matin suivant, lorsque la locomotive Diesel et ses 22 wagons franchissent le détroit de Johor et ainsi la frontière entre la Malaisie et l'État cité de Singapour. C'est en gare de Woodlands que ce voyage de 4 jours à bord de l'*Eastern & Oriental Express* prend fin, mais c'est là également que peut commencer l'exploration d'une ville absolument fascinante et sans pareil dans le monde. Une ville où les bâtiments coloniaux et les gratte-ciel hyper modernes, les églises et les temples se pressent les uns contre les autres, et où les réserves naturelles offrent un pendant magnifique aux quartiers animés. Un terminus en point d'orgue pour un fantastique voyage en train qui aura permis, en l'espace de 4 jours, de découvrir l'incroyable diversité de l'Asie du Sud-Est.

N.7
N.7

LA LIGNE DU YUNNAN

L'un des chantiers les plus ambitieux de l'histoire ferroviaire

---

Sans l'ombre d'un doute l'un des projets ferroviaires coloniaux les plus ambitieux et les plus spectaculaires du siècle dernier, la ligne de chemin de fer du Yunnan relie la ville vietnamienne de Haiphong à la ville chinoise de Kunming. Sur la partie chinoise, le paysage est marqué par de nombreux cours d'eau coulant dans des vallées étroites et dans des gorges escarpées, que la ligne franchit grâce à une multitude de ponts. La ligne du Yunnan était comparée en son temps à d'autres grands projets du siècle, comme le canal de Panama ou celui de Suez, une comparaison qui n'est pas infondée si l'on en croit les coûts vertigineux engendrés : on dit que ce projet aurait englouti près de 170 millions de francs sous forme d'or.

Avec des dépenses de près de 170 millions de francs en or, la ligne du Yunnan promettait d'être un objet de prestige particulièrement coûteux de la France coloniale.

INFORMATIONS ET DONNÉES

Itinéraire : de Haiphong, au Viêt Nam, à Kunming, en Chine.

Longueur du parcours : environ 855 kilomètres.

Gares principales : Haiphong, Hanoï, Yên Bái, Lào Cai, Honghe, Hekou, Kunming.

Écartement des rails : voie métrique (1 000 millimètres).

Particularité : sur les 465 kilomètres que cette ligne parcourt en Chine, elle franchit plus de 1 900 mètres de dénivelé, plus d'une centaine de ponts et quelque 155 tunnels.

La première partie de la ligne, du côté vietnamien, longe le fleuve Rouge.

La ligne du Yunnan n'est pas seulement un élément clé dans l'histoire du chemin de fer, c'est également une vue d'ensemble de toute l'histoire de l'Indochine. Dès le milieu du XIXe siècle l'arrière-pays chinois éveillait fortement la convoitise des puissances coloniales française et anglaise, car il promettait non seulement des matières premières de grande valeur, mais également des débouchés considérables pour l'industrie européenne. Pour les Français, l'ouverture des régions montagneuses, impraticables, était particulièrement intéressante, car la majorité des ports se trouvaient aux mains des Britanniques, rendant les voies maritimes inaccessibles au commerce. Mais les Britanniques avaient eux aussi un projet de chemin de fer : une ligne devait relier la jeune colonie britannique de Birmanie à la province chinoise du Yunnan. Ce sont toutefois les Français qui remportèrent la course.

Auguste François fut consul de France dans la province du Yunnan de 1896 à 1905. C'est lui qui dirigea la commission en charge du projet de la ligne, lui aussi qui partit en reconnaissance pour déterminer les différents tracés possibles, lui enfin qui mena les négociations avec la dynastie Qing. Issu d'une famille de la bourgeoisie cultivée, François parlait le chinois, connaissait bien les us et coutumes du pays et jouissait d'une grande considération auprès des élites chinoises. En 1901, les négociations portant sur la construction de la voie ferrée étaient terminées, et l'on demanda l'approbation de l'Assemblée nationale française. La Compagnie française des chemins de fer de l'Indochine et du Yunnan fut créée et dotée du capital nécessaire à la Bourse de Paris : la construction du chemin de fer le plus coûteux et le plus ambitieux de l'histoire coloniale de l'Indochine pouvait commencer.

PAR MONTS ET PAR PLAINES : LA CONSTRUCTION DE LA LIGNE DU YUNNAN

Dans les régions densément peuplées, comme ici à Hanoï, seuls 2 à 3 mètres séparent les habitations de la voie.

Sur le premier tronçon, du côté vietnamien, les travaux avancèrent rapidement, car le tracé suivait le cours du fleuve Rouge et bénéficiait donc d'une topographie très avantageuse. Dans la région montagneuse du Yunnan, en revanche, ingénieurs et ouvriers se virent confrontés à des défis de plus en plus redoutables. La suite du tracé, à travers la vallée du Yuanyang, s'avéra plus fâcheuse : d'une part, le terrain n'était pas propice, à cause de ses nombreuses collines de terre glaise, et d'autre part le matériel de construction vint à manquer. La compagnie se décida alors à se rabattre sur un autre itinéraire, via la vallée de la Nam Thi.

Mais cette route était elle aussi un pari risqué : le Yunnan, littéralement « Au sud des nuages », est une région extrêmement montagneuse dont les sommets s'élèvent bien au-dessus de 2 000 mètres ; le plus haut col que doit franchir la voie ferrée culmine ainsi à 2 026 mètres. Il fallut ériger plus de 150 tunnels et plus de 170 ponts et aqueducs dans des conditions parfois périlleuses. À certains endroits, la voie fut littéralement creusée à l'explosif dans la roche. Les conditions topographiques difficiles faisaient également de l'acheminement des matériaux nécessaires et des pièces métalliques des ponts une entreprise complexe et dangereuse. Ces pièces détachées utilisées pour construire les ponts étaient produites en France, et les expédier jusqu'aux lieux du chantier durait des semaines. Les tremblements de terre ou encore les aléas

Aujourd'hui, les voyageurs ne peuvent aller plus loin que la ville-frontière de Lào Cai. Ils doivent ensuite continuer en minibus.

climatiques, comme les inondations pendant la saison des pluies, entraînaient sans cesse des glissements de terrain et des ruptures de digue, et même les tronçons déjà terminés devaient être régulièrement retravaillés. Des conditions qui achevaient de rendre la vie extrêmement dure aux ouvriers. Pourtant, au terme d'efforts quasiment surhumains, la première locomotive atteignit la gare de Mengzi (à côté de Honghe), au kilomètre 165, le 13 janvier 1906. La majeure partie des difficultés topographiques avaient alors été surmontées. Après encore 4 ans de travaux, les rails rejoignirent Kunming, le 30 janvier 1910. La ligne fut inaugurée officiellement le 1er avril 1910, à Kunming. On donna un véritable dîner de gala, avec des vins français rigoureusement sélectionnés et ornés du drapeau tricolore.

LES GRANDES ANNÉES DE LA LIGNE DU YUNNAN

Il ne s'écoula pas beaucoup de temps entre l'ouverture de la ligne et l'effondrement de la Chine impériale. En 1911, la révolution chinoise éclata, mettant fin au règne du dernier empereur chinois, Puyi, de la dynastie Qing. La République de Chine fut proclamée le 1er janvier 1912, mettant ainsi fin à 2 100 ans d'un empire qui avait commencé en l'an -221.

Dans un premier temps néanmoins, la situation de la ligne du Yunnan resta stable : elle continua à être sous administration française. Elle était très fréquentée, les recettes étaient florissantes,

on construisit de nouvelles gares et on mit en circulation des trains de voyageurs supplémentaires. Dans les années 1930, on introduisit des trains de luxe reliant Hanoï à Kunming, réservés aux hauts fonctionnaires français et aux magnats de l'économie.

LA FIN DE L'ÉPOQUE COLONIALE ET LA LIGNE DU YUNNAN AUJOURD'HUI

Ironiquement, la ligne du Yunnan, l'un des projets les plus ambitieux des puissances coloniales en Asie du Sud-Est, contribua finalement à la chute de ces mêmes puissances : en 1954, lors de la bataille de Diên Biên Phu, où les derniers défenseurs de l'Indochine coloniale furent vaincus, la ligne du Yunnan joua un rôle déterminant dans l'approvisionnement des troupes du mouvement indépendantiste vietnamien. Durant les deux décennies qui suivirent, la Chine et le Viêt Nam considérèrent leur frontière commune comme une « frontière de paix et d'amitié », et la circulation sur la ligne ne fut pas affectée. Mais à partir des années 1970, les incidents de frontière violents se multiplièrent, chacun des deux États voyant l'autre dans le rôle de l'agresseur. Après la chute des Khmers rouges, vaincus au Cambodge par les forces armées vietnamiennes au début de l'année 1979, la guerre sino-vietnamienne éclata. La lutte fut particulièrement acharnée dans le delta du fleuve Rouge et sur les contreforts des montagnes du Yunnan. Les combats sanglants qui firent rage pendant trois semaines et occasionnèrent de lourdes pertes dans les deux camps n'épargnèrent pas la ligne de chemin de fer, dont certains tronçons furent détruits

Aujourd'hui, les régions montagneuses peu peuplées, avec leurs décors naturels uniques, attirent surtout les touristes.

pour des raisons stratégiques. On fit notamment sauter le pont situé à la frontière, entre Lào Cai et Hekou, sectionnant ainsi cette ligne qui initialement servait à relier le Viêt Nam et la Chine.

Le rapprochement de la Chine et du Viêt Nam ne s'effectua par la suite que très lentement. Jusque dans les années 1980, des conflits violents réguliers continuèrent à éclater dans les zones frontalières, les rendant inaccessibles au tourisme. Seule la chute du rideau de fer et du communisme européen permit un dégel progressif des relations entre les deux États. Mais il fallut attendre encore quelques années avant que la ligne du Yunnan soit rétablie sur toute sa longueur. Le premier train direct partant de Hanoï pour s'arrêter juste avant Kunming ne fut remis en circulation qu'en 1997. Cela faisait déjà longtemps que les locomotives à vapeur d'autrefois avaient été remplacées par des locomotives Diesel et que la ligne avait perdu une grande part de son importance économique. En revanche, l'intérêt des touristes pour ces régions montagneuses si peu peuplées, avec leurs forêts si denses, leurs rizières en terrasses verdoyantes et leurs magnifiques parcs nationaux, allait croissant. Le tourisme aurait ainsi pu faire entrer la ligne du Yunnan dans un second âge d'or, mais il en fut autrement. Sur la partie chinoise, les sommes faramineuses censées servir à la maintenance de la ligne furent investies dans d'autres projets et, rapidement, la voie se délabra. Des glissements de terrain rendirent l'exploitation de la ligne de plus en plus périlleuse et le transport de voyageurs fut finalement suspendu sur tout le tronçon chinois en 2003, pour des raisons de sécurité. De nos jours, les touristes peuvent se rendre en train jusqu'à la ville frontière de Lào Cai ; après quoi ils doivent continuer leur périple en minibus.

Pour la population qui vit autour du tronçon chinois de la ligne du Yunnan, la suspension du transport de voyageurs fut un coup terrible, et pas seulement en vue d'une possible utilisation touristique. La ligne représente toujours une liaison de première importance entre les régions montagneuses isolées. C'est pourquoi la voie est toujours utilisée sur certaines sections par les voyageurs chinois, avec l'accord des cheminots. Ils parcourent les hauteurs et les vallées boisées et brumeuses de leur région natale, non pas à bord de trains de voyageurs, mais bel et bien assis sur des wagons de marchandises.

L'une des curiosités de cette partie de la ligne est un pont surnommé le « pont de l'Homme », à cause de sa forme qui rappelle l'idéogramme chinois signifiant « homme ». Ce pont, d'une envergure de 67 mètres, s'élève à une centaine de mètres au-dessus de la rivière Sicha He. Ce n'est pas un hasard si cette construction rappelle aussi la tour Eiffel, dans la mesure où les poutrelles d'acier qui la composent proviennent de la même entreprise que celles de l'emblème de Paris. Aujourd'hui, on imagine à peine tous les tourments qui accompagnèrent la construction, sur 21 mois, du pont de l'Homme, le pont de Faux-Namti. Le chantier se trouvait au kilomètre 112, mais les matériaux et les outils ne pouvaient être acheminés que jusqu'au kilomètre 82. De là, les ouvriers durent donc porter chaque pièce à travers la montagne, dont une chaîne en fer longue de 350 mètres et lourde de 5 tonnes.

LA LIGNE DU YUNNAN, TOUJOURS EN ACTIVITÉ AU VIÊT NAM

Du côté vietnamien, la ligne du Yunnan quitte la ville frontière de Lào Cai pour suivre le fleuve Rouge en direction du sud-est, vers Yên Bái. Des forêts d'une envergure insoupçonnée et abritant une biodiversité fascinante s'étendent de part et d'autre de la ligne, tandis qu'à l'ouest, se dressent les « Alpes tonkinoises », c'est-à-dire la cordillère Hoàng Liên, dont le sommet de Fansipan (3 143 mètres) est surnommé le « Toit de l'Indochine ». Les rizières et les plantations de thé défilent, complétant ce camaïeu infini de vert pour lequel l'Asie du Sud-Est est si réputée. Suivant toujours le fleuve Rouge en prenant toutefois soin de laisser de côté les multiples méandres serrés que celui-ci décrit dans son chemin vers Hanoï, la ligne du Yunnan entre progressivement en territoire urbain, passant Viêt Trì, l'un des centres industriels de la région, puis V˜inh Yên. Bientôt, le train atteint le centre de Hanoï, après avoir franchi le pont Long Biên. Ce pont en acier, conçu et construit au début du xxe siècle par des architectes et des ingénieurs français, est l'une des artères les plus importantes de Hanoï : c'est par là que les biens et les marchandises arrivent dans la ville, de même que les voyageurs et les habitants des régions rurales du pays, qui montent à la capitale pour chercher du travail. La capitale vietnamienne, qui s'étend sur les berges du fleuve Rouge, a dû faire face à de nombreux troubles politiques, de guerres et de bombardements tout au long de son histoire. Mais elle est aujourd'hui une ville animée, dotée d'un joli centre et de nombreux monuments historiques.

Le pont Long Biên a été construit au début du xxe siècle par des ingénieurs et des architectes français.

La ligne du Yunnan n'a toutefois pas encore atteint son terminus : en quittant Hanoï, elle traverse le redoutable delta du fleuve Rouge et met le cap vers Haiphong, une ville dont on ne tarde pas à saisir l'envergure économique au vu de son gigantesque port ou de son parc des expositions, extrêmement moderne. Et c'est dans une gare de style colonial que prend fin ce voyage à bord de l'une des lignes les plus prestigieuses et les plus chargées d'histoire au monde.

Le pont de Long Biên va jusqu'au centre de Hanoï, et c'est toujours l'une des artères principales de la ville.

L'EFFROYABLE BILAN HUMAIN DE LA CONSTRUCTION DE LA LIGNE DU YUNNAN

Les conditions dans lesquelles durent travailler les ouvriers autochtones lors de la construction de la ligne étaient absolument catastrophiques. Tant sur le plan météorologique que topographique, l'effort requis était déjà titanesque, la mauvaise alimentation et le manque de soins médicaux vinrent aggraver la situation. Les accidents se multipliaient, tandis que les épidémies et le paludisme faisaient rage. Tout ceci contribua à ce que ce projet colonial de prestige aboutisse à un bilan humain effrayant : sur les 67 000 ouvriers qui prirent part au chantier, plus de 12 000 trouvèrent la mort, dont 81 Occidentaux. Ces conditions de travail intolérables occasionnèrent de très nombreux soulèvements, qui furent naturellement tous réprimés dans la violence.

LA LIGNE FERROVIAIRE QING-ZANG

Vers le toit du monde

La ligne Qing-Zang n'a même pas dix ans et compte pourtant depuis longtemps déjà parmi les lignes de chemin de fer les plus connues au monde. Pas seulement parce que les Chinois en projetèrent la réalisation dès le début de l'occupation du Tibet, espérant ainsi pouvoir un jour parcourir les hauts plateaux isolés en train. C'est également parce que la faisabilité même de la construction de cette ligne fut longtemps mise en doute par des ingénieurs de renom. Aujourd'hui, elle est terminée, a battu nombre de records et est considérée comme la plus spectaculaire au monde en termes de paysages traversés. Bien que la ligne Qing-Zang commence officiellement à Xining, beaucoup de voyageurs partent en fait de Pékin, une sage décision, car cela permet au corps de s'habituer progressivement à l'altitude, et d'apprécier ainsi pleinement ce voyage sur le Toit du monde.

Pour protéger les fragiles pergélisols du Tibet et offrir au train des rails plus sûrs, la ligne a été en partie construite sur des ponts.

INFORMATIONS ET DONNÉES

Noms : ligne ferroviaire Qing-Zang, ligne du Tibet ou encore, en Chine, ligne ferroviaire Qinghai-Tibet.

Itinéraire : la route classique de cette ligne relie Xining, dans la province chinoise du Qinghai, à Lhassa, capitale du Tibet ou de la Région autonome du Tibet de la République populaire de Chine. Elle a été prolongée en 2014 jusqu'à Shigatsé, à l'ouest de Lhassa, et les trains qui la parcourent partent souvent de Pékin.

Inaugurée : le 1er juillet 2006.

Longueur du parcours Xining-Lhassa : 1 956 kilomètres.

Gares principales : Xining, Golmud, Tanggula, Lhassa.

Durée du trajet : 14 heures.

Écartement des rails : voie normale.

Particularité : la ligne Qing-Zang est la plus élevée au monde, puisqu'elle franchit le col de Tanggula à une altitude de 5 072 mètres.

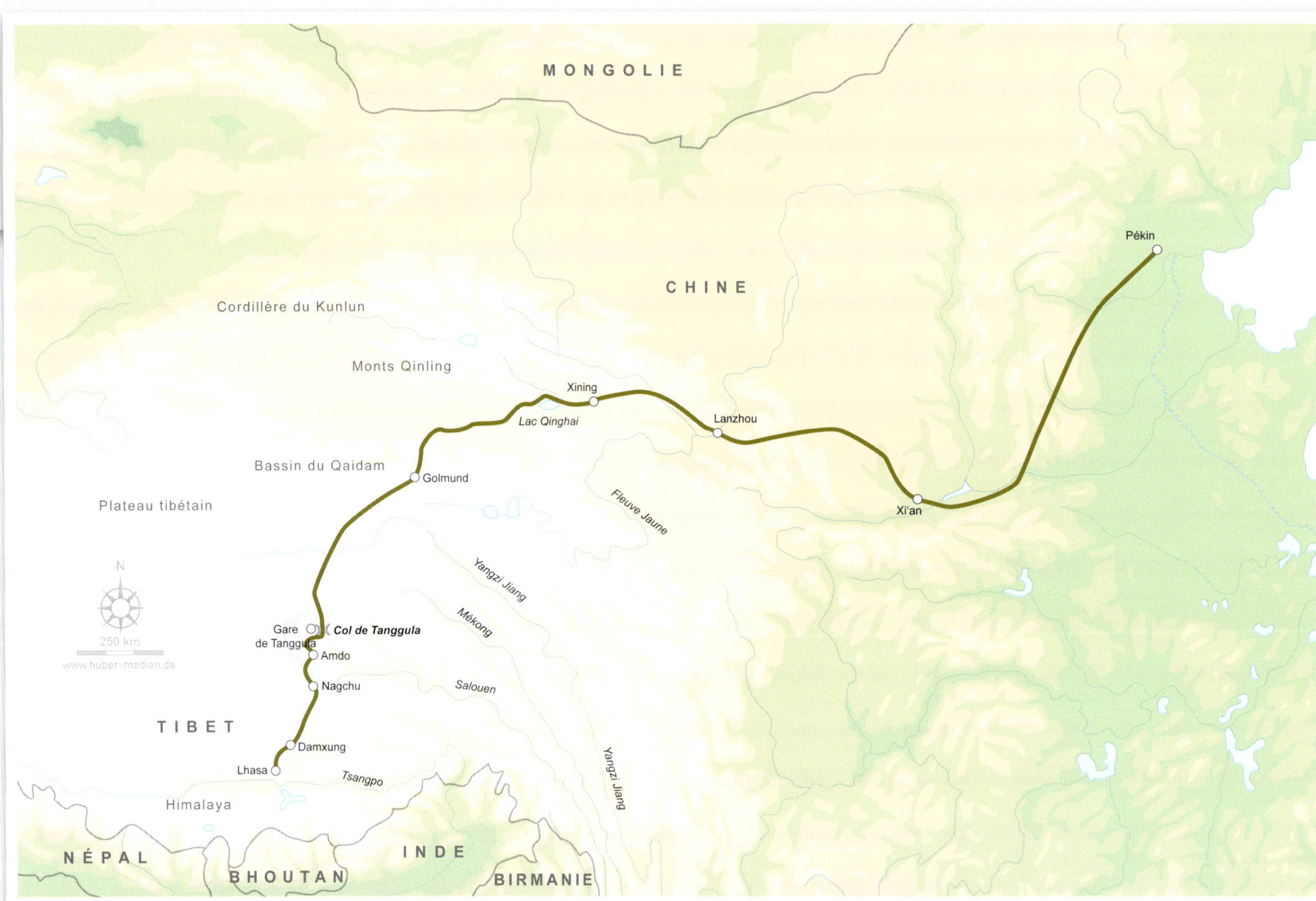

Dans l'ensemble, les Tibétains sont les mieux adaptés génétiquement à leur cadre de vie. Leur rythme respiratoire plus élevé que la moyenne les protège du mal de l'altitude dans les zones où l'air se raréfie. Pour le reste de l'humanité, il en va tout autrement, ce qui fait qu'un voyage sur les hauts plateaux peut vite devenir très fatigant pour les passagers non entraînés, voire même dangereux pour les malades. Ne serait-ce que pour cette raison, il est conseillé de commencer le voyage en train vers Lhassa dès Pékin, ce qui permet au train, en l'espace de 48 heures, de progresser tranquillement de la capitale chinoise, à environ 63 mètres au-dessus du niveau de la mer, à la capitale tibétaine, située quant à elle à 3 650 mètres, en passant par le col de Tanggula, qui culmine à 5 072 mètres. Pour éviter tout accident médical à bord du train, l'air des compartiments est enrichi en oxygène dès que celui-ci franchit la limite des 3 000 mètres d'altitude. Des appareils à oxygène individuels sont à la disposition de tous les passagers et le train est équipé des technologies les plus modernes réservées normalement aux transports aériens. Il bénéficie entre autres d'une pressurisation permanente, et de vitres qui protègent des UV.

UN VÉRITABLE TOUR DE FORCE TECHNIQUE

Le principal défi lors de la construction de la ligne Qing-Zang était lié aux sols du Tibet. Il s'agit en majeure partie de pergélisols, c'est-à-dire de sols gelés en permanence. Plus précisément, ils restent gelés toute l'année à partir d'une certaine profondeur, mais la couche supérieure, dite aussi couche active, fond en fait complètement en été. Au Tibet, des étangs et de petits écoulements d'eau apparaissent ainsi durant les mois d'été, les sols deviennent inégaux, s'affaissent et peuvent même dans les cas les plus graves engendrer ce que l'on appelle des thermokarsts, qui constituent un véritable danger pour les constructions de toute sorte, et un challenge de premier ordre pour une voie ferrée. Pour construire la ligne Qing-Zang, il fallait donc avant tout empêcher le sol de fondre en été sous le tracé de la voie. Dans ces conditions, il n'est pas surprenant que les ingénieurs du monde entier aient longtemps douté de pouvoir jamais concrétiser le projet de rallier Lhassa par les rails. Mais la Chine persista, jusqu'à vaincre la fonte du pergélisol.

Pour venir à bout du problème, l'une des idées les plus décisives des ingénieurs chinois fut de s'inspirer de l'architecture traditionnelle tibétaine : les maisons tibétaines construites sur le pergélisol reposent sur un système de tuyaux horizontaux et parallèles, ouverts de part

Avec son point culminant à 5 072 mètres, c'est la ligne de chemin de fer la plus élevée du monde.

et d'autre, de manière à ce que le vent toujours froid des hauts plateaux s'engouffre en permanence dans les tuyaux, refroidissant ainsi le sol pour l'empêcher de fondre.

Pour la construction de la ligne Qing-Zang, ce système fut adopté par le biais de deux procédés : d'une part, des tuyaux ont été placés perpendiculairement à la voie sous une couche de ballast, pour que le vent puisse refroidir le sol ; d'autre part, on a mis de gros blocs de pierre sous le tracé ballasté sans les lier avec du mortier afin que le vent puisse là encore se faufiler entre eux et ainsi contribuer au refroidissement. L'effet de refroidissement obtenu s'est toutefois avéré nettement moins efficace qu'initialement calculé : les Chemins de fer chinois ont d'ores et déjà dû réparer des dommages subis par le ballast à certains endroits. De surcroît, ces voies composées de ballast et de pierres superposées cachent un autre danger : à chaque passage de train, les secousses ébranlent un peu plus l'empilement, qui au bout du compte doit être entretenu ou réparé presque en permanence.

En revanche, le refroidissement du sol au moyen de thermosiphons, un système souvent utilisé dans d'autres régions qui présentent un pergélisol, installé de part et d'autre de la voie aux endroits particulièrement délicats, semble très efficace et surtout beaucoup plus pérenne. Il s'agit d'environ 10 000 tubes d'acier contenant un réfrigérant, de l'ammoniac, qui, par le

6
严禁危险品上车
5

seul effet de la dilatation et de la gravité, maintient le sol gelé sur 3 mètres de profondeur. Autre mesure mise en œuvre, on a privilégié la construction de ponts plutôt que de voies conventionnelles, les ponts font ainsi de l'ombre au sol et permettent en outre une meilleure circulation de l'air, ce qui réduit la fonte du sol. En sus, les ponts présentent l'avantage de ne pas dégrader la nature, magnifique, sur toute la longueur de la ligne, mais seulement en quelques endroits.

Mettre en œuvre toutes ces différentes techniques, agrémentées encore de tunnels et de clôtures, destinées principalement aux troupeaux de yaks qui paissent dans les plaines de part et d'autre de la voie, relevait véritablement du tour de force. Cent mille ouvriers travaillèrent sur ce chantier qui dura 4 années et dont le coût total s'élève à 3,3 milliards d'euros. Mais, si l'on en croit les données officielles, rien qu'au cours du premier mois d'exploitation, plus de 70 000 personnes empruntèrent cette nouvelle liaison.

SIÈGES « DURS » OU COUCHETTES « MOLLES »

Lorsque l'on réserve son billet pour le voyage Pékin-Lhassa, il est vivement conseillé d'opter pour la catégorie *Soft sleeper*, « couchette molle ». C'est certes la catégorie la plus chère, mais c'est la meilleure pour la santé car c'est la seule qui permette véritablement de bien dormir. Les deux autres catégories, « siège dur » et « couchette dure », sont nettement moins chères, mais quand on a déjà des problèmes à supporter l'altitude, le manque de sommeil ne peut qu'aggraver la situation. Néanmoins, même les « sièges durs » restent confortables.

Cela dit, quel que soit le confort choisi, ce train a la particularité de quitter une ville qui, la majeure partie de l'année, est prise sous une épaisse chape de brouillard, le *smog*, pour ensuite s'élever droit vers le Toit du monde. Que le siège soit dur ou mou, cela reste donc une expérience tout à fait exceptionnelle.

Avant d'embarquer, il faut naturellement visiter la capitale chinoise et ses environs, en n'omettant pas, bien sûr, la Cité impériale et sa Cité interdite, la vieille ville, la Grande Muraille, qui arrive aux portes de Pékin, ou encore le palais d'Été, qui abrite notamment le magnifique Bateau de marbre et l'impressionnant pont Gaoliang. Mais souvent, il est plus passionnant encore de visiter de petits temples comme celui du Bouddha couché (ou temple Wat Pho), ou encore des pharmacies chinoises, dans lesquelles on peut trouver tous les remèdes de la médecine chinoise traditionnelle. Le Pékin moderne vaut lui aussi le détour, notamment

son nouvel opéra, un véritable joyau acoustique et architectural qui n'a rien à envier aux plus grandes salles de concert du monde entier. Et si l'on préfère un avant-goût de Tibet, on peut visiter le temple des Lamas, le plus grand du genre hors du Tibet. Il cache une statue géante de Bouddha de 26 mètres de haut, sculptée dans le tronc d'un santal.

En quittant Pékin, le train traverse tout d'abord les plaines de la province du Hebei, et sa capitale Shijiazhuang, qui ne mérite pas vraiment que l'on s'y attarde, puis gagne les montagnes de la province du Shijiazhuang et atteint finalement les plaines du Huang He, le fleuve Jaune. Long de 5 464 kilomètres, il est le deuxième fleuve du pays après le Yangzi. Le train le franchit et le rejoindra par la suite, mais pour l'instant, il continue sa route à travers la province du Shaanxi, le long des monts Qinling. Il en traverse Xi'an, sa capitale, aux alentours de laquelle a été retrouvée l'extraordinaire armée de terre cuite, mais malheureusement, contrairement aux trains touristiques, les trains express réguliers Pékin-Lhassa ne s'arrêtent pas dans cette ville pourtant grandiose. Outre cette armée enterrée dans le mausolée de l'empereur Qin Shi Huang, composée de chevaux et de soldats de terre cuite grandeur nature équipés d'armes véritables, dont 3 000 ont déjà été mis au jour mais environ 5 000 sont encore enfouis dans le sol, cette ville, qui autrefois était

Ce voyage de plus de 14 heures part de la capitale chinoise, Pékin. De nombreuses curiosités foisonnent dans cette ville ou à ses portes (comme la Grande Muraille), et il est donc chaudement recommandé de la visiter avant d'embarquer à bord du train.

La légendaire armée de terre cuite, trouvée dans le mausolée de l'empereur Qin Shi Huang, est connue dans le monde entier.

le point de départ de la route de la Soie, a une multitude de chefs-d'œuvre architecturaux à offrir. Xi'an est l'une des rares villes bordant cette ligne chinoise à ne pas être essentiellement composée de bâtiments de style communiste agrémentés de quelques temples : elle renferme un quartier historique splendide, des remparts et des temples magnifiques.

Malheureusement, on ne peut pas en dire autant de Lanzhou, sur les berges du fleuve Jaune, encore « étroit », si l'on peut dire, à cet endroit. Lorsqu'il y arrive, le train a déjà parcouru près de 1 500 kilomètres et en a atteint 1 600 en altitude. La ville ressemble à la plupart de celles dans lesquelles le train s'est déjà arrêté : le centre est composé de buildings, la périphérie, de barres d'immeubles. Çà et là, un temple fait son apparition, mais cela ne suffit pas à atténuer le caractère industriel de la ville. Le parc Shuiche, ou parc des Roues hydrauliques, constitue l'exception : c'est un lieu idyllique qui retrace l'histoire des techniques d'irrigation dans le pays grâce à d'anciennes roues à eau. Mais ce parc n'est pas visible depuis le train et descendre dans cette ville n'en vaudrait franchement pas la peine. Le voyage continue, à travers rizières et champs de maïs, au pied des montagnes, jusqu'à Xining, où commence la ligne Qing-Zang proprement dite.

DE XINING À LHASSA

Xining, située au bord de la rivière Huangshui, le principal affluent du fleuve Jaune, est la capitale de la province du Qinghai. Ses berges si fertiles attirèrent, dès le néolithique, des hommes, qui s'y installèrent pour en cultiver le sol. Aujourd'hui encore, l'activité agricole est de mise, même si Xining est devenue entre-temps une grande ville de plus de 2 millions d'habitants. Elle se situe déjà à plus de 2 200 mètres, mais au nord se dressent les sommets des monts Nan Shan, qui par endroits s'élèvent dans le ciel à plus de 6 000 mètres d'altitude et donnent directement sur les hauts plateaux tibétains. Si l'on monte dans le train pour Lhassa à Xining, ou si l'on a prévu d'y faire un arrêt prolongé, il faut absolument aller visiter les grottes Mati Si, près de Zhangye. Ce sont des temples bouddhistes creusés à même la falaise, au nord-est de la montagne, et ornés de magnifiques pagodes. Elles sont à 337 kilomètres de Xining, mais valent indéniablement le « détour », d'autant que l'on peut en profiter pour visiter aussi le Parc géologique national de Zhangye Danxia, dont les roches colorées offrent un spectacle extrêmement original. Selon la position du soleil, ses innombrables strates rocheuses resplendissent de mille couleurs, couvrant tout le spectre de l'arc-en-ciel.

Quelques kilomètres après Xining, le train longe le lac Qinghai, qui est le plus grand lac d'eau salée du monde. Le panorama est d'une beauté à couper le souffle. Les pâturages à la végétation clairsemée alternent avec les champs de colza fertiles, bordés d'un côté par le lac et de l'autre par les sommets enneigés. Tous les ans, se déroule sur les bords du lac une course cycliste qui gagne chaque fois un peu plus en renommée internationale.

Le train s'achemine ensuite vers les hauts plateaux, en suivant le versant sud de la montagne, et atteint bientôt son prochain arrêt : Golmud. Des terres désertiques entourent la ville et accompagnent la voie ferrée depuis un certain temps déjà : le bassin du Qaidam, au sud duquel Golmud est situé, se trouve en moyenne à 3 000 mètres au-dessus du niveau de la mer et se compose de désert, de steppe désertique et d'innombrables lacs salés, dont le plus grand, le Dabsan Hu, se trouve directement au bord de la voie. Il pleut très rarement ici, car le bassin est bordé au sud par les monts Kunlun, qui peuvent atteindre 7 000 mètres, et au nord par l'Altun Shan et le Nan Shan, hauts de 6 000 mètres, qui font généralement obstacle à l'arrivée des nuages de pluie. Selon la position du soleil, la couleur des collines de sable et de pierres oscille du jaunâtre au rougeâtre, un contraste extrême après les champs verdoyants du lac Qinghai.

Peu après Golmud, le train change petit à petit de cap : au lieu de continuer vers l'ouest, il oblique à présent vers le sud sud-est et le centre du plateau tibétain, ou, pour utiliser la dénomination officielle, du haut plateau Qing-Zang. Mais il doit d'abord franchir le col de Kunlun, à 4 772 mètres d'altitude. Cette région se caractérise par ses nombreux glaciers et ses versants escarpés. La voie s'élève de près de 2 000 mètres en l'espace de seulement 160 kilomètres : c'est ici que la plupart des voyageurs ont recours aux appareils à oxygène, pour faciliter la respiration. En récompense, ils pénètrent dans l'île des Bienheureux et traversent le paradis du taoïsme. C'est l'endroit où, d'après la mythologie chinoise, l'Homme peut acquérir l'immortalité, et où vivent les Xian, les immortels.

Double page suivante : sur le trajet de Pékin à Lhassa, on découvre – certes sous étroite surveillance – un paysage de montagne absolument fascinant, sur le Toit du monde.

0014
0014

Que ce soit dû aux Xian ou au caractère austère et isolé de cette contrée, la région qui arrive ensuite, Hoh Xil, est la moins peuplée de Chine. Mais cela ne vaut que pour les humains, car les animaux abondent de toutes parts dans cette réserve naturelle. Environ 230 espèces sauvages, dont celles menacées de l'hémione, que les passagers du Transsibérien ont rencontré dans le désert de Gobi, de l'antilope du Tibet ou encore de la gazelle du Tibet, vivent ici. L'animal le plus répandu, quant à lui, est de loin le yak, qu'il soit sauvage ou domestiqué. Avec leurs laines chaudes, le yak et le mouton sont les mieux adaptés au climat glacial de cette région ; les voyageurs, quant à eux, sont bien contents d'être à l'abri, bien au chaud dans leur train climatisé et oxygéné.

La ligne Qing-Zang franchit ensuite la rivière Tuotuo He, ou Ulaan Moron, la « rivière Rouge » en mongol, ainsi nommée à cause de la teinte que prennent ses eaux à certains endroits. C'est en fait le début du fleuve Yangzi, le troisième du monde et le premier d'Asie par la taille. La voie ferrée le traverse *via* un pont de 1 389 mètres de long.

Environ 400 kilomètres après le col de Kunlun, le train atteint le point le plus élevé de la ligne, le col de Tanggula. Ce col culmine à 5 072 mètres au-dessus du niveau de la mer, et pourtant, le franchissement de cette hauteur symbolique est presque décevant : le paysage est certes d'une beauté fantastique – les sommets couverts de glaciers se dressent à l'horizon, devant eux s'étalent de vastes étendues herbeuses jaunies qui, selon les saisons, sont parsemées de taches de neige ou de flaques d'eau – mais le col lui-même ressemble plus à une colline, sur laquelle paissent des yaks. Peu après, le train s'arrête dans la gare de Tanggula, qui, avec ses 5 068 mètres d'altitude, est la gare la plus élevée au monde. On reste le temps de faire une photo souvenir, puis les voyageurs doivent remonter à bord du train : les Chemins de fer chinois ne veulent pas prendre le risque de voir les touristes s'évanouir les uns après les autres par manque d'air.

La gare de Lhassa est la plus élevée au monde. À 5 068 mètres d'altitude, l'air raréfié est éprouvant pour les voyageurs.

Sur les derniers 500 kilomètres de la ligne, le train redescend de 1 500 mètres. Rivières et lacs sillonnent les hauts plateaux, puis la végétation, au départ clairsemée, redevient luxuriante tandis que le train perd en altitude. Bientôt, les champs recouvrent à nouveau les vallées et, enfin, le train atteint Lhassa, son terminus. Cette grande ville, qui compte près de 500 000 habitants, est blottie dans la large cuvette du Kyi, ou rivière de Lhassa, qui se divise en de multiples bras pour alimenter le Yarlung Tsangpo, qui prend le nom de Brahmaputra, en Inde. Il est lui-même alimenté par les glaciers du Transhimalaya, qui entoure la ville.

Aujourd'hui encore, le symbole de Lhassa est le palais du Potala, sur la colline de Marpari, qui, jusqu'à l'exil du 14e dalaï-lama en Inde suite au soulèvement tibétain de 1959, était le siège du gouvernement et la résidence du chef d'État et du plus haut guide religieux du bouddhisme tibétain. Bien que le dalaï-lama soit toujours en exil, Lhassa reste le centre spirituel du Tibet et du bouddhisme tibétain, et ce sont donc principalement les chemins de pèlerinage et les temples qui constituent les hauts lieux de la ville. Le temple de Jokhang, par exemple, abrite un trésor d'une valeur inestimable pour les Tibétains, une statue dorée du bouddha Siddhārtha Gautama, appelée Jowo Sakyamuni.

La ligne Qing-Zang a à présent atteint sa destination officielle, mais elle ne s'arrête pas forcément là : en 2014, la ligne a été prolongée de 270 kilomètres vers le sud-ouest, jusqu'à la ville de Shigatsé, et elle franchira peut-être un jour les frontières de l'Inde.

Ces paysages de montagne austères, qui semblent s'étendre à l'infini, promettent une expérience absolument unique.

LES CHEMINS DE FER D'AMÉRIQUE DU NORD ET DU SUD

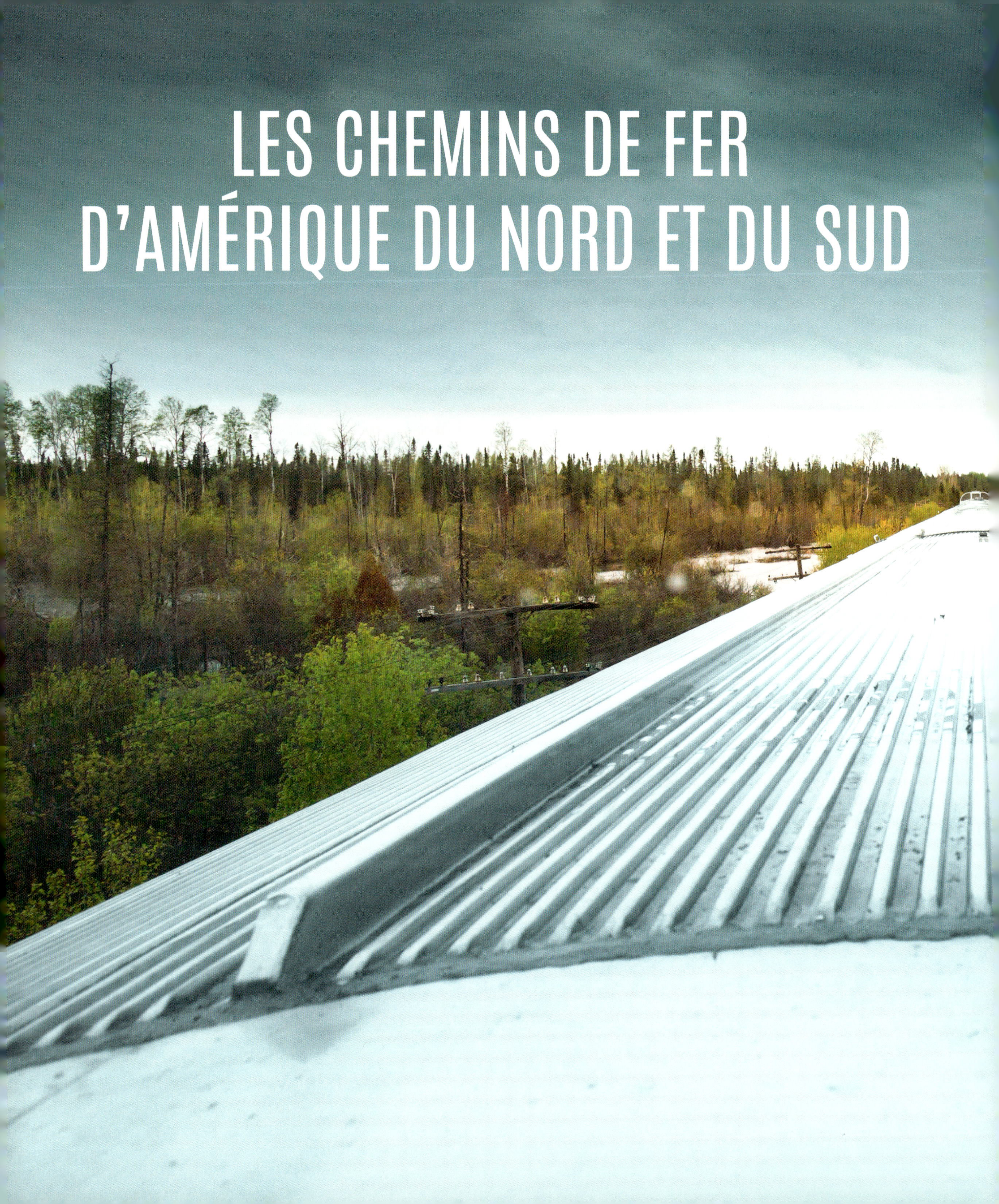

Canada

LE CANADIEN

Des kilomètres de nature et quelques villes

C'est au bord du lac Ontario que débute ce périple qui va de l'est du Canada à l'extrême ouest, au bord du Pacifique. Il traverse tout un continent. Ce qu'il y a à voir? En premier lieu la nature, ses lacs, ses forêts, ses fleuves, ses prairies et ses montagnes. On ne croise que peu d'endroits habités ; de temps à autre, on aperçoit au loin une exploitation agricole. Même Winnipeg et Edmonton ne représentent que de petits arrêts sur le chemin. En revanche, les points de départ et d'arrivée du voyage, sont deux villes immenses, animées, bruyantes, qui se distinguent toutefois des autres grandes métropoles du monde : l'air y est pur, la qualité de vie, élevée, et malgré tous les gratte-ciel, ces deux villes ont su préserver sur leur territoire une part de cette nature qui s'étend dans l'immensité qui les sépare.

Précisément 4 466 kilomètres séparent Toronto de la ville lointaine de Vancouver.
Le Canadien *les parcourt en 3 jours et 4 nuits.*

INFORMATIONS ET DONNÉES

Itinéraire : à travers le Canada, de Toronto à Vancouver.

Longueur totale : 4 466 kilomètres.

Gares principales : Toronto, Winnipeg, Edmonton, Parc national de Jasper, Vancouver.

Durée du trajet : 3 jours et 4 nuits.

Fréquence : 3 fois par semaine.

Particularités : au-delà des arrêts systématiquement desservis, comme Winnipeg et Edmonton, on peut monter à bord du *Canadien* ou en descendre dans de nombreuses gares. Il faut néanmoins prévenir 48 heures à l'avance, sans quoi le train ne marque pas l'arrêt.

Les meilleurs moments pour voyager à bord de ce train sont soit l'été, car le jour se lève très tôt et la nuit tombe très tard dans ces zones septentrionales, soit l'automne et le printemps, où la nature revêt des couleurs nettement plus spectaculaires. Il est déconseillé en revanche d'opter pour la saison hivernale : il y a fait un froid glacial et le train prend souvent du retard.

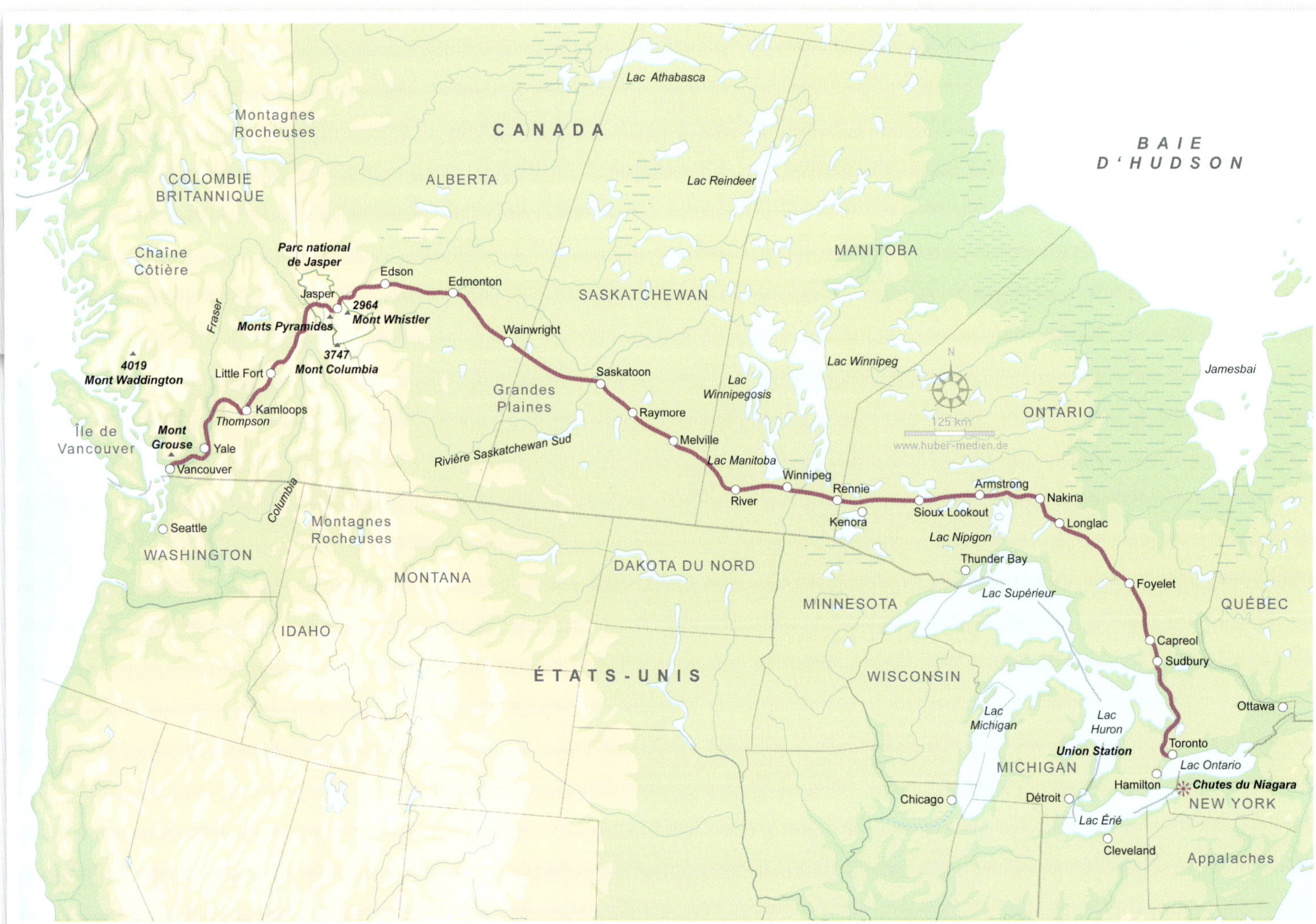

Le Canadien part de Toronto, la plus grande ville du Canada. Les contours de cette métropole excitante, avec ses gratte-ciel, sa tour CN et la coupole blanche de son stade, le centre Rogers, se reflètent dans les eaux du plus petit des cinq Grands Lacs d'Amérique du Nord. Mais ce n'est qu'une de ses facettes : la plus belle partie de Toronto s'étend au-delà de ses hauts buildings. Les maisons et les petites villas, alignées dans une ambiance presque intimiste et rappelant, pour certaines, l'époque victorienne, en illustrent bien mieux le véritable visage. Petits jardins fleuris à l'ombre des arbres, familles qui discutent avec leurs voisins depuis leur escalier, voilà à quoi ressemble Toronto.

De larges fenêtres panoramiques permettent de profiter au maximum des paysages qui défilent.

DE TORONTO À WINNIPEG

Des paysages fabuleux attendent les voyageurs dans les Rocheuses canadiennes.

Le voyage débute néanmoins aux environs du lac Ontario, en plein cœur du district financier, derrière les colonnes de la façade austère de la gare Union. Il est 22 heures. Dans les compartiments, les lits sont déjà faits, du moins si l'on a opté pour une couchette en classe Prestige ou Plus et non pour les sièges inclinables de la classe économique. Le train se met en route vers l'ouest. Le paysage de la province de l'Ontario, riche en forêts et en lacs, s'étend de part et d'autre de la voie. *Le Canadien* y serpente, contournant ses innombrables lacs et étangs, au bord desquels une hutte en bois rappelle, de temps à autre, qu'en été, cette région est un véritable paradis pour les chasseurs et les pêcheurs – de toute nature. En effet, on rencontre ici des martres pêcheuses et des loups, mais le plus souvent des herbivores, comme les caribous et les élans ; les huttes de castors sont omniprésentes. Pendant toute la première journée, le train roule à travers l'Ontario. Derrière les larges fenêtres panoramiques, on voit défiler tantôt des forêts de feuillus, des rivières bouillonnantes et des lacs paisibles, tantôt des lacs paisibles, des rivières bouillonnantes et des forêts de feuillus. À certains moments, la voie traverse directement un lac, et seuls le ballast et les rails séparent le train de l'eau. Plus rarement, une petite localité fait irruption au milieu de la nature, et le train s'y arrête parfois quelques minutes, permettant ainsi aux voyageurs de la classe Économie de renouveler leurs provisions. Mais ces endroits sont sans

importance. Et l'on constate, non sans étonnement, que regarder le paysage, ses nombreuses nuances de vert et les mille facettes que prennent, sous la lumière changeante, les reflets de l'eau, n'a rien d'ennuyeux, bien au contraire. Après le dîner et pourquoi pas un verre au bar, le doux mouvement du train berce les passagers. Au matin, *Le Canadien* a quitté l'Ontario et roule à présent à travers la province de Manitoba. Peu après le petit déjeuner, il fait escale à Winnipeg.

À TRAVERS LES PRAIRIES

Si la capitale du Manitoba compte plus de 600 000 habitants, l'ensemble de la province, d'une surface de près de 650 000 kilomètres carrés, n'en abrite que le double. Il n'y a pas beaucoup de temps pour découvrir la ville, on se contente donc de se promener le long de la rivière Rouge pour se dégourdir un peu les jambes, d'autant que le centre-ville n'est pas particulièrement attrayant. Le train repart de la gare Union à l'heure dite et traverse ensuite successivement le Manitoba, la Saskatchewan et l'Alberta, qui forment les Prairies canadiennes. Les prairies herbeuses et fertiles, où déambulaient autrefois des troupeaux de bisons et de caribous pourchassés par les Indiens, ne sont aujourd'hui que champs de céréales et élevages bovins à perte de vue. Ces trois provinces, qui couvrent près de 2 millions de kilomètres carrés, sont moins densément peuplées que la province de l'Ontario,

Double page suivante : montagnes, lacs et rivières constituent le décor magnifique que traverse le Canadien.

deux fois plus petite. Si l'on excepte les fermes isolées, parfois éloignées de plusieurs kilomètres les unes des autres, ce sont surtout les silos de céréales qui témoignent de la présence humaine. Mais l'on y rencontre tout de même plus de petites villes, c'est-à-dire plus d'arrêts potentiels pour *Le Canadien*. Si les forêts ont à présent en grande partie disparu, les lacs et les rivières demeurent. L'herbe des prairies ne se balance plus au vent, elle est trop courte pour cela : cette région agricole étant l'une des plus importantes au monde en matière de culture céréalière et d'élevage bovin, dont celui de bisons depuis quelques années, les prairies y sont utilisées de manière intensive.

Le train traverse ainsi le Manitoba dans la journée, puis la Saskatchewan une fois la nuit venue, ce qui fait que l'on ne voit rien de sa capitale, Saskatoon (d'autant plus que sa gare est située en périphérie), et pénètre sur le territoire de l'Alberta avant l'aube, de manière à arriver dans sa capitale, Edmonton, pour le petit déjeuner. L'arrêt dure deux heures, ce qui laisse le temps de se promener tranquillement autour de la gare centrale, voire de pousser jusqu'au fleuve, mais pas de visiter véritablement cette ville de plus de 800 000 habitants.

DES MONTAGNES ROCHEUSES JUSQU'À VANCOUVER

De retour à bord du train, il est temps de dire au revoir aux vastes plaines des prairies canadiennes, car on se dirige à présent droit vers les montagnes Rocheuses. Le paysage est de nouveau boisé et la voie gagne progressivement en altitude. Le train suit à plus ou moins bonne distance le cours de la rivière Athabasca, qui prend sa source dans le Champ de glace Columbia, jusqu'à Jasper, une petite localité située dans une large vallée et qui vit principalement du tourisme. Avant d'atteindre cette ville, le train traverse le Parc national de Jasper. Les passagers peuvent parfois apercevoir des ours, des élans, des caribous, des mouflons canadiens ou encore des wapitis. Les sommets de la chaîne de montagnes, qui peuvent culminer à plus de 4 000 mètres, se dressent au bord de la voie et jusqu'à l'horizon. C'est le moment d'avoir recours aux fenêtres panoramiques et à la coupole vitrée de la voiture Skyline, en particulier quand le soleil commence à baisser.

La dernière nuit dans les montagnes n'est pas particulièrement paisible, l'idéal est donc de se réveiller tôt pour pouvoir regarder par la fenêtre et savourer le dernier tronçon du voyage, le long du fleuve Fraser en direction de Vancouver. Une fois arrivés, les voyageurs, qui se sentent suffisamment en forme peuvent attaquer directement, aux portes de la ville, le Sentier de la Côte-Ouest, sur l'île de Vancouver.

De belles rencontres avec la faune locale !

4108
4108
4108
BNSF
32067

LE CALIFORNIA ZEPHYR

Sur les traces de la Conquête de l'ouest

Le California Zephyr *doit traverser pas moins de 7 États fédéraux afin d'effectuer son voyage entre Chicago et Emeryville.*

D'après Hésiode, poète de la Grèce antique, Astrée et Éos, respectivement dieu du crépuscule et déesse de l'aube, s'unirent pour donner naissance aux quatre divinités des vents, dont Zéphyr, vent de l'ouest. Baptisé du nom du dieu grec, le légendaire train longue distance California Zephyr, *laisse ainsi à chaque passager le soin de décider si c'est emporté par lui qu'il veut entreprendre la traversée du continent américain ou au contraire en roulant vers la côte ouest. Dans tous les cas, ce voyage promet une aventure inoubliable, à travers sept États fédéraux et maintient ainsi le souvenir de la construction de cette ligne de chemin de fer transcontinentale qui contribua considérablement au peuplement de l'Ouest américain.*

INFORMATIONS ET DONNÉES

Itinéraire : de Chicago à Emeryville (dans la baie de San Francisco).

Longueur de la ligne : 3 924 kilomètres.

Gares principales : Chicago, Omaha, Denver, Salt Lake City, Sacramento, Emeryville.

Durée du voyage : 51 heures et 20 minutes.

Écartement des rails : voie normale.

Équipement : jusqu'à 4 locomotives Diesel peuvent tirer ce train de voyageurs à deux étages, composé de wagons avec sièges, de wagons-lits, de wagons-restaurants et d'une voiture panoramique aux fenêtres immenses.

Particularité : le *California Zephyr* ne va pas jusqu'à San Francisco – le voyage s'arrête à Emeryville – pour ne pas avoir à contourner la baie de San Francisco.

Affiche publicitaire de la compagnie Western Pacific vantant le California Zephyr, *dans les années 1950.*

Le luxe que le *California Zephyr* offre à ses passagers tient moins à son opulence qu'à la multitude d'impressions et de sentiments par lesquels ils peuvent passer tout au long de ce voyage de 3 jours et 2 nuits. Chaque année, environ 350 000 personnes saisissent l'occasion de se rendre de la ville commerciale et boursière de Chicago à la métropole californienne de San Francisco, non par les airs mais bel et bien par les rails, au ralenti, pour se laisser transporter, entre deux villes remarquables, par la beauté des montagnes Rocheuses, de la Sierra Nevada ou du Middle West.

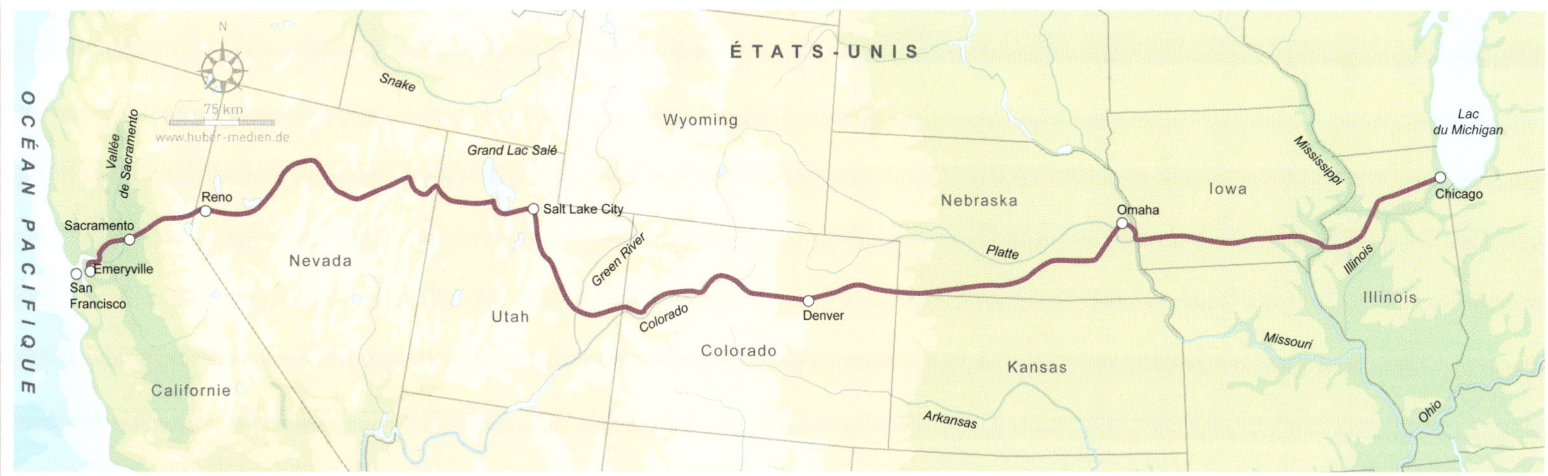

DE CHICAGO AUX ROCHEUSES EN PASSANT PAR LE GRENIER À BLÉ DES ÉTATS-UNIS

Le *California Zephyr* quitte Chicago à 14 heures. Au cours des 51 heures suivantes, il marquera un total de 33 arrêts avant d'atteindre Emeryville et la baie de San Francisco, son terminus. Il est impressionnant de voir combien de voies ferrées partent de cette métropole de 2,7 millions d'habitants : bien que certaines gares grandes lignes aient été fermées, voire rasées, dans les années 1970, Chicago reste encore et toujours l'un des plus grands nœuds ferroviaires au monde. Les voyageurs embarquent à bord du *California Zephyr* en gare d'Union Station, un point de départ emblématique du rôle primordial que joue Chicago dans le monde commercial et financier, puisqu'il se situe au cœur du quartier d'affaires The Loop. C'est ici, à quelques centaines de mètres seulement de la gare, que fut créée en 1848 la Chicago Board of Trade, la plus ancienne bourse de commerce du monde. Les contrats à terme portant sur les produits agricoles garantissaient une certaine sécurité aux producteurs et aux acheteurs face aux variations de prix du secteur. D'autant qu'à cette époque, le Middle West jouait déjà un rôle déterminant dans

De grandes villes bouillonnantes et des contrées entièrement vides : le voyage à bord du California Zephyr *promet les plus grands contrastes.*

la production des céréales et des viandes négociées à la bourse. S'ils avaient encore un doute, les passagers du *California Zephyr* peuvent rapidement s'en convaincre le premier jour du voyage, lorsque le train traverse les Grandes Plaines, également nommées le grenier à blé et le Cattle Country (« le pays de l'élevage bovin ») des États-Unis.

Une heure après avoir quitté la gare de Chicago, on voit déjà bien quels paysages se cachent derrière ce « garde-manger » qu'est le Middle West : les zones cultivables parfaitement plates s'étendent à perte de vue sur des kilomètres, entrecoupées seulement des incontournables fermes, silos et étables – et également d'une multitude de petites églises qui laissent entrevoir la grande diversité de la chrétienté de cette région, où se mêlent catholiques, méthodistes, presbytériens, luthériens et membres de l'église épiscopalienne ou d'autres confessions.

L'après-midi touche déjà à sa fin lorsque le train s'approche des berges du Mississippi, qui constitue la frontière entre l'Illinois et l'Iowa. Il traverse le large fleuve grâce au pont de chemin de fer de Burlington et arrive dans la petite ville du même nom, qui, aux grandes heures de la navigation à vapeur, était un port de première importance et peut encore revendiquer une certaine position dans différents secteurs industriels.

Sur les 480 kilomètres qui suivent, le *California Zephyr* ne rencontre aucune grande ville, il continue à sillonner des régions agraires où les champs s'étendent à l'infini. Vers 23 heures, il arrive à Omaha, une ville de 400 000 habitants surnommée la Porte d'entrée vers l'Ouest. Mais, à cette heure-ci, la plupart des passagers se sont déjà retirés dans leur cabine, ou tentent de trouver une position confortable sur leur siège inclinable, de manière à ne pas rater l'arrivée à Denver au petit matin. Le *California Zephyr* y fait une pause d'une heure, qui suffit pour sortir se dégourdir les jambes et jeter un coup d'œil à cette ancienne ville de chercheurs d'or qui connut une crise momentanée après avoir épuisé ses réserves de métaux précieux puis trouva un souffle nouveau dans l'exploitation d'une autre matière première : le pétrole. Beaucoup se souviennent sans doute de la série à succès *Dynastie*, qui mettait en scène les luttes de pouvoir entre familles de magnats du pétrole dans un Denver qui retrouvait effectivement une deuxième jeunesse grâce au boom pétrolier et voyait ses rues se remplir des bâtiments imposants qui marquent aujourd'hui encore le paysage.

Pour les voyageurs du *California Zephyr,* Denver représente également une sorte de ligne de démarcation. À l'est de la capitale du Colorado, les champs organisés en damier s'étendent à perte de vue, parsemés de taches rondes qui montrent que l'on a recours à l'agriculture irriguée dans cette région très sèche. À l'ouest de cette ville que l'on nomme également Mile-High City, car elle se situe exactement à un mile d'altitude (1 609 mètres), se dressent les montagnes Rocheuses, qu'il s'agit à présent de franchir. Sur les 80 kilomètres qui suivent, le train gagne 1 200 mètres d'altitude pour atteindre le célèbre Moffat Tunnel. Nommé d'après son initiateur, le pionnier du rail David Moffat, ce tunnel ouvert en 1928 a considérablement facilité le franchissement des montagnes Rocheuses et allégé les conditions de voyage. Auparavant, les trains devaient se traîner jusqu'au col Rollins, situé à 3 557 mètres d'altitude, ce qui leur prenait presque une journée entière. Grâce à ce tunnel de 10 kilomètres de long, pour lequel il a fallu déplacer plus d'1,4 million de tonnes de roche, la traversée ne dure qu'une dizaine de minutes. Lors de ce parcours dans l'obscurité, le train passe sous plusieurs lacs de cratère du parc James Peak Wilderness pour retrouver la lumière du jour au niveau de la gare de Fraser-Winter Park, au cœur d'un domaine skiable de renom. La plupart des passagers s'accordent à dire que la plus belle partie du voyage commence à partir de cette station, située à 2 609 mètres d'altitude.

DES ROCHEUSES À EMERYVILLE, EN PASSANT PAR SALT LAKE CITY

Forêts, prairies, sommets enneigés, torrents et lacs de montagne limpides constituent le paysage des Rocheuses, qui s'étendent du Nouveau-Mexique à la frontière canadienne. Au cours des heures qui suivent, aucun des sièges confortables de la voiture panoramique ne reste inoccupé, car ses larges fenêtres qui vont jusqu'au plafond offrent un panorama splendide sur ce paysage de montagne fascinant et sur le fleuve Colorado, qui prend sa source ici et se fraye un chemin tumultueux au cœur de la vallée en décrivant force méandres, avant de continuer son voyage de 2 330 kilomètres jusqu'au golfe de Californie, au fond de canyons impressionnants.

Vers 14 heures, le *California Zephyr* arrive dans la petite localité de Glenwood Springs. Comme son nom l'indique, il y a ici des sources

Arrêt à la gare Union Station de Denver (à gauche). La traversée des montagnes Rocheuses constitue à coup sûr l'un des moments forts du voyage à bord du California Zephyr.

d'eau chaude, et aussi la plus grande piscine alimentée en eau naturellement chaude au monde. Les gens affluent des quatre coins de la planète pour se relaxer, en plein cœur d'un paysage montagneux fascinant, dans une eau de source qui, été comme hiver, est à une constante de 32° C.

Le paysage devient de plus en plus aride, il n'en est cependant pas moins impressionnant, notamment grâce à l'imposante mesa située aux environs de la ville de Grand Junction, un haut plateau composé de roches sédimentaires protégées par une carapace de basalte d'origine

UN CHEMIN DE FER TRANSCONTINENTAL

Avant que l'Amérique du Nord ne soit équipée d'un réseau ferré transcontinental, il existait deux moyens de transport pour atteindre la côte ouest, aussi pénibles l'un que l'autre : le bateau, qui nécessitait encore de contourner le cap Horn, ou le chariot, depuis la côte est. À partir de 1855, l'ouverture du chemin de fer du Panama offrit la possibilité de passer par l'isthme de Panama. Les fameux convois de chariots mettaient en moyenne 6 mois à atteindre leur destination, et encouraient de nombreux dangers à cause des chaînes de montagne qu'ils devaient franchir. La nécessité d'une liaison par les rails devint donc évidente, d'autant que l'or avait depuis longtemps fait de l'Ouest une destination attrayante. En 1857, l'ingénieur des chemins de fer Theodore Dehone Judah développa l'idée d'une liaison ferroviaire transcontinentale et trouva quatre hommes d'affaires prêts à financer le projet ; ceux-ci allaient rentrer dans l'Histoire sous le nom de « Big Four ». Ils fondèrent la Central Pacific Rail Road et les travaux commencèrent au début des années 1860 à Sacramento en direction de l'est ; le franchissement de la Sierra Nevada, *via* le col Donner, représentait le plus gros défi, pour lequel on engagea des milliers de travailleurs chinois. Simultanément, les ouvriers de l'Union Pacific Railroad œuvraient depuis Omaha à une voie en direction de l'ouest, et le 10 mai 1869, on put enfin relier les deux tracés, à proximité du Grand Lac salé.

On ne dira jamais assez combien la mise en place de cette infrastructure fut déterminante dans la colonisation de l'Ouest américain : alors qu'auparavant la traversée du continent prenait des mois, il devint tout à coup possible de l'effectuer en une semaine et sans s'exposer au danger, ce qui contribua considérablement au développement de l'Ouest.

volcanique, ou encore grâce au large éventail de couleurs des plateaux de grès du Colorado National Monument. Peu après Green River, au milieu d'un paysage désertique, le train abandonne momentanément sa course vers l'ouest pour obliquer vers le nord et passe la ville de Provo, sur la berge est du lac Utah. Avec son architecture originale, le temple de Provo en dit long sur l'histoire du peuplement de l'Utah, l'État que le *California Zephyr* est en train de traverser. Ce sont en effet les mormons qui les premiers s'installèrent dans cette région inhospitalière vers 1850 et en firent petit à petit le centre géographique de leur communauté. Aujourd'hui encore, ils représentent plus de 60 ‰ de la population de l'Utah, et c'est à Salt Lake City, peu après Provo, qu'ils ont construit leur plus grand lieu de culte.

Photo historique de la réunion des deux tracés, 10 mai 1869.

Le train arrive dans la ville du Grand Lac salé aux alentours de 23 heures ; difficile, dans ces conditions, d'en percevoir grand-chose ; il en va de même pour Elko, située un peu plus de 400 kilomètres plus loin. C'est au nord-ouest de cette petite ville que se trouve la mine de Goldstrike, la plus grande mine d'or d'Amérique du Nord, dont on extrait le métal précieux ainsi que de l'argent sans interruption depuis son ouverture en 1987.

Quand les voyageurs se réveillent au matin du troisième jour, ils sont accueillis par la steppe infinie du Grand Bassin. Le train roule à présent en direction de la frontière californienne, mais marque, avant de la franchir, un court arrêt à Reno, dont toute l'économie repose sur les jeux de hasard, d'où son surnom de « Petite Sœur de Las Vegas ». Juste après, le *California Zephyr* pénètre en

La ligne si fascinante du California Zephyr est parsemée de courbes serrées, de nombreux tunnels et de canyons abrupts, que l'on peut apprécier depuis les voitures panoramiques.

Californie et entreprend de grimper jusqu'à la petite ville de Truckee, initialement construite pour les besoins du chemin de fer, puis jusqu'au col Donner, qui doit son nom à un funeste évènement, survenu en 1846-1847. En route vers l'Ouest, 87 colons emmenés par George Donner furent surpris par l'arrivée de l'hiver alors qu'ils étaient encore dans les montagnes. Pendant des mois,

ils tentèrent de survivre dans les conditions extrêmes ; 34 d'entre eux périrent. Un mémorial a été élevé à la mémoire de leur destin tragique.

Comme la veille dans les Rocheuses, les passagers peuvent admirer dans la Sierra Nevada un paysage de montagne d'une beauté époustouflante où les torrents tumultueux dégringolent dans les forêts de sapins jusqu'à la vallée, et où, de part et d'autre de la voie, s'étendent des lacs majestueux autant appréciés par les randonneurs que par les adeptes des sports nautiques. On imagine sans peine que nombre d'espèces animales vivent dans ce véritable refuge naturel, dont des cerfs, des lynx et des ours noirs. Avec ces images gravées dans leurs mémoires, les passagers quittent la Sierra Nevada pour atteindre peu de temps après Roseville et Sacramento. Les amoureux des chemins de fer ne manqueront pas de visiter à la première occasion le California State Railroad Museum, car il retrace toute l'histoire de la construction du réseau ferré américain (voir encadré p. 302) et présente des pièces de grande valeur.

Le *California Zephyr* met environ 2 heures à parcourir les 140 kilomètres restants. Pour les passagers, c'est le moment de savourer une dernière fois les avantages d'un voyage au ralenti, où mille impressions de paysages s'offrent à eux. Vers 16 heures, le train arrive à Emeryville, qui accueille les voyageurs dans un décor incomparable : le regard embrasse toute la baie de San Francisco, avec en son centre l'île d'Alcatraz et, de l'autre côté, la célèbre métropole californienne bordant le Pacifique et reliée à Emeryville et Oakland par le Bay Bridge. Bien que cette construction soit indétrônable par ses dimensions, aucun visiteur ne quitte la ville mythique sans être allé admirer son deuxième pont : le Golden Gate Bridge. Aujourd'hui encore, il est sans l'ombre d'un doute l'emblème de San Francisco, dont le charme et la diversité en ont fait une métropole incontournable aux États-Unis, et un terminus idéal à ce magnifique voyage de 3 jours.

TREN A LAS NUBES

LE TREN A LAS NUBES

Le Train des nuages

Le simple nom de Tren a las Nubes*, ou en français* Train des nuages*, en dit déjà long sur les hauteurs auxquelles le train va s'élever. Ce qui attend les voyageurs, c'est en effet une excursion d'une journée à travers les paysages époustouflants des hauts plateaux argentins et de la région désertique de la Puna, en une boucle dont le départ et l'arrivée se font dans une ville marquée par l'époque coloniale, le point culminant du voyage étant le viaduc La Polvorilla, situé à 4 220 mètres d'altitude. C'est également l'endroit où le train fait demi-tour au cours de cette aventure inoubliable.*

Sur les 217 kilomètres de son voyage entre Salta et le viaduc La Polvorilla, le Train des nuages *franchit jusqu'à 3 000 mètres d'altitude.*

INFORMATIONS ET DONNÉES

Nom de la ligne : Ramal C-14 (Branche C-14)

Itinéraire : de Salta (1 187 mètres) à La Polvorilla (4 220 mètres).

Inaugurée : en 1948.

Longueur de la ligne : 217 kilomètres (voie simple).

Gares principales : Salta, Campo Quijano, San Antonio de los Cobres, La Polvorilla.

Fréquence : de fin mars à début décembre, une fois par semaine.

Écartement des rails : voie métrique.

Particularité : au cours du voyage, le train franchit 21 tunnels, 29 ponts, 13 viaducs et monte à plus de 3 000 mètres d'altitude.

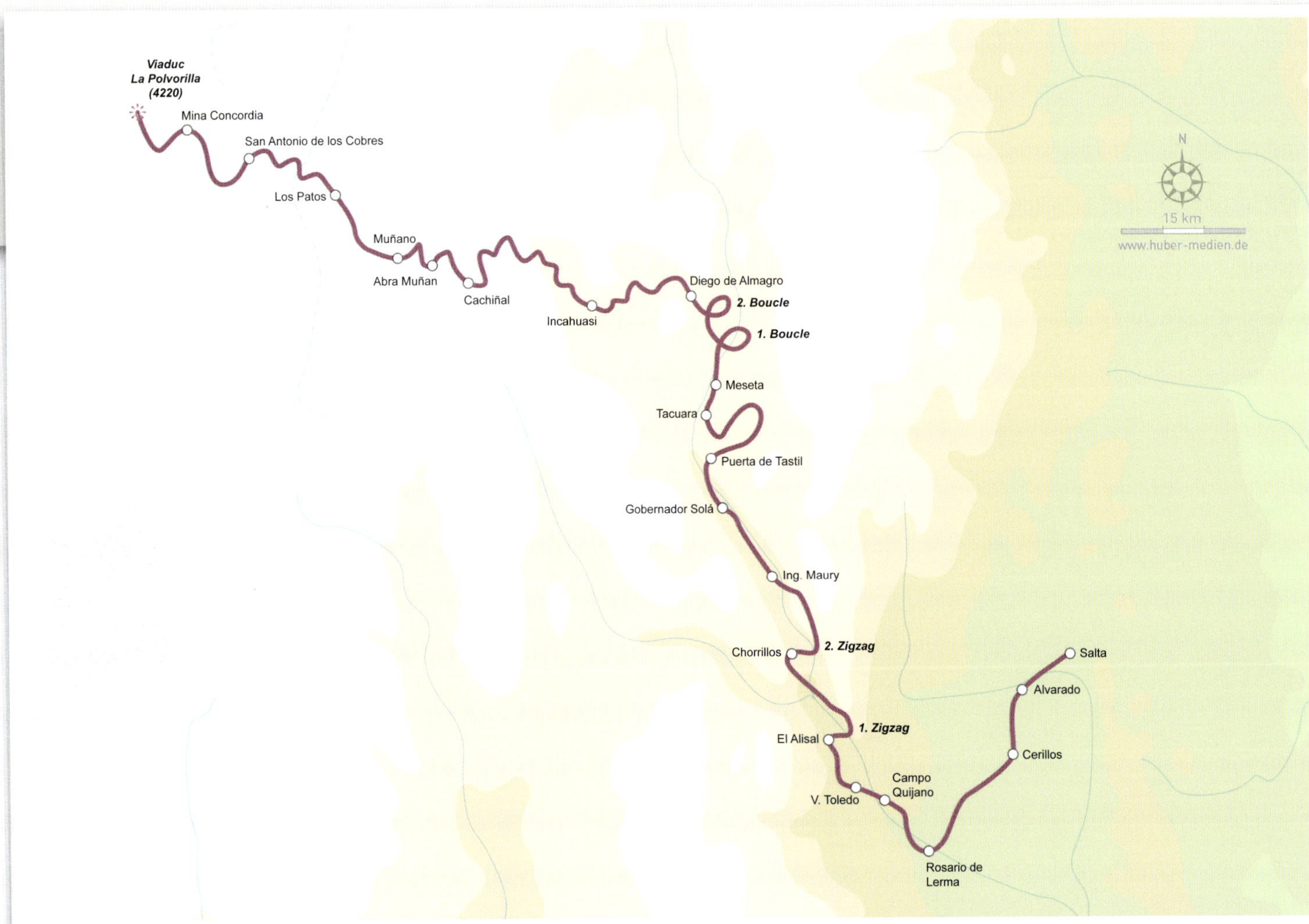

Cet aller-retour à travers les Andes dure environ 15 heures, du moins si tout se passe comme prévu. En 2005, les voyageurs eurent un peu plus que la dose d'aventure qu'ils avaient escomptée : au point le plus élevé de la ligne, au niveau du viaduc La Polvorilla, environ 63 mètres au-dessus du sol, la locomotive Diesel tomba tout simplement en panne. Il fallut évacuer les voyageurs de leurs wagons, et ce à une hauteur vertigineuse. Plus de 500 personnes attendirent des heures durant dans un froid glacial avant que le train ne puisse reprendre sa route. La société responsable, Movitren, perdit le droit d'exploiter la ligne. En 2008, après trois ans d'immobilisation, le train fut remis en service. La nouvelle entreprise, Ecotren, assura que ce genre d'incident ne se reproduirait pas sous sa direction. En 2014, le *Train des nuages* fut renationalisé et à nouveau immobilisé, jusqu'en avril 2015. À présent, il roule et offre ainsi la fabuleuse possibilité de découvrir les Andes argentines en train au cours d'une journée inoubliable.

C'est en 1921 qu'a commencé la construction de cette ligne ambitieuse. Mais il a fallu attendre 27 ans pour que le premier train puisse relier l'Argentine au Chili en franchissant les Andes.

Le train touristique parcourt les hauts plateaux argentins, d'une beauté à couper le souffle.

Ce train Diesel/électrique est composé de 10 wagons de 1re classe climatisés et très confortables pour les standards argentins. Jusqu'à 640 passagers peuvent y prendre place. Pour tirer ce poids sur 217 kilomètres et un dénivelé de 3 063 mètres, la locomotive de 2 475 chevaux consomme environ 6 litres de diesel au kilomètre.

Depuis 2015, les voyages à bord du *Train des nuages* ont lieu une fois par semaine et le billet coûte une centaine d'euros, un prix parfaitement inabordable pour les autochtones et donc réservé aux touristes. Les Argentins bénéficient d'un tarif réduit ; ceux qui viennent de Salta ou de ses environs peuvent même profiter d'un prix particulièrement intéressant. Mais comme toutes les places sont généralement occupées, les intéressés doivent réserver à l'avance.

Plus de 30 000 visiteurs venus des quatre coins du monde embarquent à bord du *Train des nuages* chaque année, et beaucoup se plaignent que ce train où se mêlaient autrefois locaux et touristes soit aujourd'hui devenu une simple attraction touristique. Et l'on constate effectivement, en arrivant au viaduc La Polvorilla, que presque aucun autochtone n'en descend. Les rares habitants de cette région montagneuse quasi désertique que l'on croise sont principalement des commerçants ou des marchands de souvenirs. C'est une ombre au tableau pour certains, qui préféreraient une expérience plus authentique. Mais cela ne change rien aux images et impressions qui se succèdent tout au long du trajet.

LA BRANCHE C-14, UNE VÉRITABLE PROUESSE TECHNIQUE

Le *Train des nuages* roule sur un tronçon de la célèbre branche C-14, qui relie Salta à Antofagasta, au bord de la côte Pacifique chilienne. La construction de ce tracé ambitieux à travers les Andes se fit sous la direction de l'ingénieur américain Ricardo Fontaine Maury (Richard Maury). Ce dernier, qui avait terminé ses études d'ingénieur en 1902 et travaillé dans un premier temps au tunnel de Pennsylvania Railroad, arriva en Argentine en 1906. Fort de ces qualifications, il se fit embaucher dans la Société nationale des chemins de fer Ferrocariles del Estado. La construction de la liaison de Salta à Antofagasta, qui visait principalement à acheminer le nitrate de sodium (salpêtre) des montagnes jusqu'à la ville portuaire, devint le projet le plus important de Maury.

La construction pénible et dangereuse de cette ligne de presque 700 kilomètres débuta en 1921, et les travaux durèrent 27 ans. Des milliers de travailleurs luttèrent, armés de leurs seules pelles et pioches, kilomètre après kilomètre, en direction de l'ouest, chaque mètre d'altitude supplémentaire rendant le terrain et le climat plus hostiles, l'air plus rare et les conditions de travail bien plus dures. Dans de telles circonstances, mener à bien un projet aussi ambitieux fut un morceau de bravoure plus remarquable encore. En tant que superviseur de la construction de la ligne, Maury, dont la tombe se trouve dans la petite localité de Campo Quijano à quelques mètres seulement de « sa » branche C-14, est toujours admiré à l'heure actuelle.

Pour que le train puisse franchir sans crémaillère plus de 3 000 mètres de dénivelé avec des pentes pouvant atteindre 25 ‰, l'équipe de Maury dut accomplir nombre

Dans les gares, les autochtones vendent des souvenirs, des boissons et des en-cas aux voyageurs.

de prouesses techniques. Sur la ligne qu'emprunte le *Train des nuages*, il n'y a pas moins de 21 tunnels et 44 ponts et viaducs, sachant que celui de La Polvorilla comprend à lui seul plus de 1 600 tonnes d'acier. À deux endroits, on ajouta, pour « aider à la montée », des lacets en zigzag similaires à ceux utilisés pour le *Tren Crucero* en Équateur au niveau du célèbre et redouté « Nariz del Diablo » (littéralement « le Nez du Diable ») : le train avance, s'arrête, et l'on change l'aiguillage de manière à ce que la locomotive puisse pousser les wagons sur le flanc de la montagne en diagonale. On rechange ensuite les aiguillages, et le train peut reprendre son sens de circulation normal, tiré par sa locomotive. Tout ceci permet de franchir 50 mètres d'altitude sur une distance extrêmement courte.

Au départ, la branche C-14 était avant tout destinée au fret. Ce n'est qu'une fois par semaine qu'un train de voyageurs équipé de sièges et de couchettes faisait la navette entre Salta et Antofagasta. Ce train continua son service jusqu'en 1981, puis fut suspendu faute de voyageurs. Il ne restait plus qu'un train de marchandises hebdomadaire qui prenait des voyageurs en plus de son chargement. Curieusement, la tendance s'inversa avec le temps : tandis que de nombreuses mines de cuivre, d'or et d'argent situées le long de la branche C-14 fermaient les unes après les autres et que le transport régulier de marchandises perdait en importance face à la concurrence aérienne et autoroutière, le *Train des nuages* commença à compter de plus en plus d'adeptes parmis les touristes. Aujourd'hui,il parcourt les Andes une fois par semaine de fin mars à début décembre. À part cela, la ligne ne sert plus guère qu'à un train de carburant qui circule une fois par semaine, et à quelques trains de marchandises qui l'empruntent sporadiquement.

Le Train des nuages *commence son ascension après Salta, où le paysage devient plus aride.*

L'AVENTURE DU TRAIN DES NUAGES

Le voyage débute à Salta à 7 heures du matin. Cette ville chargée d'histoire, surnommée affectueusement la « Linda » (la « Belle ») par ses habitants, est située au nord-ouest de l'Argentine dans la vallée de Lerma, à presque 1 200 mètres d'altitude, et est entourée de collines verdoyantes. Fondée en 1582 par les Espagnols, cette ville a connu une époque florissante aux XVIIIe et XIXe siècle grâce au commerce. Encore aujourd'hui, une architecture coloniale majestueuse rappelle cet héritage historique. Le point central de Salta est la Plaza 9 de Julio, bordée d'imposants bâtiments de style colonial, dont le remarquable Cabildo, un ancien bâtiment administratif. C'est aussi sur cette place que se trouve la splendide cathédrale jaune et rose de Salta, dont l'intérieur est chargé de dorures propres aux bâtiments de style baroque.

En quittant la verdoyante Salta, le train traverse tout d'abord la vallée de Lerma, qui se rétrécit progressivement. Passant par différentes petites localités, comme Alvarado, Cerrillos, Rosario de Lerma et Campo Quijano, le *Train des nuages* atteint au bout d'une heure de voyage la Quebrada del Toro, des gorges longues d'environ 80 kilomètres. À certains endroits, les formations rocheuses de cette chaîne de hautes vallées présentent une palette de couleurs hors du commun, que l'on peut admirer tranquillement depuis le train, confortablement installé dans son siège.

Au fur et à mesure que l'on traverse la Quebrada del Toro, le paysage change du tout au tout. Alors que le vert dominait encore au début du voyage, les oasis de verdure se font de plus en plus rares tandis que le train gagne en altitude jusque dans la région des montagnes, rude et austère. Sur des kilomètres, seuls de hauts cactus montrent que la vie est malgré tout possible dans ce paysage lunaire.

Plus le train monte, décrivant courbes et lacets, et ce à une vitesse n'excédant pas 35 kilomètres par heure, plus le vertige peut saisir les voyageurs, qui doivent affronter le passage des ponts surplombant de profonds abîmes autant que la raréfaction de l'air des hautes altitudes. Heureux ceux qui ont déjà passé quelques jours dans les Andes avant le départ, pour s'acclimater. Selon leur état de santé, ceux qui ne sont pas préparés du tout peuvent avoir des difficultés à respirer, mais également des problèmes de circulation sanguine et des maux de tête. C'est pourquoi une infirmerie se trouve à bord du train, à titre préventif. Pour plus de sûreté, celui-ci est aussi accompagné par un véhicule tout-terrain et une ambulance, qui circulent sur une route de montagne parallèle.

Lors des arrêts qui suivent, comme dans le village de San Antonio de los Cobres, perché à 3 775 mètres, les habitants des environs attendent le train de pied ferme. Frappés de plein fouet par la fermeture des mines et victimes d'un taux de chômage qui avoisine les 50 %, ils tentent d'arrondir les fins de mois en vendant des tissus, des produits artisanaux et de la nourriture. Beaucoup d'entre eux sont des descendants des Indiens Omaguacas et Diaguitas, qui vivaient dans la Quebrada del Toro bien des siècles avant la découverte et la colonisation du continent par les Européens. Bien que les tour-opérateurs fassent de leur mieux pour attirer les touristes dans cette région isolée, en particulier lors des fêtes traditionnelles comme les jours d'action de grâce qui suivent les récoltes, le tourisme est ici encore à l'état d'ébauche.

Le *Train des nuages* continue sa route à travers les vastes étendues du désert argentin de la Puna. Pas un arbre à cent lieues à la ronde, seules des herbes basses et des broussailles qui servent de nourriture aux robustes lamas peuvent se developper dans de telles conditions climatiques et topographiques. Les précipitations se limitent à quelques semaines par an, tandis que les températures nocturnes peuvent facilement avoisiner les - 20 °C.

Entre San Antonio de los Cobres et le bout de la ligne, il n'y a plus qu'une quarantaine de kilomètres. Le *Train des nuages* continue son ascension, passe la Mina Concordia, une ancienne mine de salpêtre, et s'arrête peu après. On lui détache alors sa locomotive, pour aller l'atteler à l'autre extrémité ; elle va donc à présent pousser le train jusqu'à sa destination finale, qui représente le point culminant du voyage, au sens propre comme au figuré : le viaduc La Polvorilla. Mais avant que le *Train des nuages* ne s'engage sur ce chef-d'œuvre d'ingénierie de 63 mètres de haut et 224 mètres de long, les passagers doivent en descendre, car la société d'exploitation veut à tout prix éviter de voir se reproduire le désastre de 2005. Les voyageurs ont ainsi l'occasion d'admirer le viaduc en détail et de se procurer des souvenirs et de la nourriture auprès des marchands locaux.

Une fois franchi le viaduc, le train fait demi-tour, effectue une courte pause à San Antonio de los Cobres puis s'en retourne vers Salta. Vers 22 heures, le *Train des nuages* entre de nouveau dans la gare du General-Belgrano et laisse ses passagers, épuisés par les émotions de la journée, s'éparpiller dans la nuit.

Aujourd'hui, le viaduc La Polvorilla et ses 64 mètres de haut ne sont plus une mise à l'épreuve pour les passagers souffrant de vertige, car le train parcourt le viaduc sans ses voyageurs, pour des raisons de sécurité.

INDEX

Les pages en italiques renvoient aux images.

CRÉDITS PHOTOGRAPHIQUES

© Belmond Ltd.
Couverture (Mark Hind), 12 (Matt Hind), 15 (Matt Hind), 18 hg (Matt Hind), 18 hd, 18 bd (Matt Hind), 19 hg, 254-255 (Mark Hind)

© El Transcantábrico
163, 165, 166-167, 168, 170, 171

Fotolia.com
32 (© Dieter Hawlan), 66 (© Frank Wagner), 74, (© mlehmann78), 93 (© ClaraNila), 100 (© Ludmila Smite), 140 (© gaelj), 147 (© Aménothes), 155 (© liquid studios), 158 (© trofotodesign), 159 (© liquid studios), 161 (© arenaphotouk), 162 (© Paolo Novello), 169 (© Sergio Martínez), 200 (© Brian Kinney), 201 g (© gurgenb), 256 (© fazon), 285 (© mozZz), 298 (© Mirma)

Interfoto, München
128 (Granger, NYC), 134-135 (Sammlung Rauch)

© Majestic Train de Luxe GmbH
110, 111, 114, 118 hg, 118 hd, 118 bg, 119 hg, 119 hd, 119 bg, 119 bd, 120

mauritius images, Mittenwald
6 (alamy), 19 hd (alamy), 19 bg (alamy), 19 bd (alamy), 20 (alamy), 29 (imageBROKER/Martin Siepmann), 35 (imageBROKER/Ernst-Georg Kohout), 42 (imageBROKER/Christian Handl), 44 (alamy), 45 (alamy), 47 (Robert Harding), 48 (age), 51 (alamy), 52-53 (alamy), 56 (alamy), 58 (alamy), 59 (alamy), 68-69 (alamy), 71 (alamy), 73 (Udo Siebig), 80-81 (imageBROKER/Christian Vorhofer), 83 g (alamy), 85 (imageBROKER/Günter Lenz), 86 (alamy), 88-89 (Photononstop), 91 (alamy), 92 (alamy), 104 g (alamy), 104 d (Helmut Peters), 106 (imageBROKER/Günter Lenz), 107(alamy), 122 g (alamy), 130-131 (imageBROKER/Martin Siepmann), 136 (Photononstop), 137 (alamy), 138 (alamy), 142-143 (alamy), 146 (alamy), 149 (alamy), 154 (Axiom Photografic), 172 (alamy), 174 (age), 177 (Robert Harding), 192 (alamy), 193 (alamy), 194 (alamy), 196 (Flirt), 197 (alamy), 198 h (alamy), 198 b (alamy), 201 d (alamy), 203 (alamy), 205 (alamy), 207 (Minden Pictures), 208 (age), 210 (SuperStock), 211 (alamy), 212-213 (Jose Fuste Raga), 214-215 (imageBROKER/Manfred Bail), 216 (age), 217 (John Warburton-Lee), 220 (imageBROKER/Stefan Auth), 221 (alamy), 222 (alamy), 222-223 (alamy), 224-225 (alamy), 227 (alamy), 228 (alamy), 234 h (alamy), 234 bg. (alamy), 234 bd (alamy), 325 h (John Warburton-Lee), 235 Mitte (alamy), 235 bd (alamy), 236 d (alamy), 238 (imageBROKER / Andrey Nekrasov), 243 h (age), 243 b (John Warburton-Lee), 244 (imageBROKER/Josef Beck), 245 (imageBROKER/Josef Beck, 246 (age), 248 (alamy), 250 hg (age), 250 h Mitte (alamy), 250 hd. (age), 250 b (alamy), 251 g Mitte (age), 251 hg (age), 251 hd (age), 251 b (John Warburton-Lee), 252 (Robert Harding), 261 (alamy), 262 (alamy), 263 d (alamy), 264 (imageBROKER/Karlheinz Irlmeier), 266 b (imageBROKER/Josef Beck), 267 (alamy), 268 (imageBROKER/Manfred Bail), 268 (alamy), 273 hg (alamy), 273 hd (alamy), 273 g Mitte (alamy), 273 bg (alamy), 275 (Frank Lukasseck), 280 (Robert Harding), 282-283 (alamy), 284 (alamy), 287 (alamy), 290-291 (alamy), 293 (alamy), 294 (alamy), 295 (alamy), 296 (alamy), 299 (alamy), 300 (alamy), 301 (alamy), 303 (United Archives), 309 (imageBROKER/Harald von Radebrecht), 310 (imageBROKER/Harald von Radebrecht), 311 (imageBROKER/Fabian von Poser), 312 (imageBROKER/Harald von Radebrecht), 315 h (imageBROKER/Harald von Radebrecht), 315 b (imageBROKER/Harald von Radebrecht)

picture-alliance, Frankfurt am Main
page de garde ouverture (© dpa), 9 (akg-images), 13 (© dpa), 16-17 (© World Pictures/Photoshot), 18 bg (© dpa), 22 (Lee Frost/Robert Harding), 34 (IMAGNO/Archiv Dd Samsinger), 37 (IMAGNO/Alliance for Nature/Schuhboeck), 41 (IMAGNO/Alliance for Nature/Schuhboeck), 43 IMAGNO/Archiv Dd Samsinger), 54 (Bildagentur-online/TIPS-Images), 62 (akg-images), 63 (© dpa), 64 h (akg-images), 64 b (akg-images), 74 (chromorange), 76 (The Advertising Archives), 78 (Mary Evans Picture Library), 79 (Robert Harding Productions), 96 (KEYSTONE), 98 (© dpa), 112 (Heritage Images), 117 (Heritage Images), 122 d (Rainer Hackenberg), 124 (Godong), 132 (akg-images), 141 (Arco Images GmbH), 145 (akg-images), 148 (blickwinkel/K. Thomas), 153 (United Archives/WHA), 178-179 (WILDLIFE), 187 (Mary Evans Picture Library), 202 (AAPIMAGES), 206 (AAP), 218 (CPA Media Ch Ltd.), 230 (akg-images), 233 (© dpa), 234 b Mitte (Arco Imags GmbH), 235 bg (© dpa-Report), 236 g (© dpa-Report), 240-241 (© dpa), 249 (ASSOCIATED PRESS), 263 g (© dpa-Report), 272 (AP Images), 278-279 (© dpa), 281 (© dpa), 304 (AP Photo)

© Rovos Rail, South Africa
180 (alle), 181, 182, 184 (alle), 186 g, 186 d, 188, 189

shutterstock.com
24-25 (© Dave Head), 27 (© Shaiith), 28 (© fritz16), 39 (© fritz16), 83 d (© Fulcanelli), 102-103 (© Marc van Vuren), 190-191 (© Pierpaolo Romano), 276 (© Hong Chung Chih) 288-289 (© BGSmith), 306 (© Elena Mirage)

© Tren Al Andalus
157 hg, 157 hd, 157 Mitte, 157 bg, 157 bd, 160

Wikimedia
126, 133

Karten © Kartographie Huber, München
14, 30, 46, 61, 77, 95, 113, 127, 139, 151, 164, 183, 195, 204, 219, 231, 247, 260, 270, 286, 297, 308

Pages d'ouverture de chapitre : 10-11: Ligne de la *Bernina* ; 178-179 : Le *Pride of Africa* ; 214-215 : Gare de Lhassa ; 282-283: *Le Canadien*